智能网联汽车关键技术及应用丛书

INTELLIGENT
CONNECTED VEHICLE

智能网联汽车
交通大数据处理与分析技术

谷远利 著

人民交通出版社股份有限公司

北 京

内 容 提 要

本书是"智能网联汽车关键技术及应用丛书"之一,以智能网联汽车交通大数据为主线,全面、系统地介绍了智能网联汽车交通大数据的采集、存储、预处理、融合、挖掘、可视化等6大关键技术及其理论基础和典型应用,完整呈现了智能网联汽车交通大数据的整体技术架构,并在各章节详细阐述了每种技术的特点和要点。本书可供刚进入相关领域的研究人员和工程技术人员参考。

图书在版编目(CIP)数据

智能网联汽车交通大数据处理与分析技术/谷远利著.—北京:人民交通出版社股份有限公司,2023.1
ISBN 978-7-114-18261-7

Ⅰ.①智…　Ⅱ.①谷…　Ⅲ.①汽车—智能通信网②数据处理—应用—交通运输管理　Ⅳ.①U463.67②U495

中国版本图书馆CIP数据核字(2022)第191011号

Zhineng Wanglian Qiche Jiaotong Dashuju Chuli yu Fenxi Jishu

书　　　名：	智能网联汽车交通大数据处理与分析技术
著　作　者：	谷远利
责任编辑：	刘　洋
责任校对：	席少楠　卢　弦
责任印制：	刘高彤
出版发行：	人民交通出版社股份有限公司
地　　　址：	(100011)北京市朝阳区安定门外外馆斜街3号
网　　　址：	http://www.ccpcl.com.cn
销售电话：	(010)59757973
总　经　销：	人民交通出版社股份有限公司发行部
经　　　销：	各地新华书店
印　　　刷：	北京虎彩文化传播有限公司
开　　　本：	787×1092　1/16
印　　　张：	13.5
字　　　数：	305千
版　　　次：	2023年1月　第1版
印　　　次：	2024年1月　第2次印刷
书　　　号：	ISBN 978-7-114-18261-7
定　　　价：	90.00元

(有印刷、装订质量问题的图书,由本公司负责调换)

智能网联汽车关键技术及应用丛书

编审委员会

（按姓氏拼音排序）

丁能根（北京航空航天大学）

龚建伟（北京理工大学）

谷远利（北京交通大学）

胡旭东（合肥工业大学）

柯南极（国家新能源汽车技术创新中心）

李志恒（清华大学深圳国际研究生院）

廖亚萍（北京航空航天大学）

马育林（安徽工程大学）

潘定海（国家新能源汽车技术创新中心）

谈东奎（合肥工业大学）

王朋成（北京航空航天大学）

王章宇（北京航空航天大学）

吴新开（北京航空航天大学）

余冰雁（中国信息通信研究院）

余贵珍（北京航空航天大学）

张　凯（清华大学深圳国际研究生院）

张启超（中国科学院自动化研究所）

赵冬斌（中国科学院自动化研究所）

周　彬（北京航空航天大学）

朱　波（合肥工业大学）

朱海龙（北京邮电大学）

朱圆恒（中国科学院自动化研究所）

FOREWORD 丛书前言

当今,在以智能化、网联化为重要特征的全球新一轮科技革命和产业变革的推动下,汽车产业已迈入工业4.0时代。智能网联汽车已成为全球汽车产业发展的战略方向。近年来,我国各部委及地方政府通过出台法规、制修订标准、开放道路测试、打造创新平台、鼓励示范应用等方式不断推动智能网联汽车行业创新发展。《交通强国建设纲要》《新能源汽车产业发展规划(2021—2035)》(国办发〔2020〕39号)、《智能汽车创新发展战略》(发改产业〔2020〕202号)、《车联网(智能网联汽车)产业发展行动计划》(工信部科〔2018〕283号)以及《节能与新能源汽车技术路线图2.0》等一系列顶层规划文件的发布,明确了我国智能网联汽车的发展方向和路径。智能网联汽车与交通系统、能源体系、城市运行和社会生活紧密结合,是一项集智慧城市、智慧交通和智能服务于一体的国家级重大系统工程,承载了我国经济战略转型、重点突破和构建未来创新型社会的重要使命。

为及时向科研界、产业界及社会公众传播最新的科研成果,进一步促进智能网联汽车行业创新发展,对智能网联汽车领域的前沿与关键技术进行系统性、高质量总结尤为必要。人民交通出版社股份有限公司作为以交通为特色的国家级科技图书出版机构,立足于"服务交通、服务社会"的宗旨,长期与两院院士以及交通和汽车行业知名学者、专家、教授在内的高素质作者队伍开展图书出版与知识服务合作,聚合了行业优质的作者资源,瞄准新一代信息通信技术、人工智能、智能制造等世界科技前沿,与国家新能源汽车技术创新中心合作,策划了本套"智能网联汽车关键技术及应用丛书",目前包括以下9个分册:

(1)《智能网联汽车环境感知技术》;
(2)《智能网联汽车车载网络技术》;
(3)《智能网联汽车无线通信技术》;
(4)《智能网联汽车高精度定位技术》;

(5)《智能网联汽车交通大数据处理与分析技术》;

(6)《智能网联汽车决策控制技术》;

(7)《智能网联汽车信息安全技术》;

(8)《智能网联汽车测试与评价技术》;

(9)《智能网联汽车高级别自动驾驶技术应用》。

本丛书依据智能网联汽车"三横两纵"技术架构①进行体系设计,涵盖了智能网联汽车领域一系列关键技术与应用,作为高端学术著作,将充分反映智能网联汽车领域的前沿技术和最新成果。另外,本丛书编审成员均为国内知名科研单位和高等院校的专家学者和一线科研人员,具有较强的学术造诣和丰富的科研经验,并掌握大量的最新技术资料,将确保本丛书的高学术价值。

希望本丛书的出版能够助推新一代移动通信技术、互联网、大数据、云平台、人工智能等先进技术与汽车产业和交通行业深度融合,为我国相关企业、科研单位和高等院校智能网联汽车相关科研人员、工程技术人员提供强有力的智力支持,进而有效推动我国智能网联汽车产业高质量发展,助力交通强国和汽车强国建设。

诚望广大读者对本丛书提出宝贵的改进意见和建议,随后我们将持续关注智能网联汽车相关技术的发展,不断修订和完善本丛书。

智能网联汽车关键技术及应用丛书编审委员会
2022 年 7 月

---

① 在智能网联汽车"三横两纵"技术架构中:"三横"是指智能网联汽车主要涉及的车辆关键技术、信息交互关键技术和基础支撑关键技术;"两纵"是指支撑智能网联汽车发展的车载平台和基础设施。

PREFACE 前　言

目前,交通事故、交通拥堵、环境污染是城市交通3大难题。随着云计算、物联网、移动互联网、大数据等新兴技术的发展,城市交通正逐渐步入智能化阶段。城市交通智能化的实现需要利用各种技术获取有价值的数据资源,为交通决策提供必要的依据。而智能网联汽车交通大数据分析与应用为交通决策带来了新的解决思路和方法。自大数据诞生以来,各国学者积极探索大数据分析与处理问题,并将其应用于智能交通、智慧政府、智慧社区等不同领域。随着交通领域内"互联网+交通"的不断升温,其数据开放、资源共建、政务智能、智慧出行、交通拥堵、绿色出行、交通大数据因与社会大众的生活就业息息相关,逐步成为时代前沿的7大热点与国家政策引导的研究方向。

在新常态新形势下,"创新、协调、绿色、开放、共享"的发展理念已深入到各个领域。借助政府和企业建立合作协调与资源共享机制,以及"互联网+交通"领域的前沿技术,提升城市道路交通管理水平,充分完成城市道路体系的高效率利用,实现交通绿色、便捷、安全、经济、高效发展是当前的重要目标。实践证明,智能网联汽车交通大数据是"互联网+交通"发展的关键支撑,是"互联网+交通"科学决策的重要依据,是构建智能出行系统、缓解城市交通拥堵、实现绿色出行的基础。因此,在"互联网+交通"背景下,不仅要关注智能网联汽车交通大数据的发展方向与发展形势,更要了解交通大数据的来源、安全、储存及使用效率,以真正实现智能网联汽车交通大数据的价值。

近年来,随着城市信息化水平的稳步推进及智慧城市建设的强劲发展,智能网联汽车交通大数据在智能交通领域的应用取得了丰硕的成果。但随着智能网联汽车交通大数据体量的增加,其价值密度、更新速度均发生了巨大变化,再加上配套基础设施跟不上,给智能网联汽车交通大数据的发展带来一定的挑战。智能网联汽车交通大数据的开发利用与基础设施建设与发展是相辅相成的,一方面基础设施联网,实现对智能网联汽车交通大数据的采集,是智能网联汽车交通大数据开发利用的基础;另一方面智能网联汽车交通大数据开发利用,能够指导行业管理政策的制定及基础设施的"规划、设计、建设、管理、运营、养护",真正实现智能交通。因此,在未来发展过程中,会更多地借助计算机技术、网络通信与数据存储技术,实现智能网联汽车交通大数据的计算应用。同时充分挖掘智能网联汽车交通大数据的特征及优势,注重对数据实时化、可视化与智能化方面的开发与利用,使其成为交通领域重要的发展方向。

目前,智能网联汽车交通大数据进入了一个蓬勃发展的时期,人们对它的理论和工程应用研究方兴未艾,各种关于智能网联汽车交通大数据的新理论、新方法、新技术层出不穷,国内外学者也出版了很多关于智能网联汽车交通大数据的高水平学术著作。但是,对于刚进入智能网联汽车交通大数据领域学习的学生或者刚开始从事智能网联汽车交通大数据领域的工程技术人员,迫切需要一本智能网联汽车交通大数据的入门教材。本书包含智能网联汽车交通大数据的采集、存储、融合、挖掘、可视化等方法的数学基础和典型应用,可供刚进入智能网联汽车交通大数据领域的学生和工程技术人员参考。

本书共分为7章。绪论介绍了智能网联汽车交通大数据的基本概念、分类形式、基本特征以及应用场景;第1章介绍了智能网联汽车交通大数据采集技术,包括车载数据源数据采集技术和非车载数据源数据采集技术两大类;第2章从数据存储分类的角度介绍了利用数据存储技术强大的读写功能对智能网联汽车交通大数据进行快速存储和查阅的方法;第3章介绍了依据相关交通理论和数值分析等方法对智能网联汽车交通大数据进行检测和修正,进而提高数据的准确性和可利用性;第4章介绍数据融合的一些基础知识,融合的理论基础以及针对不同数据类型的融合算法;第5章概述了智能网联汽车交通大数据挖掘的一些基础知识以及数据挖掘涉及的方法;第6章用通俗易懂的形式将抽象的智能网联汽车交通大数据转换为各种形象生动的图表,构建深度应用业务场景,从而打通从数据到决策的最短路径。

本书编写过程中得到了相关领导、出版社老师的支持,以及李明远、刘永乐、席珮璟、汤肖、程雅婷、崔文岳、艾雨豪、梁欢欢、李国华、梁嘉幸、孙经伟、魏嵊峰、张燕桃、洪彬彬、孔良良等同学的帮助。在此,向所有为本书出版做出贡献的人们表示衷心感谢。

尽管作者做出了最大的努力,但限于自身水平有限,错误和不妥之处在所难免,恳请广大读者批评指正。

作　者

2021 年 12 月

CONTENTS 目 录

绪论 智能网联汽车交通大数据基础 ·· 001
    0.1 交通大数据概述 ·· 001
    0.2 交通大数据处理与分析 ·· 002
    0.3 交通大数据的应用 ·· 004

第1章 智能网联汽车交通大数据采集技术 ·································· 006
    1.1 智能网联汽车交通大数据采集技术概述 ·· 006
    1.2 车载数据源数据采集技术 ··· 007
    1.3 非车载数据源数据采集技术 ··· 026

第2章 智能网联汽车交通大数据存储技术 ·································· 041
    2.1 数据存储概述 ·· 041
    2.2 分布式文件系统技术 ··· 042
    2.3 关系型数据库技术 ·· 047
    2.4 非关系型数据库技术 ··· 051
    2.5 云数据库技术 ·· 054

第3章 智能网联汽车交通大数据预处理技术 ······························· 058
    3.1 数据预处理概述 ·· 058
    3.2 数据清洗 ·· 063
    3.3 数据集成 ·· 076
    3.4 数据变换 ·· 085
    3.5 数据归约 ·· 092

第 4 章　智能网联汽车交通大数据融合技术 ························· 103

4.1　数据融合概述 ························· 103
4.2　数据融合理论基础 ························· 107
4.3　数据融合算法 ························· 119

第 5 章　智能网联汽车交通大数据挖掘技术 ························· 131

5.1　数据挖掘概述 ························· 131
5.2　数据关联分析 ························· 136
5.3　数据聚类 ························· 146
5.4　数据分类 ························· 159
5.5　数据预测 ························· 169

第 6 章　智能网联汽车交通大数据可视化技术 ························· 184

6.1　数据可视化与交通大数据概述 ························· 184
6.2　一维数据可视化 ························· 186
6.3　二维数据可视化技术 ························· 193
6.4　多维数据可视化技术 ························· 196

参考文献 ························· 201

绪 论
智能网联汽车交通大数据基础

0.1 交通大数据概述

0.1.1 交通大数据定义

交通大数据是指由交通运行管理直接产生的数据、交通相关的行业和领域的数据,以及来自公众互动提供的交通状况数据构成的,用传统的技术难以在合理时间内管理、处理和分析的数据集。

0.1.2 交通大数据分类

大数据是互联网发展到现今阶段的一种表象或特征。当今企业存储的数据不仅内容多,而且其结构已发生了极大改变,不再仅仅以二维表的规范结构存储。根据数据所刻画的过程、状态和结果等特点,可以将数据划分为不同的类型。按照数据是否有强的结构模式,可以将其划分为结构化数据、半结构化数据和非结构化数据。

0.1.2.1 结构化数据

结构化数据是指数据经过分析后可分解成多个相关联的组成部分,各组成部分间有明确的层次结构,其使用和维护通过数据库进行管理,并有一定的操作规范。通常我们所接触的数据,包括网约车订单数据、高速公路收费数据、线圈数据、车牌识别数据、信号控制等都属于结构化数据。

简单来说,结构化数据就是存储在结构化数据库里的数据,可以用二维表结构来进行逻辑表达和实现的数据。结构化数据的特点是以行为单位,一行数据表示一个实体的信息,每一行数据的属性是相同的。这类数据本质上是"先有结构,后有数据"。

0.1.2.2 非结构化数据

非结构化数据是相对于结构化数据而言的,就是没有固定结构的数据,指不方便用数据库二维逻辑表来表现的数据,包括所有格式的办公文档、文本、图片,标准通用标记语言下的子集 XML、HTML,视频图像数据等。本质上可认为,非结构化数据主要是位映射数据。

存储和处理非结构化数据通常要用到专用逻辑,一般直接整体进行存储,而且一般存储为二进制的数据格式。非结构化数据没有固定的数据模型,因此不能被直接处理或者用 SOL 语句查询。如果需要把它们存储在关系数据库中,就需要以二进制大型对象(BLOB)形式存储在表中。因此,需要非结构化数据库来承担存储任务。

0.1.2.3 半结构化数据

半结构化数据是指介于结构化数据(如关系数据库、面向对象数据库中的数据)和非结构化数据(如声音、图像文件等)之间的实时数据,HTML 文档就属于半结构化数据。半结构化数据是具有可识别的模式,也是可以进行解析的文本数据文件,包括电子邮件、文字处理文件及大量保存和发布在网络上的信息(即自描述和具有定义模式的 XML 数据文件)等。

0.1.3 交通大数据特征

交通大数据是大数据的一种,它具备一般大数据的"4V"(Volume、Variety、Value、Velocity)特点。

(1)规模大。交通系统是一个复杂的系统,涉及人、车、路、环境等,数据量巨大。比如手机数据、车辆的导航定位数据、道路的流量数据和天气状况数据等。

(2)种类多。智能网联汽车需要采集的数据包括汽车自身的数据,车辆行驶数据、道路数据等。汽车自身的数据主要包括车辆的基本信息,指车辆的品牌、配置、价位、车型、折旧、维修记录等所产生的数据;车辆部件数据,指车辆每个部件的状态、磨损、维修、行驶公里数等数据,还包括大的总成如轮胎、底盘、仪表、发动机等;车身数据,指车窗、车门、天窗等部件的使用、磨损和维修数据。车辆行驶数据主要是汽车安装的数据终端可以利用车联网中的卫星定位、行车记录仪等功能,准确记录汽车的行驶路线、行驶速度、停留地点与停留时间等车辆行驶相关的数据。道路状况数据和交通数据,指车辆在路面上的拥堵情况,车流量情况、路面及周围设施情况数据、交叉路口控制数据以及红绿灯、摄像配置情况等;城市数据,指的是城市配套路网信息、综合信息平台中心、交通指挥平台、基础建设数据等。

(3)价值密度低。数据总量虽然很大,但对于具体应用而言,挖掘有用的数据有可能像大海捞针一般。比如分析交通事故,可能只有与交通事故相关的天气、车辆、人员及视频数据才是有用的,而其他不相关的大量数据需要被过滤掉。

(4)速度快。交通数据具有强实时性特征。无论是交通基础设施、交通运行状态还是交通服务对象和交通运载工具,每时每刻都在涌现大量的数据,同时也需要快速处理、分析和挖掘,并给出反馈。例如交通实时动态路况,一方面大量的视频数据、导航定位数据、地感线圈数据等不断涌现,亟待实时处理计算;另一方面还需要根据历史数据,对将要发生的情况进行实时预测,并反馈给出行者。

0.2 交通大数据处理与分析

0.2.1 交通大数据处理与分析的意义

通过对交通大数据定义的讨论可知,用常规软件工具是无法在一定时间范围内对大数据进行采集、分析处理的,而必须使用新的分析处理模式才能使之成为有价值的信息。如果只是记录数据,而不加以分析利用,数据就只是一个记录。如果能够通过对数据进行分析,提取出所蕴含的价值,就有利于人们了解事物的现状,总结事物的运行规律,并引导人类的生产生活实践活动。对智能网联汽车交通大数据的处理与分析主要通过云计算、大数据平台实现数据采集与存储和数据挖掘与应用。平台通过网络传输系统接收感知系统采集的多种数据,对数据进行预处理和存储,然后进行分析计算,充分挖掘数据的潜在价值,给出处理意见,辅助驾驶员实现对车辆的智能驾驶。

0.2.2 交通大数据处理与分析的过程

对交通大数据进行分析、计算和处理,其流程可概括为大数据的采集、存储、预处理、融合、挖掘以及可视化。如图 0-1 所示。

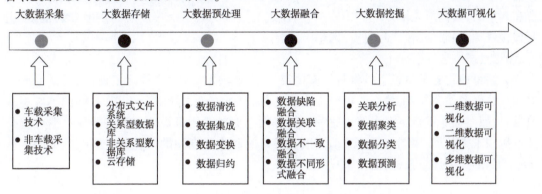

图 0-1　交通大数据分析、计算和处理

0.2.2.1 数据采集

原始数据种类多样,其格式、位置、存储方式、时效性等迥异。数据采集就是从异构数据源中收集数据并转换成相应的格式。大数据的采集很重要,它强调的是数据全体性、完整性,而不是抽样调查。大数据的采集需要有庞大的数据库的支撑,有时也会利用多个数据库同时进行大数据的采集。智能网联汽车通过车载传感器、环境传感器、微波雷达等传感器来感知信号、采集信息,比如路况、车速、油/电消耗量、驾驶员状态、温度、振动、烟雾、光线、粉尘、图片与视频、地质数据、天气数据、环境数据等,实时精准反映车辆及其周围环境与路况,从而确保车辆行驶安全。

0.2.2.2 数据存储

大数据存储与管理要用存储器把采集到的大规模数据存储起来,建立相应的数据库,并进行管理和调用。随着大数据时代的到来,依靠单台主机(或大型机)处理海量数据已经很难做到及时、有效。因此,为满足复杂结构化大数据的海量存储和分布式存储的需求,几种新兴存储架构及技术应运而生,主要包括分布式文件系统、关系型数据库、非关系型数据库以及云存储技术。

0.2.2.3 数据预处理

由于交通大数据来源广泛,收集到的数据集随着噪声冗余和一致性等方面不停变化,存储毫无意义的数据无疑是一种浪费。此外,一些数据分析方法对数据质量有严格的要求。因此,在很多情况下应该对数据进行预处理,整合不同来源的数据,以实现有效的数据分析。数据预处理不仅降低了存储费用,而且提高了分析精度。一般数据预处理包括数据清洗、集成、转换、规约、离散化等操作。

0.2.2.4 多源数据融合

随着智慧交通建设规模的不断扩大,交通大数据日益增加,数据种类和数量迅速增长,交通数据的采集方式越来越多样化，数据格式参差不齐，所产生的多源异构数据无法直接进行挖掘分析，因而对于多源异构数据的融合需求急剧增加。多源数据融合指利用相关手段将调查、分析获取到的所有信息全部综合到一起，并对信息进行统一的评价，最后得到统一信息的过程。其目的是将各种不同的数据信息进行融合，吸取不同数据源的特点，然后从中提取出统一的、比单一数据更好、更丰富的信息。

0.2.2.5 数据挖掘

数据挖掘就是从大量的、不完全的、有噪声的、模糊的、随机的实际应用数据中，提取隐含在其中的、人们事先不知道的、潜在有用模式的过程。数据挖掘涉及的技术方法很多，主要包含聚类、关联分析、预测建模、偏差检验等。

0.2.2.6 数据可视化

数据可视化的基本思想是将数据库中每一个数据项作为单个图元素表示，大量的数据集构成数据图像，同时将数据的各个属性值以多维数据的形式表示，可以从不同的维度观察数据，从而对数据进行更深入的观察和分析。大数据时代的可视化技术将传统数据可视化技术应用于大数据，用图表、地图、动画以及随时间和空间变化的物理现象或物理量等更直观生动的形式来展示数据，更便于数据的理解。

0.3 交通大数据的应用

2016年以智慧城市为代表的"互联网+交通"项目的开发，有效提升了城市的智能化水平。而其中，交通大数据就是"互联网+交通"发展的重要依据，其发展及应用在宏观层面能为综合交通运输体系的"规、设、建、管、运、养"等提供支撑；在微观层面能够指导优化区域交通组织，如：优化交通信号、交通诱导、路况融合、规范停车场管理等。交通大数据的应用主要包括以下几个方面：

0.3.1 在综合交通运输体系中的应用

交通大数据在综合交通运输体系中的应用主要体现在以下3个方面：

（1）为管理者制定科学决策方案提供支持。交通大数据有利于提升交通运输体系的整体信息化水平，实现各种运输方式之间的互联互通，有利于管理者制定各种运输方式之间的衔接方案，提升交通运输服务水平。通过对历史运营数据的分析，系统能够识别出交通运输网络存在的安全隐患点和区域，有利于管理者制定有针对性的改善措施，提高综合交通运输体系的运营安全。通过对交通基础设施健康监测数据的分析，有利于管理者及时制定养护方案，减少养护费用。

（2）为出行者确定出行路线、选择出行方式提供支持。交通大数据的开发与利用，能够帮助出行者在出行前即在客户端完成出行时间、出行线路、出行方式的规划，减少出行延误，为出行者提供全方位、个性化、立体化的出行服务。

（3）为环境保护规划及政策的制定提供支撑。"互联网+交通"背景下，交通大数据的开发与利用，有利于有关部门及时掌握各种交通方式在运行过程中对环境的影响，并结合历史数据，明确各种交通方式对环境的"贡献率"，为环境主管部门制定科学合理的环境保护规划及政策、减少环境污染与环境破坏提供支撑。

0.3.2　交通大数据在智能交通中的应用

智能交通是基于现代互联网技术，借助交通大数据为用户提供快捷、高效、安全的信息化服务系统，在运行过程中涉及信息的采集、处理、反馈等一整套流程。借助信息技术、自动识别技术、控制技术及物联网技术，实现对综合交通运输体系中交通基础设施的监控与识别，同时结合人工数据补充，形成交通大数据系统，按照交通大数据开发与应用体系框架，对收集到的交通大数据进行筛选、处理、分析，支撑城市智能交通系统建设，缓解城市交通拥堵，提高交通运行效率。

0.3.3　交通大数据在交通事故分析与处理中的应用

随着交通行业信息化水平的发展，驾驶员信息系统、车辆管理系统、道路交通事故统计分析系统等各系统间实现了兼容与互通。通过对历年交通事故数据的统计分析，一方面可以借助事故黑点模型，识别出事故多发道路与事故黑点路段，挖掘事故产生的原因，便于道路交通管理部门有针对性地制定交通安全改善对策；另一方面结合道路交通运行情况及交通量发展趋势，预测道路交通安全发展形势，为道路交通安全预警系统建设提供支撑。

第1章
智能网联汽车交通大数据采集技术

1.1 智能网联汽车交通大数据采集技术概述

1.1.1 大数据采集技术简介

当今各行各业都进入大数据时代,这也导致了各个领域发生了巨大的变化,各个行业都会产生并拥有体量巨大的数据资产,如何挖掘这些数据的分析价值并加以应用成为当前极其重要的一个问题。基于大数据,在交通领域也产生了交通大数据的概念,和传统交通行业产生的数据不一样的地方体现在,现在的智能交通数据采集系统更加丰富多样,其中包括但不限于联网收费系统采集到的通行记录、外场的智能设备拍摄到的视频图像资料、传感器设备获取到的动态数据以及气象监测设备采集到的环境数据等。随着智能网联汽车的发展,交通场景将会变得更加越来越复杂,交通大数据的采集也会随之多源化和复杂化。

交通大数据的采集是借助不同的系统、传感器以及智能设备平台等硬件设施,以获取结构化或非结构化数据为目的的过程。智能网联汽车场景下,交通大数据的数据源种类多样、数据结构繁杂,而且数据量大,产生速度快,简单的数据采集方法难以胜任,复杂场景催生多种智能网联汽车交通大数据采集技术,以满足数据采集要求。从数据来源来看,智能网联交通大数据采集技术主要分为车载数据源数据采集技术和非车载数据源数据采集技术两大类。其中车载数据源数据采集技术主要通过智能网联汽车上的传感器进行数据采集,主要包括环境感知传感器、车辆定位技术、自感应传感器等。非车载数据源数据采集技术主要通过汽车以外的设施、设备进行数据采集,主要包括路侧设备或者空中平台等。

1.1.2 大数据采集技术特点

智能网联汽车场景下,交通大数据采集需要保证高效率和可靠性,具体来说,智能网联汽车交通大数据采集技术主要有以下特点:

(1)采集数据体量大。智能网联汽车会产生大规模数据,数据量一般在 TB、PB 级别。因此,要求采集技术能够适应大规模数据采集的需求,可以准确无误地采集各种动态和静态数据。

(2)采集速度快。车车交互、车路交互等多种信息交互会实时产生交通数据,快速产生的数据对数据采集技术的时效性有较高要求,所以采集技术对数据反应能力和捕捉能力必须要高。

(3) 设备多样化。单一的数据采集技术难以满足智能网联汽车参与的复杂交通场景的数据采集需求,各种类型不同结构的数据需要不同的采集设备完成。

1.1.3　大数据采集技术发展趋势

智能网联汽车交通大数据采集技术作为未来交通场景数据采集的必要途径和主流趋势,必然会取得快速发展,其未来发展趋势主要有以下几个方面:

(1) 采集设备一体化。为了减少数据采集设备数量、降低数据采集成本,未来智能网联汽车交通大数据采集设备必然趋向一体化,单个设备能够集成不同数据采集功能,其可靠性不断增加,可以满足不同类型数据的采集需求。

(2) 成本降低。随着智能网联汽车发展,数据采集技术逐渐完善,各种设备必然会体积减小,功能发展趋向于多样化,数据采集能力会持续提升,而价格逐渐下降,所以智能网联汽车大数据采集技术成本会越来越低。另外,随着数据共享技术的不断发展,其原则和标准不断完善,收集各种交通参与者共享的数据,可以很大程度降低智能网联交通大数据采集成本。

(3) 数据精度提高。由于智能网联汽车交通大数据的多源性和多样性,提高数据的质量和可用性是未来关注的问题,随着道路设施和汽车智能设备的完善,数据采集会更加方便,数据会更全面,数据精度会更高。

随着大数据采集技术的发展,数据质量的不断提高,智能网联汽车交通大数据的应用也趋于全面。在多样化的交通运输体系中,交通大数据采集可以为管理者制定科学决策方案提供支持,有利于提升交通运输体系的数据整体化水平;在智能交通中,采集交通方面的大数据可以为提升城市交通系统智能化水平提供帮助,有助于解决城市交通拥堵等相关问题,从而提高交通运行的效率;另外,交通大数据采集技术有助于道路交通管理部门有针对性地制定交通安全改善对策,为道路交通安全预警系统提供支撑。

1.2　车载数据源数据采集技术

车载数据源数据采集技术一般是由智能网联汽车上配置的各种传感器等对汽车自身运行状况以及外部的数据进行采集,通常车载数据源数据采集技术包含激光雷达、毫米波雷达、超声波传感器、视觉传感器、车辆定位技术、车轮转速传感器、加速度传感器、微机械陀螺仪、转向盘转角传感器等。

1.2.1　激光雷达

激光雷达是一种用来确定待检测目标的距离、方位、运动状态和表面光学特性的一种雷达系统。探测方式是向被测目标发射激光束探测信号,通过测量反射或散射信号到达目标的时间、信号的强弱程度等参数,从而获取车载数据。

1.2.1.1　激光雷达的特点

激光雷达主要优点为:能对雷达周围的物体进行建模,使物体模型化为高清的 3D 图像,这种 3D 图像可以对计算机的识别和决策过程进行加速;其次,激光雷达可以探测较长的距离,最远可达 300m。其缺点为:探测精度容易受到天气状况的影响,天气条件不够理想时精度会明显下降,无法准确判断物体的属性,且造价较高。

1.2.1.2 激光雷达的分类

常见的车载激光雷达主要有 3 种,分别是机械式车载激光雷达、混合式车载激光雷达和全固态车载激光雷达。

1) 机械式车载激光雷达

机械车载激光雷达的激光扫描方式为机械旋转。激光源线阵列使用激光发射元件实现垂直布置,利用透镜可在垂直面形成不同方向的激光束。在步进电动机的驱动下,激光束在垂直平面内由"直线"变为"平面",通过旋转扫描构造多个激光"平面",以实现检测范围内的三维扫描。由于这种雷达的原理简单易懂,易于实现全水平 360°扫描等优点,所以这种雷达已成为激光雷达产品中最早应用于智能驾驶领域的产品。机械车载激光雷达虽然具有很好的探测性能,相关技术也比较成熟,应用比较广泛,但由于其内部结构非常精密,需要的零部件数量较多,装配工艺也比较复杂,制造周期相对较长,生产成本比较昂贵,而且其使用寿命短,以上原因导致无法批量生产。此外,机械激光雷达还需要克服光窗值小、信噪比低的问题。

2) 混合式车载激光雷达

混合式车载激光雷达是微机电系统(MEMS)和振镜的结合。这种激光雷达的激光扫描方式是振镜旋转,所以又称 MEMS 车载激光雷达。在实际工作中,驱动电路的驱动激光器产生激光脉冲,上述元件驱动 MEMS 振镜同时旋转。旋转振镜通过反射激光实现扫描过程,最后利用发射光学单元完成准直发射。

与传统的机械旋转装置相比,MEMS 激光雷达采用集成在硅片上的 MEMS 微振镜,反射激光,扫描角度和范围更广。MEMS 微振镜技术更成熟,因为只有微振镜的微小的振动,所以实现固态激光扫描的成本相对较低,但精度有一定提高,可以根据需要选择,也可以对重点物体着重扫描。然而,问题仍然在接收终端和光路过于复杂,微振镜方式不仅直接影响激光雷达组件的寿命,而且还会限制激光扫描区域,造成与其他技术路线的扫描范围有差距。

3) 全固态车载激光雷达

全固态车载激光雷达有了突破性的改进。采用电子方式完成水平和垂直激光扫描,完全消除了机械扫描结构。MEMS 激光雷达保留了"微动"机械结构。在这方面,全固态车载激光雷达的电子化程度比较彻底。该雷达消除了所有内部运动部件,有效地减小了整个系统的尺寸,提高了其可靠性和耐久性。它主要包括光学相控阵(Optical Phased Array,OPA)和闪光(Flash)型激光雷达两种。

OPA 固态激光雷达是一种光学相控型固态激光雷达,它将多个振动点产生的波叠加在一起。有些方向在叠加后增强,有些方向在叠加后抵消。各种光源被用来形成一个阵列。这种雷达的特点是它根本没有机械部件,所以结构比较简单,体积比较小,成本较低,但可以保证较高的精度。缺点是会产生"旁瓣",能源将分散,而且列阵单元很小,通常小于 500nm,这需要很高的加工精度,同时雷达的扫描角是有限的,接收端方案需要改进,接收面很大,而且信噪比较差。

在 3D Flash 激光雷达中发射方式为一次脉冲,使用飞行时间成像仪收取反射回来的信号并最终成像,这样激光发射的波长是一个重要的因素,它在单脉冲的全范围内发射。如果使用905nm的激光波长,成本较低,但会限制激光雷达的功率,这也会导致探测距离不像预期的那样。使用1550nm的激光波长,需要一个更昂贵的探测器来接收反射信号,这使得它无法用于商业用途。

1.2.1.3 激光雷达的工作原理

激光雷达系统可以视作主动传感器雷达系统,激光雷达获取的数据以点云的形式存在。激光雷达的工作光谱范围从红外到紫外,主要由发射机、接收器、测量控制和电源组成。激光雷达的工作过程介绍如下:首先要对被探测物体发射一束激光,当反射或散射信号向发射机发射时需要测量从发射到回复的时间,反射和散射信号的强度以及频率参数的变化,也就是通过测量激光雷达距离、速度和移动位置等参数来判断目标物体的距离。此外,还可以监测大气中不可见粒子的运动。图1-1展示了激光雷达的工作原理。激光雷达可以通过测量目标物体的距离、角度、形状、大小和速度来检测、识别和跟踪目标物体。

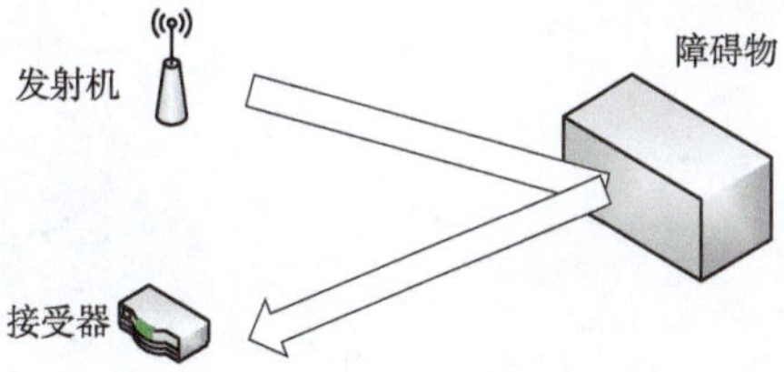

图1-1 激光雷达工作原理图

1.2.1.4 激光雷达的产品实例

常见的机械式车载激光雷达主要有美国Velodyne公司的两款产品,分别为HDL-64E与VLS-128。

常见的混合式车载激光雷达包括Velodyne的Velarray系列、LeddarTech、Innoluce、Innoviz、Fujitsu、Toyota、Draper等。

典型的光学相控OPA固态激光雷达有Quanergy的S3、Blackmore和Strobe。3D Flash激光雷达应用较多的包括LeddarTech的LCA3、Tetravue、Princeton Lightwave、Trilumina的Vertical-Cavity Surface-Emitting Laser(VCSEL)和丰田Toyota等。

1.2.2 毫米波雷达

毫米波雷达是另一种常见的探测雷达,因其波段运作在毫米波波段而得名。这种雷达的工作频率一般为30~300GHz,波长介于1~10mm之间,也就是位于微波和厘米波中间,因此其兼备了微波雷达和光电雷达的优势。

1.2.2.1 毫米波雷达的特点

毫米波雷达的优点表现为可以全天不间断工作,即使在不良天气状况或者夜间也可以正常工作,并且毫米波雷达的探测距离比较远,通常可达到200m以上,但是这种雷达的缺点则表现为分辨率比较低、成像比较难,同时不能识别图像。尽管毫米波雷达仍有许多方面需要进步,但是由于相关的技术比较先进,价格比较低,并且在天气状况不好时也可以正常工作,因此也得到了广泛的应用,在感知设备中发挥了重要的作用。但考虑到它的分辨率较低,因此不可以彻底替代激光雷达,通常作为补充手段加以使用,用来降低成本。

1.2.2.2 毫米波雷达的分类

毫米波雷达根据频段不同可以分为24GHz、77GHz和79GHz共3种类型。24GHz又被叫作短波雷达,这种雷达的探测距离介于0.15m和30m之间,在辅助停车方面通常使用这种雷达;77GHz的毫米波雷达的探测距离较前一种有所提升,探测距离可达到1m到

100m 左右,在进行盲点探测时经常使用;79GHz 的毫米波雷达探测距离最远,可达 250m,因此在主动巡航系统和汽车前向碰撞报警系统中通常被使用,让车主有足够的时间来制动或避让。

1.2.2.3 毫米波雷达的工作原理

毫米波雷达采用特殊的电磁波,它是由特定的高频电路调制产生的。它利用天线发射和接收这种特殊的电磁波,通过发射和接收电磁波参数计算出目标的各种参数。毫米波雷达工作原理如图 1-2 所示。毫米波雷达可以同时测量多个目标的位置、速度和方位。距离分辨率可达 0.1m,速度测量基于多普勒效应,方位测量(包括水平角和垂直角)由天线阵列实现。

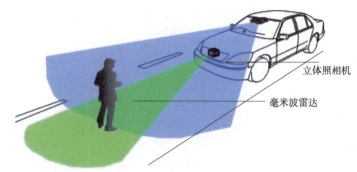

图 1-2 毫米波雷达工作原理图

1.2.2.4 毫米波雷达的产品实例

按照产品频率的不同,可将典型供应商企业罗列如下。24GHz 的产品供应商主要有德国的 HELLA、瑞典的 Autoliv、美国的 Oculii,以及国内的企业如杭州智波科技、芜湖森斯泰克、深圳安智杰等。77GHz 的产品供应商主要有德国的 Bosch、ConTInental、HELLA,日本的 Denso、Fujitsu,美国的采埃孚 & 天合(TRW)、Oculii,以及国内的南京隼眼科技、苏州安智汽车、北京行易道、深圳承泰科技、保隆科技等。

1.2.3 超声波传感器

超声波是一种特殊的声波,具有折射、反射和干涉等基本物理特性。超声波传感器发送超声波使用的是专门的超声波发射器,然后使用特制的超声波接收器接收传回来的超声波,在这个过程中可以得到一个差值,也就是超声波发射和接收之间的时间差,并通过这个差值来计算目标物体和传感器之间的距离长度。

1.2.3.1 超声波传感器的特点

超声波能量损耗速度较小,在介质中可以传输比较长的距离,具有较强的穿透能力,使用比较简单的方法就可以完成距离测量,花费的成本也比较小。但是超声波雷达的局限性也很明显,那就是在速度较快时对距离的测量误差大,这种问题存在的根本原因是不同的天气条件会对超声波的传输速度产生较大的影响,超声波的传播速度在不一样的天气条件下差别比较大,并且速度比较小,当汽车速度过快时,汽车距离的实时变化速度很快,这就导致超声波无法跟上速度过快的汽车,测量误差也随之增大。另外一个问题是,超声波散射角大,方向感较弱,当距离所要测量的目标过远时,传回来的信号比较弱,这也会直接对测量的精度造成影响。虽然有以上弊端,但是测量距离比较近的目标物体时,超声波测距传感器仍然有自己的价值空间。

1.2.3.2 超声波传感器的分类

超声波传感器有两种常见类型。第一种安装的位置通常是在汽车的前后保险杠上,这种位置的超声波的主要作用是对汽车的前后障碍物进行监测。这种雷达在业界被称为UPA,UPA超声波雷达可以探测 15~250cm 范围之内的物体。第二种在业内被称为APA,这种雷达的探测范围一般在 30~500cm 之间,它的安装位置是在汽车侧面,作用是计算汽车侧面的障碍物距离汽车的远近。因为 APA 的探测范围和另一种相比更大,因此它的探测功能更加强大,价格也更贵。

1.2.3.3 超声波传感器的工作原理

超声波雷达的工作基础利用超声波,这种超声波是由超声波发射器产生的,并由专门的接收器接收,具体的原理如图 1-3 所示。常见的不同工作频率探头主要有 3 种,分别是40kHz、48kHz 和 58kHz。一般来说,探头的频率越大,这种探头也会具有更高的灵敏度,二者成正比,但考虑到横向和竖向的探测角度比较小,这种情况下 40kHz 的探头使用更加广泛。超声波雷达另一个特点是可以防水和防尘的,即使探测环境中有泥沙的存在也不会影响雷达的探测功能。另外,超声波雷达可以检测 0.1~3m 范围内的物体,而且具有较高的精确度,所以在泊车领域的应用比较广泛。

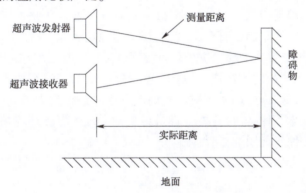

图 1-3 超声波雷达工作原理图

1.2.3.4 超声波传感器的产品实例

典型的超声波雷达传感器企业有博世公司和法雷奥公司。博世公司生产的第六代超声波雷达相较第五代产品有了突破性进展,尤其是可以识别一些低矮的物体;法雷奥公司生产的短距超声波雷达,在最新的自动泊车系统 Park4U 得到了应用;另外值得一提的是同致电子设计生产的汽车倒车雷达,作为亚洲倒车雷达 OEM 市场的第一供应商受到大家的广泛关注。

1.2.4 视觉传感器

视觉传感器的工作需要和摄像机相互配合,主要是对抓拍到的图像进行处理,在处理的过程中获取目标对象的有关特征的量,主要包括面积、长度、位置等指标,得到数据和判断结果并输出给车辆。其主要以摄像头作为传感器输入,经过一系列的计算和处理,对周围的环境信息做精确感知,为自动驾驶提供准确丰富的路况环境信息。

1.2.4.1 视觉传感器的特点

视觉传感器内部的光电效应是独立于电极的,也就是可以使用直流电源,同时,它的敏锐程度取决于半导体材料和入射光的波长。但是,温度会对视觉传感器产生十分大的影响,另外,这种传感器做出响应需要的时间在毫秒到秒之间,比较慢,入射光的光照度也会影响延迟时间。

1.2.4.2 视觉传感器的分类

视觉传感器根据元件是否相同可分为 3 种类型,分别是 CCD、CMOS 和 CIS。早些时候,CCD 作为一种固态图像传感器,因为具有尺寸小、分辨率较高、灵敏度高和图像质量较高这些明显的优势,在图像传感器市场占据着统领地位。然而,CCD 的高图像质量有利有弊,也带来了一些问题,主要是生产成本昂贵,这在一定程度上加速了 CMOS 传感器的研发问世,因为 CMOS 传感器相对前者来说成本和功耗都在一定程度上有所降低。与 CCD 相比,CMOS 的优点主要体现在读取信息的形式简单、可以快速输出信息、比较省电、集成度高、价格低廉等,因此很快在市场中占有一席之地。并且随着技术的发展,CMOS 与 CCD 的差距正在缩小,正逐渐发展成为市场的核心。CIS 是另一种图像传感器,在扫描仪中得到广泛应用,但是其景深、分辨率和色彩性能目前都不如 CCD 光敏器件。

1.2.4.3 视觉传感器的工作原理

视觉传感器是自动驾驶汽车的基本部件之一,它的主要作用是可以把光学图像转变为电子信号。为了能够给汽车提供直观、真实的视觉图像信息,在获取图像时,前期需要与数码相机配合工作,后期主要由图像数据处理系统配合工作。其工作原理如下:在外部照明光源的照射下,通过成像物镜对物体成像,形成光学图像,然后经过图像传感器的处理使图像转变成电子信号。图像数据处理系统对获得的电子信号进行放大和同步控制等操作,最终可得到目标的二维光学图像,经过这些处理最终得到准确的驾驶环境信息并发送给自动驾驶汽车。具体的工作原理如图 1-4 所示。

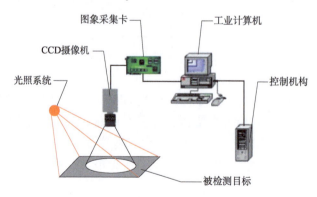

图 1-4 视觉传感器工作原理图

1.2.4.4 视觉传感器的产品实例

视觉传感器中车载摄像头的经典供应商包括国外的博世、大陆、法雷奥、松下等,还有国内的舜宇光学、联创等,计算平台包括华为、英伟达、特斯拉、地平线、Mobileye 等。

1.2.5 车辆定位技术

智能网联汽车需要通过定位技术准确感知自身在全局环境中的相对位置以及所要行驶的速度、方向、路径等信息。车辆定位技术主要有全球定位系统、北斗卫星导航定位系统、蜂窝无线定位系统等。

1.2.5.1 全球定位系统

定时测距导航卫星全球定位系统,简称全球定位系统(Global Positioning System,GPS),是一个结合卫星和通信技术,使用导航卫星进行时间测量和距离测量的中程圆形轨道卫星导航系统。GPS 具有在海、陆、空进行全方位三维导航与定位的能力,在地壳运动监测、大地测量、资源勘察、工程测量、地球动力学、运载工具导航和管制等领域得到广泛应用。

1)全球定位系统的组成

GPS 主要包括空间(GPS 星座)、地面控制(地面监控系统)以及用户设备(GPS 信号接收机)3 大组成部分。

(1)空间部分。全球定位系统的空间部分由 24 颗工作卫星组成,这些卫星位于距地球表面 20200km 的高度,均匀分布于轨道倾角为 55°的 6 个轨道平面上(每个轨道平面上 4 颗工作卫星),与此同时,轨道上还有 4 颗有源备用卫星运行。基于各卫星在轨道平面的分布,在全球的任何地方、任意时间至少可以观察到 4 颗卫星,因此,该系统进行导航定位时具有良好的精度,并能保证系统全球导航能力的时间连续性。

GPS 卫星将产生 C/A 码(Coarse/Acquisition Code 1.023MHz)和 P 码(Procise Code 10.23MHz)两套代码。P 码因其频率高,难以受到外部干扰,所以定位精度很高。正是由于该原因,美国军方对 P 码进行了加密并受其控制,民间通常很难对其进行解算。C/A 码主供民间使用,其在经过人为处理措施后,准确性大大降低。

(2)地面控制部分。地面控制部分的组成部分有 1 个主控站,5 个全球监测站以及 3 个注入站。精密的铯钟和能够连续测量所有可见卫星的接收器是每个监测站的必配装置,监测站将在初步处理后的卫星监测收集数据,包括气象和电离层数据,传至主控站。主控站根据每个监测站采集的数据进行计算,得到卫星轨道以及时钟信息,并将结果传至 3 个注入站。注入站再将这些导航数据以及主控制站的指令在卫星经过其上空时,分别传输给各颗卫星,每个全球定位系统卫星每天进行一次这样的数据注入的接收,并在其远离注入站工作有效范围之前开展最后的数据注入。若某一地面控制站出现故障,GPS 卫星中预先存储的导航信息仍然可以引导其运行一段时间,但是导航的准确性将会逐渐下降。

监测站配备高精度原子钟、双频 GPS 接收机以及气象参数测试仪等装置,它的功能是对全球定位系统卫星进行不间断观测,与此同时,把收集到的数据及气象有关信息经处理后传至主控制站。主控制站负责协调和管理地面监控系统,并通过对检测站输入信息的综合处理,将推算出的星历、卫星钟差以及大气修正参数等计算数据汇编到导航电文并传至注入站,此外,主控制站还通过对偏离预定轨道的全球定位系统的卫星进行调整,使其沿着指定轨道运行,对于失效卫星,主控制站可以调用备用的 GPS 卫星替代失效卫星继续开展相关工作。注入站的主要任务是将主控制站发送的导航电文以及处理所得的卫星钟差和卫星星历的修正数等信息通过天线注入相应的卫星。

(3)用户设备部分。该部分主要通过全球定位系统信号接收机硬件和数据处理软件、微处理机及其终端设备构成。其主要功能是捕获、跟踪并锁定到按相关规则选定的待测卫星信号。当接收模块捕捉到卫星信号后,对数据进行处理,可测量并解算出距离相关信息和轨道参数等数据。微处理计算机可以基于这些数据开展定位工作,计算用户所处经度、纬度、高度、时间、速度等信息。全球定位系统接收机的结构可分为天线单元以及接收单元。接收机通常会用到机内和机外两种直流电源,机内电源主要是为在更换机外电源时维持设备正常运行,保证观测的连续性,当使用机外电源时,机内电池自动进入充电状态。在关机后,机内电池能够向 RAM 存储器提供电能,以防造成数据的丢失。

2)全球定位系统的特点

GPS 主要有以下特点:

(1)全球全天候定位导航能力,受天气影响较小。基于 GPS 卫星的数量及均匀分布,可以在全球的任何地方、任意时间都能观测到 4 颗或更多的导航卫星,保障了 GPS 全世界任何时刻的连续定位导航能力。

(2)GPS 覆盖范围较广,可以覆盖 98% 的世界范围。全球定位系统能够满足世界各地或者是近地空间的军方用户进行海、陆、空全方位的实时三维导航与定位,连续精确地确定行进状态以及时间的需要。

(3)定位精度高,观测时间短。全球定位系统相对定位精度 50km 范围以内可达 6～10m,在 100～500km 范围内可以达到 7～10m,在 1000km 范围以内可达 9～10m。同时随着 GPS 的不断完善发展,20km 以内的相对静态定位仅仅只需 15～20min;在进行快速静态相对定位测量的时候,每个流动站与基准站的距离在 15km 以内时,流动站进行观测仅需 1～2min;当采用实时动态定位工作模式时,则只需短短几秒钟。

(4)它能够提供全球统一的三维地心坐标。GPS 全球定位系统测量可以同时对测站平面位置以及大地高程进行精确测定,除此之外,其定位是通过全球统一的 WGS-84 坐标系统计算所得,所以在世界不同位置的测量结果是能够相互关联的。

(5)各个测站点之间不需要具备通视条件,仅需测站点上方的空域是开阔的。测站之间无须通视,大大节省了建设费用,也使得测站点的选取工作变得更加灵活,对于经典测量中的过渡点、传算点的测量工作也可以省略掉。

3)全球定位系统的定位原理

GPS 全球定位系统的原理是基于三角测量定位(图 1-5),并通过使用相关技术获取观测数据。在信号的接收过程中,卫星钟和本地时钟分别用来控制卫星发射的和用户接收设备的伪随机信号,这两者间有较大时差。GPS 用户端能够同时对 4 颗 GPS 卫星进行追踪捕获其信号,将两个时钟的时差看作未知变量,将其与观测点的坐标构建四元方程组,求解可得观测点的时差以及该点的经度和纬度,该方法得到的定位精度相对较高。此观测值也常称作伪距观测量,原因如下:第一,它构建函数的变量卫星是与地表之间的距离;第二,因为大气以及时钟误差等因素的作用,该值与实际距离仍有一些偏差。

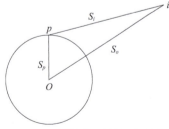

图 1-5 地面点和卫星的几何关系示意图

设地面点 p 到卫星 i 的距离矢量为 S_i，地心原点 O 到卫星 i 的距离矢量为 S_o，从地心原点 O 到地表点 p 的距离矢量为 S_p，如图 1-5 所示。如果卫星钟和地表钟之间没有时差，这意味着伪距观测量表示地表 p 点与卫星 i 两者的真实距离 S_i，其值为：

$$S_i = c(t_i - t_j) - c\tau \tag{1-1}$$

式中：c——光的传播速度；

t_i——地面接收设备同步观测时间；

t_j——卫星同步发射时间；

τ——传播路径中的附加时延。

卫星时钟和地面时钟之间完全同步仅在理论层面是可能的。但事实上，它们之间通常存在一定的时钟差，因此实际测量是伪距离，而不是实际距离，即：

$$\rho_{pi} = c(t_{pi} - t_{pj}) \tag{1-2}$$

式中：ρ_{pi}——地面点 p 到卫星 i 的伪距离；

t_{pi}——带时钟差的地面站接收时间；

t_{pj}——含有时钟差的卫星发射时间。

在实际接收过程中，地面站接收机的接收时间应该与全球定位系统 GPS 时间同步。这样，时钟差是两个微小的量 Δt_i 和 Δt_j，即：

$$t_{pi} = t_i + \Delta t_i \tag{1-3}$$

$$t_{pj} = t_j + \Delta t_j \tag{1-4}$$

$$\rho_{pi} = c(t_i - t_j) + c(\Delta t_i - \Delta t_j) = S_i + c\tau + c(\Delta t_i - \Delta t_j) \tag{1-5}$$

接收机跟踪并锁定卫星信号之后，可以从接收的信号中分析并获取伪距离观测量和导航电文。导航电文信息通常可以分为 3 个组分，分别为卫星钟差改正数、电离层修正数以及卫星星历参数。卫星星历参数再通过进一步统计分析计算，可以得到卫星在发射时地心坐标系中的 X_i、Y_i 和 Z_i 三维坐标，同时卫星时钟改正数可用于根据以下公式修正卫星时钟差。

$$\Delta t_j = a_0 + a_1(t - t_0) + a_2(t - t_0)^2 \tag{1-6}$$

$$t = t_{pj} - \Delta t_j \tag{1-7}$$

式中：t——观测时间；

t_0——卫星钟基准时间；

a_0——卫星钟偏；

a_1——卫星钟速；

a_2——卫星时钟的老化率。

设 p 点的地心坐标为 X_p、Y_p 和 Z_p，则 p 点至卫星 i 的实际距离为：

$$S_i = \sqrt{(X_i - X_p)^2 + (Y_i - Y_p)^2 + (Z_i - Z_p)^2} \tag{1-8}$$

所以可求得 ρ_{pi} 的值为：

$$\rho_{pi} = \sqrt{(X_i - X_p)^2 + (Y_i - Y_p)^2 + (Z_i - Z_p)^2} + c\tau + c(\Delta t_i - \Delta t_j) \tag{1-9}$$

式中，τ 表示大气修正，可以参考空间大气模型对其修正。此时式中仅有 X_p、Y_p、Z_p 和 $(\Delta t_i - \Delta t_j)$ 4 个未知量。对一颗卫星同时进行观测可以得到上述 4 个方程，可以通过线性化方法或者卡尔曼滤波技术对这些方程进行求解，得到 p 点的地心坐标为 X_p、Y_p 和 Z_p。

上文所述是对 GPS 全球定位系统原理的分析，但为得到更加准确的定位信息，需要对所求的定位数据采取差分运算,以减小误差。

1.2.5.2 北斗卫星导航定位系统

北斗卫星导航定位系统是中国自行研制开发的区域性有源三维卫星定位与通信系统,是继美国的 GPS、俄罗斯的 GLONASS 定位系统之后第 3 个成熟的卫星导航定位系统。北斗卫星导航定位系统旨在为全球用户提供高质量的授时、定位和导航服务,其建设与发展则遵循开放性、自主性、渐进性、兼容性这 4 项原则。

1)北斗卫星导航系统的组成

北斗系统的 3 大组成部分为:空间段、地面段和用户段。

空间段部分包括静止轨道卫星和非静止轨道卫星,其数量分别为 5 颗和 30 颗,东经 58.75°、80°、110.5°、140°和 160°为静止轨道卫星的定点位置。非静止轨道卫星包括中圆轨道卫星和倾斜同步轨道卫星,其数量分别为 27 颗和 3 颗。其中,中圆轨道卫星在 3 个轨道面上运行,每隔 120°均匀分布。

地面段部分由多个地面站组成,如主控站、注入站以及监测站等,此外,还包括星间链路运行管理设施。地面段主控站的功能任务主要是对系统运行进行管理与控制。主控站接收来自监测站的数据并对数据进行处理,生成卫星导航电文和差分完好性信息,然后将其交至注入站以传输信息。同时,主控站还承担着整个地面控制系统的管理和协调工作。注入站负责执行向卫星发送信号的任务并控制和管理卫星,注入站在接收到主控站的调度指令后,向卫星发送卫星导航信息和差分完整性信息。监测站的主要任务是接收卫星信号,并将其发送到主控站以跟踪和监视卫星,并提供观测数据以确定卫星轨道和时间同步。

用户段部分有北斗卫星导航系统用户终端和与其他卫星导航系统兼容的终端。用户段即用户终端,既可以是北斗卫星导航系统专用的信号接收机(康凯斯北斗定位终端),也可作为与其他卫星导航系统兼容的接收器。接收器需要捕获并跟踪卫星的信号,即可测量出接收天线与卫星之间的伪距离以及距离的变化率,并解调诸如卫星轨道参数之类的信息。接收器中的微处理计算机基于这些信息按一定的方式开展定位计算工作,最终得到用户的经纬度、高度、速度、时间和其他信息。北斗系统采用卫星无线电测定(Radio Determination Satel-lite System,RDSS)与卫星无线电导航(Radio Navigation Satellite System,RNSS)集成体制,既能像其他导航系统一样提供卫星无线电导航服务,还具有位置报告和短报文通信功能。

2)北斗卫星导航系统的特点

北斗卫星导航系统的特点可以概括为综合特点和应用特点两方面:

(1)综合特点。

北斗卫星导航系统的空间段采用由 3 颗轨道卫星构成的混合星座,相比于其他类型的卫星导航系统,北斗卫星导航系统拥有更多数量的高轨卫星和较强的抗遮挡能力,特别是在低纬度地区其性能表现更加优异。

北斗卫星导航系统提供多个频点的导航信号,多频信号可以进行组合使用,通过此种模式可以有效提高系统的服务精度。

北斗卫星导航系统创新融合了通信与导航能力,其功能有快速定位、实时导航、位置报告、精确授时和短报文通信服务。

(2)应用特点。

北斗卫星导航系统覆盖中国全境和周边区域。北斗卫星导航系统的覆盖范围为东经70°～145°,北纬5°～55°,无缝覆盖了我国本土及其周边地区,在中国境内可以确保良好的导航性能。

北斗卫星导航系统的定位、授时精度与 GPS 的民用精度基本相当,该精度能够满足导航定位需要。北斗卫星导航系统的注册用户分为一类用户、二类用户和三类用户3个服务等级,其定位响应时延分别为5s、2s 和 1s。除了具有单向授时功能之外,北斗卫星导航系统还具有双向授时功能,其可以根据不同的精度要求,定时向用户终端发送最新的授时信息,供用户修正与北斗系统之间时间差。

北斗卫星导航系统的双向短报文通信功能具有明显的应用优势。北斗卫星导航系统能够实现用户之间以及用户与地面控制中心之间的双向消息通信。该系统的普通用户一次可以发送36个汉字,授权用户通过连续传送的通信方式一次发送多达120个汉字。这种简短的双向消息通信服务可以在通信信息量少但即时性要求高的情况下,有效地满足各种类型的用户应用系统的需求。这非常适用于大规模的集团用户监控管理以及在通信不发达地区进行数据收集与传输。北斗卫星导航定位系统对于既需要定位信息又需要发送定位信息的用户是非常有用的。需要注意的是,目前美国的 GPS、俄罗斯的 GLONASS 等系统没有这种北斗卫星导航系统的双向短距离通信功能。

北斗卫星导航系统的有源定位体制使得用户定位的实时性和隐蔽性较差,用户容量受到限制。北斗卫星导航系统是一种主动式有源双向测距二维导航系统,它的有源定位工作方式会使用户定位失去无线电隐蔽性,这点很不利于军事应用。除此之外,北斗卫星导航系统还严重依赖于地面控制中心,如果地面控制中心的控制系统受到损坏,该系统将无法继续运行;用户端必须装备发射机,所以在质量、体积、价格和功耗方面都不如 GPS 接收器;其次,北斗卫星导航系统具有较大的延时,所以北斗导航在诸如导弹、飞机的高动态载体上的导航定位缺点非常明显,该系统适合为慢速运动的用户提供服务,例如车辆和船舶等;再者,北斗系统是主动双向测距的询问、应答系统,其用户容量取决于用户允许的询问信号速率、信道阻塞率和用户的响应频率,所以其容量是受限的。

3)北斗卫星导航系统的定位原理

北斗一代和二代系统采用的导航定位方法相同,均为伪距离法。这种定位方法基于3球交汇定位原理进行导航定位。由于北斗一代定位系统的观测量相对较少并且其工作方式是有源定位,故在定位原理和精度上与北斗二代定位系统存在差异。

(1)北斗一代卫星定位原理。北斗一代卫星导航定位系统的定位原理是基于3球交汇原理进行定位,以两颗卫星的已知坐标作为球心,画出两个以球心至用户的距离为半径的球面,用户机一定处在两球面交线的圆弧上;另外一个球面则是以地心为球心,以用户所处位置至地心的距离为半径,3个球面的交点便是用户所在位置。

根据上文所述原理可以得知,地面中心到双星的两个伪距离分别为:

$$\rho_1 = 2(R_1 + S_1) = c\Delta t_1 \tag{1-10}$$

$$\rho_2 = 2(R_2 + S_2) = c\Delta t_2 \tag{1-11}$$

式中:ρ_1、ρ_2——分别是第一个导航卫星和第二个导航卫星伪距离观测量;

S_1、S_2——地面中心至双导航卫星距离;

R_1、R_2——用户设备至双导航卫星距离;

Δt_1、Δt_2——在地面中心的电文经过两个卫星及用户之间时间偏差。

S_1、S_2和地面中心站坐标均为已知,即$S_1(x_1,y_1,z_1)$、$S_2(x_2,y_2,z_2)$、$S_3(x_3,y_3,z_3)$。设接收机坐标为(x,y,z),则:

$$S_i = \sqrt{(x_i - x_0)^2 + (y_i - y_0)^2 + (z_i - z_0)^2} \tag{1-12}$$

$$R_i = \sqrt{(x_i - x)^2 + (y_i - y)^2 + (z_i - z)^2} \tag{1-13}$$

式中$i=1,2$,根据上式,能够求解得到用户坐标的3个未知量的两个方程。此时需要用到用户所在位置的高程值来解算得到用户位置。设高程值为H,则:

$$H = \sqrt{x^2 + y^2 + z^2} \tag{1-14}$$

(2)北斗二代卫星定位原理。北斗二代系统是一种典型的RNSS系统。北斗二代系统定位原理与GPS类似。至少需要4颗卫星,其伪距离为:

$$\rho(x_u) = \sqrt{(x_u - x_{s_i})^2 + (y_u - y_{s_i})^2 + (z_u - z_{s_i})^2} + n_i + c\Delta t \tag{1-15}$$

式中:$x_u = [x_u, y_u, z_u, \Delta t]$——所要求解的变量;

$x_u = [x_u, y_u, z_u]$——接收机位置;

Δt——卫星时钟的钟差;

$[x_{s_i}, y_{s_i}, z_{s_i}]$——定位卫星的位置;

n_i——卫星各个观测量的伪距离误差,$i=1,2,3,4$。

1.2.5.3 蜂窝无线定位系统

蜂窝无线定位是一种通过使用无线电波进行传播的无线定位技术。大多数现有的无线定位系统使用相同或类似的定位技术和工艺,它们大多通过对目标移动台的位置进行计算来确定位置。通过测量多个基站和移动台之间传播的定位信号,进而获取位置计算所需的定位参数。信号到达角度(Angle-of-Arrival,AOA)定位法、圆周定位(Time of Arrival,TOA)定位法、到达时间差(Time Difference of Arrival,TDOA)定位法是目前常用的无线定位方法。

1)蜂窝无线定位系统的组成

蜂窝无线定位服务的多层次结构描述如图1-6所示。最底层为核心网络,它提供定位系统基本的通信能力。定位参数测量层位于第二层,它的任务为在尽量消除各种因素干扰的基础上,保证定位参数的准确测量,包括TOA、TDOA、AOA等。位置计算层是第三层,它第一步要统计预处理输入的测量参数,然后通过一些优化算法对位置进行准确估计。第四层为定位协调层,它的功能是确保各种应用服务的正确访问、协调和管理。第五层为应用层,它能够提供不同的应用服务给各种移动终端。

2)蜂窝无线定位系统的特点

AOA定位方法有一定的精度,但其接收装置比较复杂;TOA定位方法的精度相对较高,但是该方法对时间同步的要求也较高,如果基站和移动电话之间的时间不同步,双方就不知道信号传输的绝对时间,造成计算和定位误差。TDOA定位方法避免了对参考时间的依赖,即通过测量移动电话和附近两个基站之间的信号到达时间差,可以计算出移动电话与两个基站之间的距离差。这可以有效节约成本,同时确保了一定的定位精度。混合定位方法可以达到一定的定位精度,然而,将其应用于目前的蜂窝系统需要较大程度地修改网络设备。

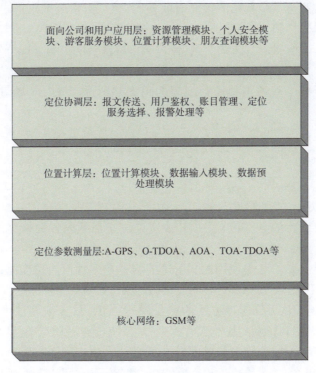

图1-6 蜂窝无线定位服务的多层次结构图

3)蜂窝无线定位系统的定位原理

(1)AOA定位。AOA定位法,也被称为方位测量定位法,它根据从两个或多个基站获取的基站与移动台之间的角度信息,来计算移动台的位置。

假设有两个基站 BS_1 和 BS_2,α_1、α_2 分别是移动台 MS 到两个基站 BS_1 和 BS_2 的到达角度,则:

$$\tan\alpha_i = \frac{x - x_i}{y - y_i} \tag{1-16}$$

求解上式可估算出移动台的位置 (x,y)。

(2)TOA定位。TOA定位法是一种基于时间的定位方法。移动站的位置是通过测量无线电波在两点之间的传播时间来计算的。如果能得到3个或多个基站到移动站的传播时间,移动站的位置就位于以 (x_i, y_i) 为中心的半径为 ct_i 的圆上。

设 BS_1,BS_2 与 BS_3 为3个基站,R_i 为基站 i 与移动台 MS 之间的直线距离,则移动台位于以 R_i 为半径,圆心位于基站 i 所在位置的圆周上。设移动站位置的坐标是 (x_0, y_0),基站位置的坐标是 (x_i, y_i),那么它们之间有以下关系:

$$(x_i - x_0)^2 + (y_i - y_0)^2 = R_i^2 \tag{1-17}$$

在实际的无线电定位中,电磁波在空气中的传播速度为 c,如果移动台和基站 i 之间电磁波传递时间用 TOA 测得为 t_i,那么基站和目标移动台之间的距离为 $R_i = ct_i$ 取 $i = 1,2,3$,联立上式构成一个方程组,求出移动台的位置坐标(x_0, y_0)。

(3) TDOA 定位。TDOA 定位也被称为双曲线定位。它利用移动台到不同基站的传播时间不同,得到移动台到达每个基站的传播时间差,并建立方程组来求解出移动台的位置,这种定位要求各个基站时间必须同步。移动台位于以两个基站为交点的双曲线上,构建两个以上的双曲线方程,求解得出双曲线交点,便可获得移动台的二维坐标位置。

通过测量从两个基站同时到达移动台,或从移动台同时到达两个基站的信号之间的时间差t_{21}和t_{31},来确定两个基站与移动台之间的距离差即,$R_{21} = R_2 - R_1 = c \times t_{21}$,$R_{31} = R_3 - R_1 = c \times t_{31}$。

移动台坐标(x_0, y_0)和基站坐标(x_i, y_i) $(i = 1, 2, 3)$之间的关系为:

$$\left[\sqrt{(x_0 - x_2)^2 + (y_0 - y_2)^2} - \sqrt{(x_0 - x_1)^2 + (y_0 - y_1)^2}\right]^2 = R_{21}^2 \quad (1\text{-}18)$$

$$\left[\sqrt{(x_0 - x_3)^2 + (y_0 - y_3)^2} - \sqrt{(x_0 - x_1)^2 + (y_0 - y_1)^2}\right]^2 = R_{31}^2 \quad (1\text{-}19)$$

通过求解上述方程,得到移动台的二维坐标,然后在先验信息的基础上,通过消除位置的不确定性,找到移动台的真实位置。TDOA 定位法是现阶段各种蜂窝网络中最常使用的定位方法。

(4) 混合定位法。该方法是使用上文所述的两种或多种不同类型的信号特征测量值进行定位估计,例如 TDOA 与 AOA、TOA 与 AOA、TDOA 与 TOA。

比较分析上文所述的不同定位方法的特点,可以发现 AOA 定位法虽然具备一定精度,但是它要求接收机装备高精度的智能天线阵列,其系统设备比较复杂,且只能够从反向链路进行定位;TOA 和 TDOA 定位方法相对容易在蜂窝网络中实现,并且可以实现高精度定位,因此它们受到更多的关注,尤其是 TDOA 定位法;混合定位法可以吸收不同类型定位方法的优点,但也需要提供不同的信号特征测量数据。由此可见,现阶段 TDOA、TOA 定位法和混合定位法在蜂窝网络中受到更多关注与研究。

1.2.6 车轮转速传感器

车轮转速传感器用于测量车轮转速。对于现代汽车来说,轮速信息十分重要且必不可少,汽车动力学控制系统(Vehicle Dynamics Control, VDC)、车身电子稳定系统(Electronic Stability Program, ESP)、制动防抱死系统(Antilock Brake System, ABS)、驱动防滑系统(Acceleration Slip Regulation, ASR)、自动变速器的控制系统的正常运作都需要轮速信息提供支撑,所以轮速传感器是现代汽车中最重要的传感器之一。

1.2.6.1 车轮转速传感器的功能

车轮转速传感器用于测量汽车车轮的转速,转速信号借助于电缆传送给汽车上的 ABS、ASR、ESP 等控制单元,调节每个车轮的制动力,保证汽车行驶稳定性和操纵性。另外,智能网联汽车的导航系统、车道偏离报警系统、车道保持辅助系统、自适应巡航控制系统等也需要将采集到的车轮转速信号根据预设的车速计算公式换算成车速信号发送到控制器局域网络(Controller Area Network, CAN)总线,通过 CAN 总线获取车速信号。车速信号的准确与否直接关系到智能网联汽车行驶的安全性及可靠性。

1.2.6.2 车轮转速传感器的分类

通常所有的转速传感器都可以被用作车轮转速传感器,但是考虑到实际车轮的工作环境情况以及工作空间有限制等因素,常用的车轮转速传感器主要有:电磁式轮速传感器、霍尔式轮速传感器。

1)电磁式转速传感器

电磁式转速传感器是无缘传感器的一种,其组成如图1-7所示,它的主要构成包括齿圈和传感头,其中极轴头部结构有两种,分别为凿式和柱式。

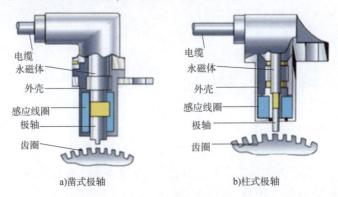

图1-7 电磁式转速传感器的组成

齿圈是需要转动的,它的安装位置一般在和车轮同时旋转的部件上,传感器是固定的,通常在车轮附近进行安装,前轮传感器通常被固定在车轮转向架上,而后轮传感器则是固定在后轮支架上,具体的结构如图1-8所示。

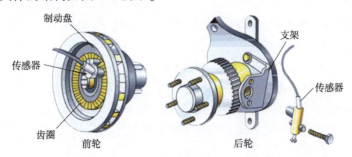

图1-8 电磁式转速传感器在车轮上安装的位置

车轮的旋转引起传感器头的齿顶与齿隙间距不同,这会引起传感器内感应线圈中磁通量不断发生变化,感应电动势也由此而产生,此信号输入ABS的电控单元,借助的是感应线圈末端的电缆。当齿圈的转速发生变化时,传感器感应电动势的频率也变化。ABS电控单元检测车轮转速是通过检测感应电动势的频率来实现的。感应电动势频率的计算公式如式(1-20)所示。

$$f = Zn/60 \tag{1-20}$$

式中:f——感应电动势的频率;

Z——齿圈齿数;

n——齿圈转速,即车轮转速。

电磁式转速传感器的优点体现在传感器结构比较简单,价格较低,但是也有以下缺点:

(1)输出信号幅值随转速的变化而变化,当转速比较低时,电控单元可能检测不到信号。

(2)频率响应低,当汽车速度过快超过设定的值时,可能发出错误的信号。

(3)抗电磁波干扰能力差,输出信号弱时比较明显。

2)霍尔式转速传感器

霍尔式转速传感器是有缘传感器的一种,主要组成部分有传感器和齿圈。永磁体、霍尔元件和电子电路等部分构成了传感器主体,永磁体产生的磁力线通过霍尔元件射向齿圈,结构示意图如图1-9所示。

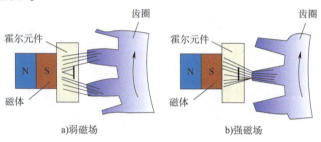

图1-9 霍尔式转速传感器的磁路

齿圈位置不同会有不同的情况发生,当齿圈的位置在图1-9a)的时候,穿过霍尔元件的磁力线不集中,这时候磁场比较弱;而当齿圈的位置在图1-9b)的时候,穿过霍尔元件的磁力线集中,这时候磁场较强。而当齿圈旋转时,传感器头在齿圈齿顶和齿隙二者中间的位置不断转变,此时霍尔元件输出的是毫伏级的电压,形式为标准正弦,电子电路把这个信号转变成满足控制单元要求的信号后输入并加以利用。

霍尔式转速传感器可以把永磁体、霍尔元件和电子电路等用塑料密装,体积小质量轻,为选择安装位置提供了极大的灵活性。霍尔式转速传感器虽然制造成本比电磁式转速传感器的制造成本高,但是却具备下面几个优点:

(1)输出电压信号稳定,在车轮转速范围内和蓄电池标准电压下,传感器输出电压能稳定在 $11.5 \sim 12V$ 不变,输出电压幅值不受转速影响。

(2)有较高的响应频率,最高可以达到 $20kHz$,这个数值约等于车速为 $1000km/h$ 时所检测的信号频率,最高响应频率能够保证汽车高速运行时的测量精度。

(3)抗电磁波干扰能力强。

1.2.7 加速度传感器

加速度传感器是一种可以对加速度进行测量的传感器,其组成部件一般为弹性元件、阻尼器、质量块、适调电路和敏感元件。在物体加速运动过程中,传感器通过测量质量上的惯性力并使用牛顿第二定律获得加速度值。

1.2.7.1 加速度传感器的功能

具有ABS、ASR、ESP的汽车,除了车轮转速传感器外都装有加速度传感器,用来对车辆运动过程中的横向和纵向加速度进行测量。另外,为了保持汽车行驶舒适性,也需要测量垂直加速度,用于控制汽车的垂直振动。加速度传感器在汽车电子领域有着广泛的应用,主要应用于安全系统、车身操控和导航等领域,如ABS、汽车安全气囊、电控悬架系统等。

1.2.7.2 加速度传感器的分类

加速度传感器有多种分类方式。例如按检测方式可以分为压阻式加速度传感器、电容式加速度传感器和压电式加速度传感器;根据敏感轴的数量可以将其划分单轴加速度传感器、双轴加速度传感器和三轴加速度传感器;根据输出信号划分有数字式加速度传感器和模拟式加速度传感器。

1)电容式加速度传感器

电容式加速度传感器用移动的质量块代替电容的可移动电极,当质量块在加速作用下产生位移时,质量块与固定极板之间的电容量也随之而变,该电容的变化可通过外围检测电路进行测量,从而间接地测量得到物体的加速度值。图 1-10 为一种经典的电容式加速度传感器的结构示意图。

电容式加速度传感器相较于其他的加速度传感器,具有良好的稳定性、较高灵敏度和测量精度、极低的功耗和较小的温度漂移等优点;但它也存在着信号处理电路较为复杂、抗电磁干扰能力较差和工作带宽较窄等缺点。

2)压阻式加速度传感器

压阻式加速度传感器根据敏感材料的压阻效应制成,如图 1-11 所示。压阻效应是指敏感材料在沿敏感轴方向的压力作用下变形时,敏感材料的电阻率也会发生变化。

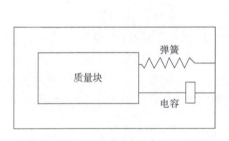

图 1-10　电容式加速度传感器的结构示意图

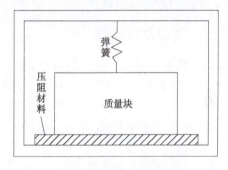

图 1-11　压阻式加速度传感器的结构示意图

如果质量块受到沿材料敏感轴方向的加速度作用而对敏感材料施加一定的压力,则敏感材料的电阻值也会随之而变,通过惠斯通电桥电路能够测量敏感材料的电阻值变化,从而间接获取物体的加速度。

压阻式加速度传感器具有成本低、加工工艺简单、结构和输出电路简单等优点,但同时也存在灵敏度较低、温度漂移过大的缺点。

3)压电式加速度传感器

压电式加速度传感器的结构类似于压阻式加速度传感器,仅是用压电材料代替了压阻材料,它的工作原理是利用敏感材料的压电效应,如图 1-12 所示。

如果向质量块施加加速度作用,就会对敏感材料产生压力,使压电材料表面积聚一定的电荷,通过外围放大电路测量积累的电荷,根据输出电荷信号与该物体受到的加速度成一定比例,便可据此测量物体所受加速度的大小。

压电式加速度传感器具有耐高温、结构简单、输出线性好、稳定性好等优点;然而,由于压电材料极化

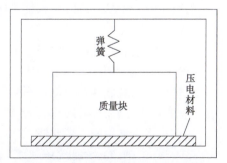

图 1-12　压电式加速度传感器的结构示意图

产生的直流电荷，使得压电材料在低频下的测量非常困难，因此难以与COMS工艺相结合。

除了上述3种应用最为广泛的加速度传感器之外，由于加速度的测量原理的不同，一些新型传感器同样受到人们的积极关注。

谐振式加速度传感器是通过作用在谐振器上的应力大小随着加速度的不同而发生变化，致使该谐振器的频率随之而变，据此对加速度进行测量。其优点在于能够将测量结果直接数字化输出，测量精度相对较高，但是测量精度会受到热激励源偶尔引发的热应力的影响，而且结构复杂。

隧道电流式加速度传感器的工作原理是质量块在受到加速度作用后，使其尖端与衬底之间常电流发生改变，由此对输入加速度进行测量。它的优点是具备极高的测量精度、灵敏度和固有频率；缺点在于在低频下存在噪声。

光纤加速度传感器是基于反射光的强度、波长和偏振面随加速度引起的光纤变形而变化的原理而研制的。

电磁加速度传感器利用铜环、磁钢和线圈之间的相对振动感测与加速度成比例的电压信号，据此对加速度进行测量。

1.2.8 陀螺仪传感器

陀螺仪传感器是基于自由空间移动和手势的定位的控制系统，它具有简单易用的功能特点，其原本运用到直升机模型上，用来感测和维持方向的装置，主要检测空间某些相位的倾角变化、位置变化，主要用于空间物理领域，是航空、航海及太空导航系统中判断方向的主要依据，现在越来越多在手机（如iPhone的三轴陀螺仪技术）、航模、望远镜、汽车安全等领域取得了广泛应用。

1.2.8.1 陀螺仪传感器的功能

陀螺仪是一种惯性装置，可以灵敏感知载体角度或角速度，在导航定位以及姿态控制等方面有着非常重要的作用。应用于车载导航设备的陀螺仪传感器可以极大提高导航的精准度，其功能表现在：

1）信号不好时发挥导航作用

当GPS信号较差时，陀螺仪可根据已获知的方位、方向和速度来继续进行精确导航，同时还可修正GPS信号不好时定位偏差过大的问题。

2）比GPS提供更灵敏准确的方向和速度

GPS难以做到实时检测车辆速度和方向的变化，只有在车辆运行一定距离后才能检测到，但是陀螺仪传感器可以检测到车辆速度和方向的瞬时变化，进而让导航软件及时修改导航路线。

3）上立交桥时更灵敏准确识别

民用GPS的精度是无法识别汽车是否上立交桥的，而陀螺仪却可测出汽车是否向上移动了，进而让导航软件及时修改导航路线。依靠GPS卫星的信号导航和陀螺仪的惯性导航，能够有效提高导航精准度，即使在失去GPS信号后，系统依然可以通过自主推算来继续导航，为用户提供准确的导航路线。

1.2.8.2 陀螺仪传感器的分类

陀螺仪传感器可以根据制作材料、振动方式、有无驱动结构、检测方式以及加工方式等方面进行类别划分。

1) 按制作材料划分

陀螺仪可分为硅陀螺仪和非硅陀螺仪。非硅陀螺仪包括压电陶瓷陀螺仪和压电石英陀螺仪,压电陶瓷陀螺仪无须采用微细加工技术,但需要采用微光刻工艺以确保其几何尺寸,其大小相当于微加工陀螺的尺寸大小;压电石英陀螺仪精度高,但生产加工工艺复杂,成本较高。硅材料又分为单晶硅材料和多晶硅材料。

2) 按振动方式划分

陀螺仪可分为角振动陀螺仪以及线振动陀螺仪。角振动陀螺仪绕轴来回振动,而线振动陀螺仪则沿直线来回振动。

3) 按有无驱动结构划分

陀螺仪可分为驱动结构陀螺仪和无驱动结构陀螺仪。有驱动结构陀螺仪又基于不同的驱动方式划分为电磁驱动陀螺仪、静电驱动陀螺仪以及压电驱动陀螺仪。静电驱动陀螺仪的驱动力是通过使用向驱动电极施加变化的电压而产生变化的静电力来提供;电磁驱动陀螺仪则是在电场中,向陀螺仪内部的质量块提供垂直于电场方向的变化电流,由此产生的力作为电磁驱动陀螺仪的驱动力;向陀螺仪的驱动电极施加可变电压,陀螺仪随之发生形变,这便是压电驱动陀螺仪的驱动方式。无驱动结构的陀螺仪一般通过旋转体自身的旋转作为其动力源,这种方式的陀螺仪省略其驱动装置,结构相对简单,制作成本也较低,可靠性也很高,它是一种专门用于旋转体的陀螺仪。

4) 按检测方式划分

陀螺仪可分为压电式陀螺仪、压阻式陀螺仪、电容式陀螺仪和光学陀螺仪。

5) 按加工方式划分

陀螺仪可分为体加工微机械陀螺仪、表面加工陀螺仪及微电子工艺陀螺仪。体加工工艺和表面加工工艺与微电子工艺能够兼容,是能够与微电子电路实现单片集成制造的工艺技术,它适用于大批量、低成本微零件和微系统器件的加工制造;然而,可用的材料类型较少,可加工零件的尺寸范围也相对较窄,适合加工的零件尺寸范围是 $0.1 \sim 100 \mu m$,可制造零件形状较简单,复杂的结构和组件通常需要通过微电子和其他加工技术进行制造。

1.2.9 转向盘转角传感器

汽车转向盘转角传感器用于测量计算车辆转向时转向盘所产生的旋转角度,其主要应用于车道保持辅助系统、自适应前照明系统、自动泊车系统等。

根据装置工作原理的不同,转向盘转角传感器大致分为磁阻式转角传感器、霍尔式转角传感器、光电式转角传感器和电阻分压式转角传感器等;根据装置信号编/解码方式的不同,转向盘转角传感器大致分为绝对值转角传感器与相对值转角传感器。目前也有一些新型的转向盘转角传感器,例如 GMR 转角传感器、AMR 转角传感器等。

1.2.9.1 绝对值转角传感器

绝对值转角传感器能够测量车辆转向盘所产生的转动角度,并能直接被控制系统的电子控制单元 ECU 使用,但是此传感器对于安装空间要求严格。同时,这种传感器的制造成本较高,且信号处理电路也比较复杂,一定程度上限制了绝对值转角传感器的应用。

传统绝对值转角传感器采用电阻分压原理来测量车辆的转角,一般会选择导电塑料作为电阻器来分压。绝对值转角传感器作为接触形式的传感器,其滑动触点和电阻器的接触运动会产生一定磨损,影响传感器的周期寿命。因此,材料和润滑是转角传感器设计和使用过程中的重要考虑因素。

1.2.9.2 相对值转角传感器

相对值转角传感器主要包括光电感应式转角传感器和电磁感应式转角传感器两种。

光电感应式转角传感器。光电感应式转角传感器通常由2个光敏元件、1个透光胶片和信号处理电路组成。透光胶片会固定于车辆的转向盘轴处,以保持胶片和转向盘同步转动。当透光胶片转动时,光线会透过方孔散射在胶片下层的光敏元件,进而能够将光强转换为相应幅值的电压。方孔通常采用均匀排列的形式,所以会使得输出电压呈现为方波样式。基于相关特性将光敏元件间的输出电压设为固定相位差,进而可以通过比较信号相位差判断车辆的转动方向。

电磁感应式转角传感器。电磁感应式转角传感器基于霍尔效应、磁阻效应和可变磁阻效应等原理,利用永磁体和电子线路来产生方波信号。该传感器需要通过电子线路将原始信号转换为适用的信号形式,所以装置内部存在较多的电子部件,但电子部件对温度比较敏感,因此传感器最高工作温度一般不超过125℃,并且永磁体也有可能会造成外部磁场干扰传感器的运行。

1.3 非车载数据源数据采集技术

非车载数据源数据采集技术主要是对通过路侧设备或者空中平台对道路车辆运行情况进行数据采集,部分车载数据源数据采集技术也可以应用于非车载技术,除此之外,非车载数据源数据采集技术一般还包含微波型、线圈型和红外线型等检测器。

1.3.1 微波检测器

微波检测器(Romate Traffic Microwave System,RTMS)是一种非接触式雷达检测装置,用于检测道路上汽车的行驶速度、流量和占有率等,实现智能化交通管理,其作为一种测量精确、性能稳定和功能综合的数据检测技术,已被广泛用于高速公路、城市交通、桥梁、隧道等各种交通检测场景。

1.3.1.1 微波检测器的工作原理

微波检测器会持续发射中心频率为10.525GHz或24.200GHz的调制微波,在所选择的检测路面上投影形成一个宽度为3~4m,长度为64m的矩形微波带。当车辆通过选定的微波投影区域时,会立刻改变微波信号的返回信息,利用测试设备接收信号并数字化处理分析,进而能够依据接收频率和时间变化,确定车辆行驶车道编号、断面流量、地点车速和时间占有率等交通参数。

微波检测系统包括检测装置、数据转发器、供电器、信息线路及系统组件,系统示例如图1-13所示。微波检测装置负责接发微波信号、处理波频信号以及计算检测结果;数据转发器负责将检测到的数据转发给交通监控中心;监控系统软件则负责记录收到的数据,并显示统计分析结果。

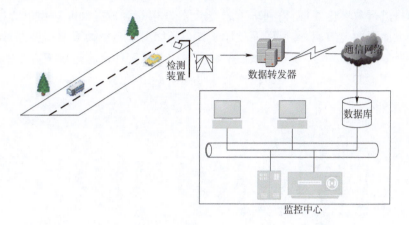

图 1-13　微波检测系统示意图

微波检测器分为正向与侧向两种安装形式。正向式的装配是指将检测器置于车道上方的龙门架,此种安装形式的检测器仅能检测特定车道的交通流信息数据。侧向式的装配是指将检测器置于路旁的立柱杆件,此种安装形式的检测器能够持续发射低功率微波,并在检测路面形成椭圆形投影,其微波发射角度通常为 50°,而方位角度通常为 12°,利用遮挡所回射的信号计算车辆信息,并以指定时间间隔向控制中心发送车辆数据信息。侧向式的微波检测器可以并行采集 8 车道以内的车辆交通量、行驶速度和车道时间占有率等交通数据,其示意图如图 1-14 所示。

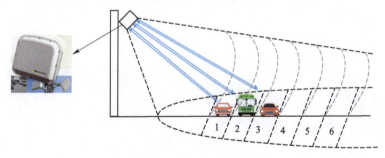

图 1-14　侧挂式微波检测器示意图

1.3.1.2　微波检测器的特点

相比其他交通采集方法,微波检测器有以下特点:

检测系统具有便于安装与维护的优势,安装时对路面的损坏较小且不需要封闭车道,同时安装代价较低,可借用现有的道路路灯、门架等安装。

检测系统的信息检测精度较高,普通检测器精度可达 98%,并且能够自动划分所要检测的车道。

检测系统的抗干扰能力较强,性能比较稳定,微波检测器的信号波长为 0.5in(英寸),不受降雨、降雪和光纤等因素干扰,能够 24h 全天工作。

检测系统的信息采集范围较广,最多可并行采集 8 车道的交通信息。

1.3.1.3　微波检测器采集的数据类型

微波交通检测器利用雷达信号调频原理对所划定的路面持续性发射微波信号,并实时对返回的信号进行数字化处理,得到车道的交通量、车辆行驶速度和车辆型号等信息。车辆表面是一个大面积的金属面,此反射面相比于其余环境因素会极大影响反射的微波信号,当车辆行驶至所划定的检测区域时,会致使微波反射信号强度远远超过环境因素的背景阈值,能够迅速辨别车辆的存在,示例的微波回波信号如图1-15所示。

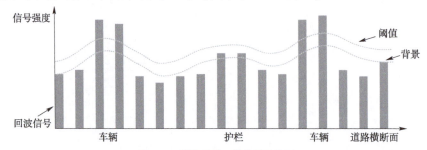

图1-15 微波区域回波信号示意图

1) 车辆所在车道

微波检测系统能够持续发射高频等幅波,信号频率会在时间范围上呈现三角折线形,当发射信号碰触到探测目标后会形成对应的反射微波,系统会接收反射信号并输送至混频器,进而凭借混频器将反射信号与本振信号输出为差频信号,将差频信号放大处理后再进行滤波处理和A/D变换,能够将模拟信号生成输出为数字信号。数字信号经快速傅里叶变换(Fast Fourier Transform,FFT)会得到该信号的功率谱,也能够相应确定功率谱的峰值所对应的差频频率位置,依据式(1-21)计算车辆与检测器的距离R。

$$R = \frac{cT_m f_b}{4\Delta f} \tag{1-21}$$

式中:R——车辆到检测装置的距离;

T_m——发射波周期的一半;

f_b——发射波与反射波的频率差值;

Δf——发射频率调制产生的最大频偏。

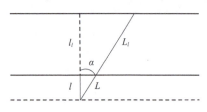

图1-16 检测器安装方位角示意图

当确定车辆与检测器的距离之后,后续需要确定车辆所在的车道。对于侧向式的微波检测器,检测区域内的信号投影中心线与路面垂直方向存在夹角,称为安装方位角,如图1-16所示,其中α是检测器的安装方位角,l是检测器的后置距离,l_l是检测道路的实际宽度。依据式(1-22)、式(1-23)确定微波信号的投影长度L与L_l。

$$L = \frac{l}{\cos\alpha} \tag{1-22}$$

$$L + L_l = \frac{l + l_l}{\cos\alpha} \tag{1-23}$$

图1-17为检测器与车道边线之间的距离示意图,其中$L_1, L_2, L_3, \cdots, L_i$分别为发射信号散射在每条车道的投影长度,微波检测装置和车道$k(1 \leq k \leq i)$双边线的距离分别为$\sqrt{H^2 + (L + \sum_{n=1}^{k-1} L_k)^2}$和$\sqrt{H^2 + (L + \sum_{n=1}^{k} L_k)^2}$($H$为检测器高度),倘若微波检测器和检测车辆的

距离 R 满足 $\sqrt{H^2+(L+\sum_{n=1}^{k-1}L_k)^2}<R<\sqrt{H^2+(L+\sum_{n=1}^{k}L_k)^2}$，则可以判断车辆正处于车道 k。

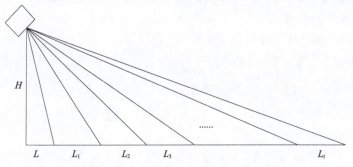

图 1-17 微波检测器与各车道边线距离示意图

2）各车道断面流量

基于阈值判断每条车道频点所对应的功率，倘若车道内的微波信号超过对应的阈值，则表明对应车道存在车辆；倘若车道内的微波信号没有超过对应的阈值，则表明对应车道不存在车辆。当检测周期结束后，可以获取系统检测周期内各条车道所对应的车辆交通量。

微波检测系统的检测周期通常为 2~10min，但对于实际信息采集应用，往往需要较长时间范围的交通流数据。此处列举利用分类求和方法采集多时间聚集度交通数据的详细步骤：

（1）首先拟定检测系统采集周期为 T，初始时刻为 t_0；

（2）根据实际采集需求拟定时间聚集度为 nT；

（3）筛选初始时间段 t_0 至 (t_0+nT) 内的原始数据 $q_{11},q_{12},q_{13},\cdots,q_{1n}$，进而确定对应时间聚集度下的交通流量值 $q_1=q_{11}+q_{12}+q_{13}+\cdots+q_{1n}$。

（4）对后续时间段重复步骤（3）操作流程，统计完所有原始交通流量数据。

3）平均地点车速

由于检测装置的信号频率与目标距离成正比关系，所以能够借助各时刻所对应的车辆与检测器距离间接获取车辆行驶速度，详细步骤如下：

（1）首先将差频信号以帧格式的形式发送给信号处理器，并对其进行傅里叶变换处理；

（2）对处理后的信息搜索功率谱峰值，并找出峰值所对应的频率；

（3）借助公式（1-21）。确定检测装置和检测车辆之间的距离；

（4）分别求出 n 个不同的时刻 $t_1,t_2,t_3,\cdots,t_n$ 所对应的目标距离 $R_1,R_2,R_3,\cdots,R_n$，并借助公式（1-24）生成平均径向速度 v_r；

$$v_r=\frac{\sum_{l=1}^{n-1}\frac{R_{l+1}-R_l}{t_{l+1}-t_l}}{n-1} \tag{1-24}$$

（5）最后借助公式（1-25）对平均径向速度校正处理生成车辆的实际行驶速度。

$$v=\frac{v_r}{\sin\beta} \tag{1-25}$$

式中：v——检测车辆的实际运行速度；

v_r——检测车辆的平均径向速度；

β——车辆径向速度和径向方向之间的夹角。

此处列举多聚集度下被检测车辆的平均地点行驶车速采集步骤:

(1) 首先假设检测系统周期为 T,初始时刻为 t_0;

(2) 根据实际采集需求拟定时间聚集度为 nT;

(3) 筛选初始时间段 t_0 至 (t_0+nT) 内的原始流量 $q_{11},q_{12},q_{13},\cdots q_{1n}$ 和原始车速 $v_{11},v_{12},v_{13},\cdots v_{1n}$,并确定对应时段聚集度的平均行驶车速值 $v_1 = \sum_{l=1}^{n} q_{1l}v_{1l} / \sum_{l=1}^{n} q_{1l}$;

(4) 对后续时间段重复步骤(3)操作流程,直至统计完所有原始车速数据。

4) 车道的时间占有率

检测装置利用车辆进入和离开检测区域的时刻确定车道的时间占有率。首先假定车辆 i 在 t_l 时刻进入车道检测范围,并在 t'_l 时刻离开车道检测范围,检测周期 T 内合计有 N 辆车经过检测区域,则车道的时间占有率 O 计算公式如式(1-26):

$$O = \frac{\sum_{l=1}^{N}(t'_l - t_l)}{T} \tag{1-26}$$

此处列举多聚集度下检测车道的时间占有率采集步骤:

(1) 首先假设检测系统周期为 T,初始时刻为 t_0;

(2) 根据实际采集需求拟定时间聚集度为 nT;

(3) 筛选初始时间段 t_0 至 (t_0+nT) 内的原始时间占有率 $o_{11},o_{12},o_{13},\cdots,o_{1n}$,并确定对应时段聚集度的时间占有率为 $o_1 = \sum_{k=1}^{n} o_{1k}/n$;

(4) 对后续时间段重复步骤(3)操作流程,直至统计完所有原始占有率数据。

1.3.2 线圈检测器

线圈检测器通过感应线圈的电磁感应特性统计道路断面的车辆经过情况,其通常埋设在道路路基下,根据确定的采样时间间隔,计算所需的断面交通流量、地点车速、时间占有率和平均车长等交通参数。

1.3.2.1 线圈检测器的工作原理

线圈检测器的调谐电路是由信息处理单元、线圈与馈线线路所组成,其当电流经过感应线圈时会相应生成电磁场,而当车辆行驶位于线圈范围内时,车体会相应产生涡流电流以及反向电磁场,致使检测器的线圈电感量相应下降,并增大设备电路的谐振频率。基于此种工作原理可以通过捕捉谐振频率的时段异变实现车辆信息的采集工作,线圈检测器示意图如图1-18所示。

线圈检测器是由线圈、信号放大设备、数据累计单元、处理中心以及通信设备所组成,其结构如图1-19所示。信息采集工作首先会对检测目标车道分别安装线圈传感器,将线圈连接至自调谐数字信号放大器,检测系统的放大器会对采集得到的原始脉冲信号进行放大处理,然后发送到数据累计单元,系统的微处理器会间隔1s计算一次车道断面交通量等信息数据,并将计算得到的数据信息发送到信息处理中心,再由其将原始信息汇总为各种时间间隔的交通数据。

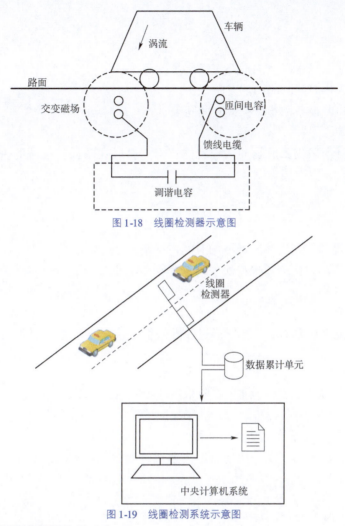

图 1-18　线圈检测器示意图

图 1-19　线圈检测系统示意图

1.3.2.2　线圈检测器的特点

线圈检测器是一种被广泛应用的信息采集技术,具有以下优点:

(1)检测设备具有性能稳定,安全可靠的优势,当设备安装调试后,其能够长时间保持较高检测精度;

(2)检测设备抗干扰能力强,其能够有效抵抗天气等外界因素干扰;

(3)检测设备的采集技术先进成熟,其对于291.7m/s的速度范围内,均可有效判别车辆的存在,误差范围在 −4.7% ~ 4.3% 之间。

1.3.2.3　线圈检测器采集的数据类型

检测设备能够利用处理后的脉冲信号获取得到特定时间间隔聚集度下的各种交通信息,其包括道路交通流量、行驶速度和时间占有率等。对于实际的线圈采集交通数据情形,其数据采集间隔通常取 20s、1min 或 5min 等。

1)交通流量

检测设备统计所采集到的脉冲信号就能够确定通过线圈采集区域的道路交通流量,其计算公式为:

$$q = \frac{\sum_{l=1}^{N}(t'_l - t_l)}{T} \tag{1-27}$$

式中：q——通过线圈采集区域的道路交通流量；

N——数据采样时间间隔内的车辆数；

T——线圈检测设备采集数据的时间间隔。

2）时间占有率

检测设备统计所采集到的脉冲信号就能够确定通过线圈采集区域的占有率，其计算公式为：

$$O = \frac{\sum_{i=1}^{N} t_i}{T} \tag{1-28}$$

式中：O——采集周期内划定线圈区域的时间占有率；

t_i——采集周期内检测器采集所需第 i 辆车的时间；

T——采集周期。

3）平均速度

检测设备也能够获取的各个车辆通过线圈采集区域的地点速度，计算公式为：

$$v_i = \frac{D}{\Delta t_i} \tag{1-29}$$

式中：v_i——采集周期内第 i 辆车通过线圈采集区域的地点速度；

Δt_i——采集周期内第 i 辆车通过线圈采集区域前后边缘的时间；

D——线圈采集区域前后边缘的距离。

检测设备输出的平均速度是特定时段内通过线圈检测区域的地点车速算术平均值，计算公式为：

$$\overline{u_i} = \frac{1}{N}\sum_{i=1}^{N} v_i \tag{1-30}$$

式中：$\overline{u_i}$——采集周期内的全部车辆通过线圈采集区域的时间平均速度；

v_i——采集周期内第 i 辆车通过线圈采集区域的地点车速；

N——采集周期内通过线圈检测区域的车辆数。

4）车辆识别分类

线圈检测器的频率变化量会受到车底构造形状、车底盘高度和车速等影响，并且各类车型均具有特定的车底构造形状，因此可以借助检测器采集线圈频率变化的数据信息，然后再借助一种特定的模式识别技术辨别车辆的类型，基于线圈检测器的车辆识别系统结构如图1-20所示。

5）平均车长

通过分析线圈检测器的信息采集工作原理，车长的计算表达式如下：

$$l_i + d = v_i \Delta t_i \tag{1-31}$$

式中：l_i——采集间隔内通过线圈检测区域的第 i 辆车的车长；

d——线圈检测区域前后边缘的距离。

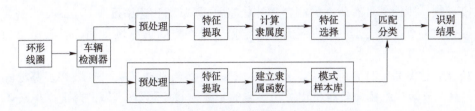

图 1-20　车辆识别系统结构图

实际分析会将车长和线圈检测区域长度的总长称为车辆的有效车长,有效车长的计算表达式如下:

$$\bar{l} = \frac{1}{N}\sum_{i=1}^{N}(l_i + d) \tag{1-32}$$

式中:$\bar{l}$——采集间隔内通过线圈采集区域的平均有效车身长度。

1.3.3　视频检测器

视频检测器借用一种将视频拍摄技术与特殊模式识别两者相互结合的融合方法,采集检测区域的交通数据信息,检测设备会利用摄像设备作为视频检测器的前端传感器,所以会在摄像设备的拍摄范围内划定可靠的信息采集区域,当车辆通过所划定的信息检测区域时,所采集的视频背景灰度值会发生变化,利用视频图像处理单元捕捉变化即可判别车辆,进而采集交通量和速度等交通信息。前沿视频检测产品已经具备夜间采集工作、抵抗外界光线干扰、抵抗恶劣天气影响等功能,并被业内视为线圈检测设备的重要替代品。

1.3.3.1　视频检测器的工作原理

视频检测设备是由视频采集系统和视频处理系统所组成,其系统结构如图 1-21 所示。视频摄像头负责拍摄采集区域内车辆的视频图像,然后再经由图像采集卡将视频图像转换为数字文件,同时将其存储在计算机硬盘,进而借用计算机的视频处理技术统计特定时段内线圈采集区域的车牌号和车速等交通信息,最后将处理分析后的统计数据发送到交管部门。

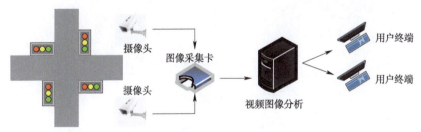

图 1-21　视频检测系统示意图

1.3.3.2　视频检测器的特点

视频检测设备的外部场地只需要布设摄像机和数据传输设备两种产品。布设工作通常会在中央隔离带增设 T 型架,并在支架两端分别安装一台摄像机,以便于分别拍摄双向车道断面的车流视频。检测设备的信息传输装置、设备供电装置会放置在杆件的机箱内部,而视频处理器会放置于监控中心,以便于交通数据信息能够快速传输到交通管理端。该检测器具有以下优点:

（1）视频检测设备具有优秀的测速和计数能力，其车辆测速精度可达 95%，车辆数统计精度可达 98%，经实践证明，其所采用的特定摄像机在夜间道路场景同样具备出色的检测精度。

（2）视频检测系统具有可灵活设置，便捷安装等优势，其摄像头可安装在道路分隔带或路侧，并且在安装或维修设备时不用关闭区域的车道，同时不会对区域的路面产生破坏。

（3）视频检测设备的拍摄范围相对较广，其能够有效拍摄采集区域内各车道的经过车辆，并且该采集装置能够将视频图像链接到监视器，便于能够直观显示采集车道的交通量和车速等交通信息。

1.3.3.3 视频检测器采集的数据类型

当车辆通过划定的检测区域时，视频采集设备所拍摄的视频会发生背景灰度变化，视频检测系统能够通过判断局部视频变化以及车辆本身特征辨别是否有车辆通过检测区域，然后结合车辆的通过时间推算相应的车速和时间占有率等交通信息。对于检测视频图像所产生的变化可以采用设置虚拟检测线圈的方式，以获取检测区域道路断面的视频图像信息。

利用虚拟检测线圈的工作原理是对视频检测器所划定的采集区域设置两个平行的检测线圈，然后视频检测系统分析虚拟线圈所构成的采集区 RGB 值变化，进而以此判别采集区的车辆情况。如果两个检测线圈间距已知，并且检测系统能够获取车辆出现时的通过时间，就能够间接获取车辆通过采集区的地点车速信息。此种借助虚拟线圈间接获取车速的计算方法相对便捷，仅需处理计算虚拟线圈所围成采集区的图像即可获取地点车速信息，同时该计算流程是利用线圈间的固定距离间接确定数据信息，所以不需要转换图像的坐标，借助规范设置的线圈即能获取清晰的视频图像，进而便于视频检测系统实时确定高精度的车速数据，虚拟线圈的设置形式如图 1-22 所示。

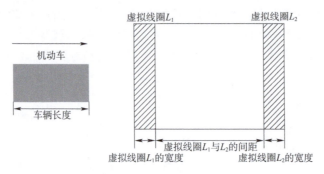

图 1-22　虚拟线圈设置示意图

1）车牌号识别

视频检测设备所采集的视频图像信息经过预先处理流程后会去除自然背景以及车身背景，然后检测系统投影目标车牌图像灰度的纵向边缘，并展开形态学运算，借助车牌颜色和形状等特征检测识别车牌号。此种识别技术能够有效降低车头横向边缘的无效干扰，并且缩减识别工作所需处理的视频图像信息，有效提升视频检测系统的时效性。视频检测设备识别车牌号的具体步骤如下：

（1）将《中华人民共和国机动车号牌》相关规范标准录入到视频检测系统。道路车辆的牌照严格遵循国家的牌照规范，因此可将规范标准所涉及的特征信息添加至视频检测系统，然后在实际识别过程中可将采集的图像信息对比牌照规范内的特征信息,以便于有效确定车牌信息。

(2)对采集的车牌图像进行角度校正处理。车牌视频图像的倾斜校正可有效提升字符分割操作的效果,若车牌视频图像的倾斜程度严重,则必须对视频图像进行角度校正处理。

(3)对角度校正后的车牌视频图像进行字符分割处理。视频检测系统会选择字符牌照内间隔中最大处作为字符切分起点,并且会借助拍照先验的方法切分。

(4)对字符分割处理后的车牌图形进行字符识别。视频检测系统会归一化处理车牌字符,然后分别识别视频图像的字母、数字、汉字,其会借助 SVM 算法识别汉字字符,利用纹理特征识别数字和字母特征。

车牌信息的检测性能会受到车牌识别的各个环节的影响,所以需要反复校验各个车牌识别步骤,以获取最优的车牌信息检测效果。

2)交通流量

首先拟定视频基站对视频图像数据的采集总时间为 t_l,统计交通流量的时间汇集度为 T,所以视频检测设备采集交通流量的跨度就可以分为 $\frac{t_l}{T}$ 个时间段,分别为 $[nT,(n+1)T]$ $\left(\text{其中}\ n=0,1,2,3,\cdots,\frac{t_l}{T}-1\right)$。对于每一个时间段,分别统计对应时间范围内的通过视频检测区域的车辆数,所统计的车辆数即是该时间段的交通流量。

3)地点车速

如图 1-22 所示,首先拟定在车辆进入视频采集区时,车辆前端接触到线圈 L_1 左边界的时刻为 t_1,接触到线圈 L_1 右边界的时刻为 t_2,左右边界距离为 l_1;接触到线圈 L_2 左边界的时刻是 t_3,接触到线圈 L_2 右边界的时刻是 t_4,左右边界距离为 l_2,速度计算方法为:

$$v = \frac{l_1 + l}{t_3 - t_1} \tag{1-33}$$

4)平均地点车速

对于时间段 $[(n-1)T, nT]$,统计对应时间范围内的通过视频检测区域的车速数据 v_{n1}, $v_{n2}, v_{n3}, \cdots, v_{nJ}$,因此第 n 个时段的平均地点车速即为 $v_n = \sum_{k=1}^{J} v_{nk}/J$。对 n 从 0 取至 $\left(\frac{t_l}{T}-1\right)$,分别计算 v_n 的值,就能够确定时间聚集度为 T 时所对应的平均地点车速。

1.3.4 红外线检测器

红外线检测器是一种基于光学原理的交通信息采集检测器,其通常采用反射式或阻断式检测技术采集交通信息,该检测器主要通过红外光纤的发射和接收对通过车辆进行同步扫描,进而实现车辆信息数据的检测。

1.3.4.1 红外线检测器的特点

红外线检测器是一种新兴的悬挂式检测器,其自身可通过红外线的反射与折射、散射与干涉以及吸收等物理性能获得被测物体的信息。当车辆通过检测区域时,红外线接收管会接受反射的红外线,然后借助红外调解器对反射信号进行调解,再对信号进行选通、放大等处理,进而利用输出的检测信号确定车辆信息,其中包括车间距较小的车辆。目前,红外检测器具有技术成熟、测算灵敏和抗干扰性强等优势,并且能够输出多种车辆数据信息,准确检测各类特殊车辆,而且其自身体积较小,在使用过程中易安装维护。但是由于其工作原理的特殊性,红外线检测器的性能易受到灰尘、冰、雾等温度环境的影响,从而导致检测精度降低。

1.3.4.2 红外线检测器的分类

红外线检测器包括主动式和被动式两种形式,两者都可用于交通数据采集,采集的数据均可用于交通管理。

1)主动式红外传感器

主动式红外传感器包括发射和接收光学系统,其功能与微波雷达检测器相似,发射系统能够发射低能红外线来照射探测区域,所发射的红外线经过车辆反射或散射后会返回传感器,从而获得车流信息,如图1-23所示。主动式红外传感器通过装设可调发光二极管能够测量车速以及车辆尺寸等特征,所采用的发光二极管能够发射800nm的红外线波长采集信息,并且可借助信号调节装置防止无关红外线干扰,以保证检测器的发射和接收系统能够分别精确测量路段的车速和车高。若检测器布设在道路交叉口,安装多处红外线检测器时不会存在红外线的互相干扰问题,而且技术先进的红外线检测器已经能够自动生成立体监视图像,以进行车辆识别分类。

图1-23 主动式红外检测器

2)被动式红外传感器

被动式红外传感器不具备红外线发射系统,但其装设特殊的红外线接收系统,其能够接收附近车辆、路面和其他物体所发射的红外线,同时也能够接收它们所反射的太阳红外线,如图1-24所示。当车辆通过所划定的检测区域,该区域的地表能量会随即发生变化,进而判断车辆的通过情况。实际交通监管中,该类检测器的布设高度距离为6.1m,原因是此距离的空气要素不会影响检测器的性能。

图1-24 被动式红外检测器

1.3.4.3 红外线检测器的工作原理

主动型红外检测器通常由红外线发光管和接收管组成,其借助调制脉冲发生器产生调制脉冲,通过检测器上的红外线发射管向划定的检测区域进行辐射,当车辆经过检测区域时,所发射的红外线脉冲会被车体反射,进而由红外线接收管接收,然后经红外线调解器调解,再经过选通、放大、整流和滤波操作后会触发驱动器,最终输出一个检测信号,具体如图 1-25 所示。

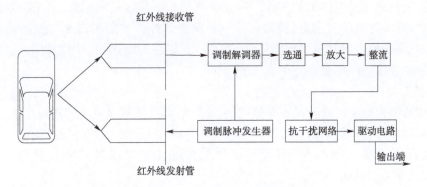

图 1-25　主动型红外检测器工作原理示意图

被动型红外检测器由两个相互串联或并联的热释电元所组成,其装置内的两个电极化方向相反,当没有车辆通过检测区域时,热释电元所产生释电效应会相互抵消,探测器无特殊信号输出;当有车辆通过检测区域时,聚焦作用会造成两个热释电元所接收到的热量不同,从而造成热释电元无法抵消,探测器会输出特殊信号,具体如图 1-26 所示。简而言之,被动型红外检测器借助能量接收传感器执行交通信息采集工作,通过辨别无车辆时的红外线辐射强度与有车辆时的红外线辐射强度进行交通信息采集,该检测器实际应用通常布设在信号灯柱或其他立柱,具备快速准确的信息检测能力。

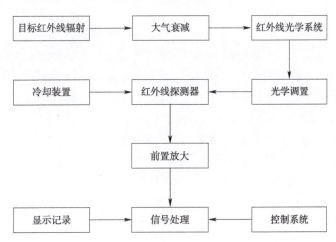

图 1-26　被动式红外检测器工作框图

1.3.4.4　红外线检测器采集的数据类型

红外线检测器借助红外线的发射、反射和接收功能采集各种交通信息,如交通流量、车速、道路占有率和车辆长度等。检测区域内布设多个红外线检测器时,不存在发射红外线和接收红外线过程间的相互干扰问题,而且基于车辆分类的迫切需要,先进红外线检测器已具备自动生成立体监视图像的功能。

1) 车辆速度

$$v = \frac{d_1 - d_2}{t_1 - t_2} = \frac{d}{\Delta t} \tag{1-34}$$

利用发射后到车反射回来的红外线测定探测器和汽车之间的距离,即光速乘以发射到接受之间的时间;连续两次发射,就可以计算出两次红外线发射时汽车与探测器之间的距离,距离差就是两次发射时间内车辆移动的距离;车辆移动距离除以两次发射的时间间隔,得到车辆行驶速度。

2) 车辆类型

红外线阵列检测器通常布设在车道两侧,能够精确捕捉车辆侧面的几何特征,进而借助计算机处理模块分辨车辆类型。检测系统会通过布设水平垂直的红外线探测检测杆来采集车辆侧面的几何数据,然后将采集信息与车型数据库的信息数据进行对比,进而判断车辆类型,最终实现车型的自动分类。

3) 交通流量及占有率

光学系统表面装设红外线光敏探测单元,该单元能够采集外部红外线。当仅有一个探测区域传感器时,该系统能够获取检测区域的交通流量和道路占有率信息;当具有多个探测区域传感器时,该系统能够获取检测区域的车速和车辆长度信息。

1.3.5 无人机

无人驾驶飞机(Unmanned Aerial Vehicle,UAV),也称无人机,是指能够半自动或全自动飞行的不载人飞行器,其主要由无人飞行器、控制和通信模块、人机交互模块以及有效载荷等4部分组成。

1.3.5.1 无人机的特点

无人机已被广泛应用于军事领域和民用领域,通过装载传感器、摄像机和照相机以空中视角采集目标区域的各种交通信息。相比于传统的视频采集技术,无人机能够以视频形式保存所采集的交通信息,并具备检测范围广、信息采集多样化、机动灵活、低风险高效率等独特优势,同时其也可以用于紧急情况下的特殊救援。

但无人机作为应用于交通领域的新技术,其本身同样存在一些不足之处。例如对于实际采集过程中,无人机会出现因机身振动而引起的画面抖动问题,并且该设备抵抗恶劣天气的性能相对较差,自身续航时间较短,无法持续采集交通信息。此外,无人机在采集交通信息的过程中,其拍摄的高空画面是否会泄露、信息安全问题能否保证等系列安全问题和科学合法化尚有待商榷,以上均为无人机应用于交通领域亟须解决的问题。

1.3.5.2 无人机的分类

无人机借助无线遥控设备和自备程序来控制无人飞行器,其主要包括无人飞行器、固定翼机、多旋翼飞行器等。交通信息采集过程较多使用多旋翼式无人机,因其能够较长时间悬停在空中固定位置,以便于采集各类交通信息数据。

依据无人机结构,其主要可分为固定翼无人机、无人直升机和多旋翼无人机三类。固定翼无人机多为军用和民用无人机,其具有飞行速度快等优势,如图1-27a)所示;无人直升机的灵活性特别出众,具有垂直起飞和悬停等优势,如图1-27b)所示;多旋翼无人机是部分民用需求的最佳选择,其灵活性介于固定翼无人机和无人直升机中间,并且该机型使用简单、成本较低,如图1-27c)所示。

a)固定翼无人机　　　　b)无人直升机　　　　c)多旋翼无人机

图1-27　无人机种类(按照结构划分)

按不同使用领域划分,无人机分为军用无人机、民用无人机和消费级无人机三类。军用无人机会严格要求设备的灵敏度、飞行高度和速度等,被视为技术水平最高的无人机,如图1-28a)所示;民用无人机对于设备的速度、升限等性能要求相对较低,但会严格规定使用人员的培训流程、综合成本,如图1-28b)所示;消费级无人机通常会选择成本较低的多旋翼平台,以便于进行航拍、游戏等,如图1-28c)所示。

a)军用无人机　　　　b)民用直升机　　　　c)消费无人机

图1-28　无人机种类(按照使用领域划分)

1.3.5.3　无人机的工作原理

使用无人机执行交通信息采集任务,主要工作原理是无人机航拍采集交通状况视频,然后将画面和数据传回后台数据处理系统,进而对视频进行图像处理,得到计算交通状态所需的参数,然后结合浮动车法计算交通流量、行驶时间、行程车速等相应路段的交通信息,具体见图1-29所示。

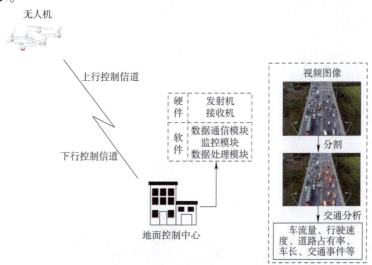

图1-29　无人机采集交通信息示意图

1.3.5.4 无人机采集的数据类型

基于无人机的不同飞行模式,可以采集交通流数据、交通事件数据、道路交叉口交通数据、匝道交通数据、单车运行数据和车队运行等多种类型数据。无人机高空定点时,能够获得路网拥挤形成和消散过程参数,包含排队队列、时空关系、集聚平均车速等;无人机沿道路来回飞行,可以获得特定道路上的驾驶行为和车辆微观驾驶状态;无人机低空盘旋时,可以获得特定点(道路交叉口、交通事故黑点等)的车辆微观驾驶行为(速度、加速度、跟驰、变道等),及行人和非机动车的行为,同时利用图像处理软件得到所有车辆的时空行车轨迹。

第 2 章
智能网联汽车交通大数据存储技术

2.1 数据存储概述

2.1.1 数据储存简介

随着互联网技术的发展和交通信息数据化的快速增长,交通数据的量级已经从最初的 GB、TB 级发展到 PB 级。数据的日益积累导致数据文件总量非常庞大,数据存储技术也应运而生。

海量的交通数据可以利用数据存储技术强大的读写功能进行快速存储和查阅。由于交通大数据的产生具有分散性且数据类型多样,数据存储可以实现交通数据采集后的统一管理,并将各类交通数据转化为计算机可识别的数据类型分类保存,便于后续进行高效、快速的检索和访问。同时存储技术可以保证交通数据信息的一致性和完整性,有效地保护交通数据不被破坏、丢失。特别是在互联网环境下,数据共享需要在安全的网络环境中进行,而数据存储技术可以保证交通数据的安全性。

智能网联汽车的发展与大数据息息相关。车辆出行会带来驾驶人员、驾驶车辆和道路行驶的数据信息,以及与交通相关行业产生的数据,例如天气数据、手机信令数据等,这些数据产生后需要及时存储,巨大数据量的产生意味着对数据存储技术以及存储容量的高要求。智能网联汽车交通大数据种类繁多,包括交通视频、图片、路况文字信息、GPS 定位信息等,类别多样的交通大数据对数据存储和处理能力也提出了更高的要求。车辆的行驶使得产生的数据具有碎片化、分散化的特点,交通数据存储技术为其提供了数据管理、整合的平台,在数据存储过程中可以将各种类型的交通大数据及时转化、存储,防止数据的丢失,进而使后续的数据分析和挖掘工作能最大限度地利用交通大数据的价值。

智能网联汽车大数据具有和大数据相同的特性:大容量、多样性、时效性等,海量交通大数据是后续进行交通出行规律分析工作的基础,因此数据存储工作极为重要。智能网联汽车环境下,产生的大数据类型繁多,多类型数据也需要更为强大的数据存储、处理能力。此外,大数据与传统数据最显著的区别在于大数据对时效性要求较高,特别是智能网联汽车要求其大数据能够尽快地处理、分析并及时反馈给驾驶员和交通管理部门,以达到对车辆运行状态的实时监测。

随着大数据时代的到来,新的挑战和机遇也逐步出现在智能网联汽车领域。大数据技术可以将看似碎片化、杂乱无章的交通问题变得有规律可循。特别是对于交通管理工作者来说,智能网联汽车大数据技术的发展不仅为探究交通的运行规律提供了可能性,还为实现精细化交通管理提供了技术支持。

智能交通是未来交通发展的必然趋势,在智能交通平台搭建的过程中,交通大数据的共享更是极为重要的环节。而搭建智慧交通管理大数据平台的首要工作就是将各种多源异构的交通大数据进行存储和统一整合,数据存储技术的发展十分必要。

2.1.2 数据存储分类

目前,常见的数据存储技术有分布式文件系统技术、关系型与非关系型数据库技术、云数据库技术等。

2.1.2.1 分布式文件系统技术

分布式文件系统是指在存储文件过程中,系统与节点连接的方式是依靠计算机网络,而非本地连接。通过通用的访问接口,分布式文件系统不仅能实现目录操作、文件的访问及控制,还提供了处理海量非结构化数据的能力。

2.1.2.2 关系型与非关系型数据库技术

基于关系模型的关系型数据库是传统数据处理技术的基本存储方式,数据通常以行和列的形式进行存储,通过不同二维表之间的联系组成了数据库。关系型数据库对于数据的更新处理性能更为密集,系统更加可靠。

来自不同系统的数据较为分散且结构各异,这使得对其进行统一查询访问较为困难,数据处理多样化的需求也难以满足。而非关系型数据库不受表关系的限制,通常也不需要连接操作,这使得数据易于扩展,可以实现高效率的数据存储和访问,满足扩展性和可用性的高需求。

2.1.2.3 云数据库技术

云数据库是一种基于云计算的数据库。在云计算环境下发展的云数据库具有无限扩展的特性,数据库的存储能力在高拓展性的基础上也得到了显著提升。云数据库技术消除了人员、硬件、软件的重复配置,让软、硬件升级变得更加容易。

2.2 分布式文件系统技术

2.2.1 分布式文件系统简介

分布式文件系统(Distributed File System,DFS)是指一种在网络连接状态下,可以实现在多台主机上共享相关的交通文件的文件系统。多用户可以在多主机上通过该系统进行交通文件的分享与存储。不同于直接访问底层的交通数据存储区块的沟通方式,客户端在此系统内的沟通是在特定的通信协议和服务器基础上进行的。由于这些资源,无论分布在什么位置,DFS 都有树形文件系统结构为其提供,因此用户能够更方便快捷地访问共享文件。

传统的文件系统可以实现交通数据的跨服务器分布。以对于同一文件系统的访问和修改为例,如果用户想要在多台服务器上同时进行操作,可以通过额外模块和自身集成 RAID

保护功能得以实现。但对于部分数据类型,可能会存在单点故障的风险。

2.2.2 分布式文件系统特点

2.2.2.1 高可用性

指在出现异常状况时,分布式文件系统拥有可以提供正常服务的能力。系统停服务的时间与正常服务时间的比值通常可以用来衡量交通数据存储系统的可用性。

2.2.2.2 高可靠性

主要指分布式文件系统中有关交通数据可靠不丢失的数据安全性能指标,主要采用单机磁盘 RAID、多机冗余等措施。

2.2.2.3 高扩展性

主要指分布式文件系统的存储容量和计算能力可以通过扩展集群的服务器规模来提高。由于底层分布式存储系统的性能要求随着交通数据量的增大而提高,分布式系统可以自动增加服务器以达到提升服务能力的目的。

2.2.2.4 数据一致性

主要指分布式文件系统多个副本之间的数据一致性。由于分布式文件系统允许多用户在不同主机访问并共享文件,当多个用户同时访问一个文件时,文件副本间的数据一致性可能有所不同,例如数据丢失更新等。

2.2.2.5 高安全性

指分布式存储系统具有避免恶意访问和攻击,同时保护系统所存储的交通数据不被窃取的能力。互联网是开放的,网站能够被随时随地自由访问,因此文件系统需要有应对方案来抵御现存的和潜在的各种攻击与窃取手段。

2.2.2.6 高稳定性

该指标考量存储系统的整体健壮性的综合指标。其评价标准是看系统能否坦然面对任何异常,因此系统的稳定性越高,证明系统整体性能越好。

2.2.3 常用的分布式文件系统

目前主流的分布式文件系统有:HDFS、Ceph、TFS、Lustre、MooseFS、MogileFS、FastDFS、GridFS 等。

2.2.3.1 HDFS

HDFS(Hadoop Distributed File System)作为 Hadoop 项目的存储系统,可以存储 TB 和 PB 级的交通数据。分布式文件系统允许文件存储在多台计算机上,而 HDFS 能够在用户操作时,为其提供统一的访问接口。因此用户在使用分布式文件系统就如同访问普通文件系统。此外,HDFS 具有高度的防故障性,并采用的硬件成本较低。

HDFS 拥有主从架构,架构组成如图 2-1 所示。HDFS 的主服务器由单个 NameNode 组成,主服务器可以管理用于交通文件系统的命名空间,在文件的客户端被访问时加以调节。打开、关闭和目录等文件系统命名操作以及块到数据节点的映射均由 NameNode 负责执行和确定。

此外,HDFS 集群中还有许多 DataNodes,DataNodes 负责管理连接到它们运行的节点上的交通数据存储服务器。在服务器内部,文件以块的形式被拆分并存储在一组 DataNode 中。文件系统客户端的读写请求也可以由 DataNodes 提供,同时,NameNode 可以指示 DataNodes 以实现块的创建、删除等操作。

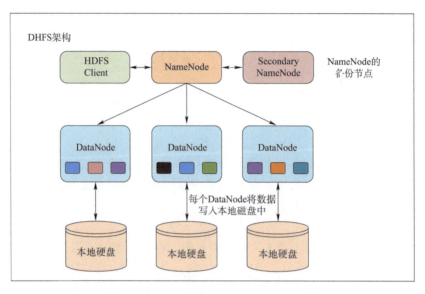

图 2-1　HDFS 架构图

2.2.3.2　Ceph

Ceph 是一种可用来存储海量交通数据的可靠、可扩展且高性能的分布式文件系统。Ceph 作为分布式文件系统,其既有统一性又有分布性的特点。统一性是指可以实现文件系统、块存储和对象存储的统一,分布式是指 Ceph 文件系统支持动态扩展。

Ceph 文件系统组成如图 2-2 所示,其中磁鼓系统(Magnetic Drum System,MDS)实现存储的元数据服务器。MDS 的作用是将文件系统的元数据永久存储元数据服务器的内存中,例如目录、访问模式等。在简单的文件系统进行一些比如列出目录(ls)或进入目录(cd)等操作时,会扰动对象存储资源(Object Storage Device,OSD),事实上这些扰动是不必要的,且会对文件系统的性能造成一定影响。因此需要 MDS 实现从数据里分离元数据,以达到提高性能和减轻集群负载的目的。可以同时运行一个或多个 Ceph-MDS,也可以将其分布在多台物理机器上,实现 Ceph-MDS 的伸缩性和高实用性。

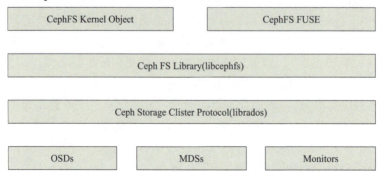

图 2-2　Ceph 构成图

2.2.3.3 TFS

TFS(Taobao File System)是一个面向互联网服务的高性能、高拓展的分布式文件系统,其主要适用于存储海量非结构化数据,特别是包含大量非结构化数据的智能网联汽车交通大数据。作为通常在普通的 Linux 机器集群上构建的文件系统,TFS 的存储以及访问服务可靠性和并发性都很高。目前智能网联汽车企业中产生了大量的小文件存储需求,而 TFS 具有的存储功能恰好可以实现大小不超过 1MB 的小文件海量存储,满足市场需求,因此这项功能在智能网联汽车领域得到了广泛应用。文件系统的可用性和扩展性可以通过 HA 架构和平滑扩容来实现。同时,TFS 数据组织结构是扁平化的,因此 TES 可以实现将文件名映射到其物理地址。文件的访问流程在这一基础上也得到了简化,TFS 的读写性能也由此得到提升。

TFS 是由 NameServer 和 DataServer 组成。NameServer 的架构为 HA,其包含主设备和备用设备两台机器,两者可以同时运行。主机器在提供服务时绑定到对外 vip;主机器出现宕机状态时,TES 可以迅速将 vip 绑定至备份 NameServer,即将切换 NameServer 作为对外提供服务的主机。

TFS 架构中,有关 Block 和 DataServer 的信息由 NameServer 进行维护和管理,例如 DataServer 的加入和退出,DataServer 与 Block 建立或解除对应关系等。TES 中实际数据的读写工作并不是 NameServer 负责,而是由 DataServer 完成。

TFS 中 Block 的大小可以利用配置项来设置,Block 的大小通常为 64MB,可以将不同的智能网联汽车产生的交通小文件存储在每个 Block 中。对于 Block 中的每个文件,DataServer 进程都会为其分配一个唯一的 ID,每个文件存放在 Block 中的信息将被存储在与其对应的 Index 文件中。

2.2.3.4 Lustre

Lustre 是由 SUN 公司开发和维护的集群文件系统,是一个开放源码的分布式并行文件系统,可用于存储智能网联汽车交通数据。但它不具备数据安全特性,单盘故障会导致系统失效,需要配合 RAID 来使用。

Lustre 在基于 Linux 的操作系统上运行,其网络架构为客户端-服务器模式。Lustre 的数据存储由一组服务器提供,这些服务器可以扩展到多达数百台的数量。运行着单个文件系统实例的 Lustre 服务器总共可以向数千个计算客户端提供高达几十 PB 的交通数据存储容量,总吞吐量超过 1TB/s。Lustre 是一个文件系统,可扩展以满足从小型 HPC 环境到超级计算机等不同规模的系统上运行的各种智能网联汽车交通应用程序的需求,而且 Lustre 是使用基于对象的存储构建块创建的,这样可以最大限度地提高系统扩展性。

2.2.3.5 MooseFS

MooseFS 分布式文件系统的特点是冗余容错,在存储智能网联汽车数据的过程中,如果想要备份数据并产生多个副本,可以在单独的磁盘或分区上存放数据或者选择多个物理服务器。智能网联汽车用户在客户端对 MooseFS 文件系统进行操作时与在 UNIX 文件系统的操作类似,同时可以将 MooseFS 整体当作一个资源来使用。

MooseFS 可以直接使用,而不需要修改上层应用接口,同时支持 FUSE 的操作方式。MooseFS 部署较为简单并提供 Web 界面的方式进行管理与监控,和其他分布式操作系统一样,MooseFS 也支持在线扩容和横向扩展。MooseFS 还具有类似回收站的功能,即可以找回误操作删除的文件,这极大地方便了业务定制;同时 MooseFS 对于海量交通小文件的读写要比大文件读写的效率高的多。

MooseFS 主要由 4 大组件构成,分别为管理服务器、元数据日志服务器、数据存储服务器、客户端。

管理服务器(Master Server):管理整个 MooseFS 文件系统的主服务器,除了分发用户请求外,还用来存储整个文件系统中的每个智能网联车交通数据文件的 metadata 信息。管理服务器类似于 lvs 负载均衡主服务器,两者的区别在于 master 分发请求的依据是内存里的 metadata 信息,而 lvs 只依据算法。

元数据日志服务器(metalogger Server):它用于保存被管理的主服务器的元数据信息变更日志文件,文件类型为 changelog_ml. *.mfs,并在主服务器出现问题时以简单操作运行新的主服务器。这与 MySQL 的主从同步非常相似,但不是像 MySQL 从数据库那样在本地应用流量数据,而是简单地接收文件写入主服务器时记录的文件相关元数据信息。

数据存储服务器(Chunk Servers):一个存储数据文件实体的服务器。它可以装入几个不同的物理服务器和不同的磁盘或分区。如果有多个智能网联车辆交通配置数据,智能网联车辆交通数据在被写入一个数据服务器时,会根据算法同步存储在其他数据服务器上。

客户端(Client):挂载并使用 mfs 文件系统的客户端。客户端在读写文件时会首先连接主管理服务器,来获取数据的元数据信息,然后根据得到的元数据信息,访问数据服务器读取或写入文件实体。由于 mfs 客户端是通过 FUSE mechanism 实现挂载 MooseFS 文件系统的,任何系统支持 FUSE 都可以作为客户端访问 MooseFS 整个文件系统。所谓的客户端并不是网站用户,而是前端访问文件系统的应用服务器,如 web。

2.2.3.6 MogileFS

MogileFS 是一套 SixApart 开发的,可以高效实现文件自动备份的组件。MogileFS 被大范围应用在 web2.0 站点上,同时也可用于智能网联车交通数据的存储。

MogileFS 主要由 3 部分构成:Tracker 节点,Database 节点,Storage 节点。

Tracker 节点作为 MogileFS 的核心部分,其是一个可以实现复制、删除查询等工作的调度器。MogileFS 的进程就是 Trackers 进程程序。Database 节点受 Trackers 节点的操作和管理,其可以用于 MogileFS 的元数据的存放。Storage 节点可以用来存放 MogileFS 存储文件,也称为 Storage Server。

2.2.3.7 FastDFS

FastDFS 类似于 Google FS,是一种由纯 C 语言开发的开源分布式文件系统。由于 FastDFS 是轻量级的存储系统,因此其特别适合以文件为载体的智能网联汽车交通数据存储。FastDFS 在管理智能网联汽车交通文件时,可以实现文件的存储、同步、访问等。

FastDFS 的架构主要由 tracker server 和 storage server 两部分组成,如图 2-3 所示,不需要智能网联汽车交通存储文件索引信息。FastDFS 系统中不存在主从关系,即其包含的所有服务器都是对等的。其中存储服务器采用分组方式,对于同一组存储服务器,其包含的文件完全相同(RAID 1),对于不同组的存储服务器,其之间不会相互通信。服务器之间,由存储服务器主动向 tracker server 报告状态信息,而 tracker server 之间通常不会相互通信。

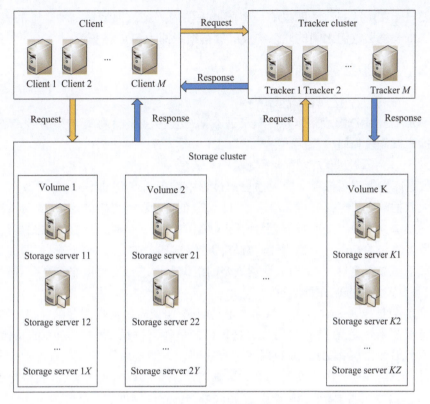

图 2-3　FastDFS 架构图

2.2.3.8　GridFS

GridFS 是 MongoDB 的内置功能之一，在使用 MongoDB 存储文件时，GridFS 可以提供一组文件操作的 API 用以存储。GridFS 的基本原理是其有两个分别负责保存文件索引和内容的 Collection，可以用于存储智能网联汽车交通文件。文件内容以 4MB 为单位分成若干块后，这些块在 Document 中分别存储。这种方法在存储文件的同时，还能够存储智能网联汽车交通文件相关的一些附加属性（比如文件名等）。

GridFS 中一个 chunk 的大小为 256KB，在 GridFS 中存储一个智能网联汽车交通文件时，如果存储文件的大小大于一个 chunk 的大小，那么系统会自动按照 chunk 的大小将其分割成多个 chunk 块。所有 chunk 块中的信息最后将被存储在 fs.chunks 集合的多个文档中，文件信息作为唯一一份文档被存储在 fs.files 集合中。

2.3　关系型数据库技术

2.3.1　关系型数据库简介

关系型数据库（SQL 数据库）即为选取关系模型来构建交通大数据的数据库。关系型数据库使用行与列来管理交通大数据，本章中将关系型数据库中的行与列叫作表，并且由表构成完整的 SQL 数据库。检索功能可以使数据库使用者在海量交通数据中找到关键信息，但是检索功能只能在特定的数据库里的一些区域中使用。关系模型是一种二维的表格模型，那么众多二维表格和它们之间的联系构成的数据组织即为 SQL 数据库。

2.3.2 关系型数据库的特点

2.3.2.1 关系型数据库存储方式

一般 SQL 数据库选择表格来保存其交通数据，交通大数据采取行与列的形式来管理，进行读取和检索操作较为简单快捷。

2.3.2.2 关系型数据库存储结构

SQL 数据库在管理与保存交通大数据的过程中使用组织化的形式，首先一定要给所有存储交通大数据的表格定义完成每个字段，即确定交通大数据表格的组织，之后按照交通大数据表格的组织类型保存交通数据，因为存入数据前确定了交通大数据的方式与具体内容，故交通大数据表格的安全性与稳固性非常好，不过采用该方式存在一个缺点，即如果数据库在保存了交通大数据之后，对交通大数据表格的组织方式进行变动将非常艰难。

2.3.2.3 关系型数据库存储规范

由于 SQL 数据库要面对交通大数据的重复问题，需要较好地使用存储空间，因此其对交通数据进行规范化处理，在单张交通大数据表格的条件下，根据最小关系表的结构，将交通大数据存入数据库，故存储交通大数据的过程能够较为清楚地展现。若为大量交通大数据表格的条件，则有些不同，因为此时交通大数据与多张交通数据表格有关，表格与表格间具有繁琐关联，交通大数据表格逐渐增多，交通大数据的管理难度也会随之增大。

2.3.2.4 关系型数据库扩展方式

现时交通领域各项技术日新月异，为满足逐渐增加的交通大数据库保存大数据的要求，数据库需要具备较高的拓展能力，除此之外，数据库还需能够满足大量交通数据的并发量，非关系型数据库和 SQL 数据库存在较大差异的即为它们的扩展方式。

因为交通大数据被 SQL 数据库保存到数据表格里，交通大数据处理的短板存在于多张交通数据表格的处理里，并且随着交通大数据表格的增加，该短板也就更加严重，若想缓解该问题，就只有增强操作性能，即采用性能更强、速度更快的运算设备，虽然该解决方案能够在一定程度上缓解这个问题，但这样的解决方法效果非常有限，换言之，即 SQL 数据库仅拥有纵向扩展能力。

2.3.2.5 关系型数据库查询方式

SQL 数据库选择组织化检索语句来对交通数据库实施检索，组织化检索语句已经被绝大多数的数据库企业所支持，已被当作数据库行业的规范，其可以满足交通大数据库的检索、增添、删除和更新等步骤，具备十分强劲的性能，组织化检索语句能够选择与索引相似的方式来使检索过程效率提高。

2.3.2.6 关系型数据库规范化

开发人员经常会在交通大数据库的规划与研发过程中，需要一次性操作单个或大量交通数据实体，包含数组与嵌套等数据，SQL 数据库中，通常要先把单个交通数据实体划分为若干部分，继而再将划分的内容实施规范化操作，规范化操作后再存储进多张 SQL 交通数据表格内，整个流程十分繁琐。但随着相关技术的发展，大量交通大数据库研发厂商都提出了一些方便快捷的应对方案,比如采取 ORM 层来把交通大数据库中的对象模型映射到 SQL 数据库里去,并且实施各个类型系统交通数据的相互转变。

2.3.2.7　关系型数据库事务性

SQL 数据库注重 ACID 规则,分别为原子性(Atomicity)、一致性(Consistency)、隔离性(Isolation)和持久性(Durability),能够满足对事务性的较大需求以及满足实施繁琐交通数据检索的需求,除此之外,还能够较好地满足交通数据库操作安全性以及高性能的需要。而且 SQL 交通大数据库非常注重交通数据强一致性,能够大力满足事务操作。SQL 交通大数据库能够控制事务原子性细粒度,而且若是在需要的时候和操作出现问题的时候,能够迅速回归事务。

2.3.2.8　关系型数据库读写性能

SQL 数据库非常注重交通数据一致性,并为此降低了读写性能,即便 SQL 数据库处理交通数据与保存交通数据具备很好的安全性,若是处理大量的交通数据时,处理效率会下降,尤其是当面对高并发读取与写入的时候,运行性能将会大幅降低。

2.3.3　常用的关系型数据库

主流的关系型数据库有 Oracle、MySQL/MariaDB、DB2、Microsoft Access 等。

2.3.3.1　Oracle

Oracle 数据库是 1983 年推出世界上第一个开放式商品化 SQL 数据库管理系统,并于 1989 年正式进入中国市场。其使用规范的 SQL 数据库结构化查询语言,支持各种交通数据类型,具有应对对象保存的交通数据支持,具备第 4 代语言开发功能,可在 Windows NT、Unix、Novell 等多个平台使用。并且 Oracle 数据库还具备高性能的并行操作能力。Oracle 在集群技术、高可用性、安全性、系统管理等方面都取得了较好的成绩,较为适合智能网联汽车企业用来存储交通数据,具有以下特点:

(1)可满足大事务量、多对象的事务处理。
(2)交通数据完整性与可靠性控制。
(3)提供对于数据库操作的接口。
(4)支持分布式事务处理。
(5)可移植性、可兼容性和可连接性。

2.3.3.2　MySQL/MariaDB

MySQL 数据库为一种提供源代码的 SQL 数据库管理系统。其选取最普遍使用的组织化检索语句 SQL 实施交通数据库操作,可以把交通数据存储在不同的表格内,而非把全部的交通数据存入一个大的存储空间中,该种做法可以提高运行速度以及增加系统的灵活性。MySQL 数据库选择了双授权方案,分成商业版与社区版,因为它运行速度快、所占空间小、整体使用成本较低,并且其具有提供源代码这个优点,通常开发者都会采用 MySQL 当作网站的数据库来搭建与智能网联汽车相关的中小型网站。

2008 年美国 Sun 公司花费 10 亿美元收购 MySQL,一年后 Oracle 公司又花费 60 亿美元收购了 Sun 公司,从此 Sun 公司的服务器、操作系统、MySQL 等产品线全部归属 Oracle 公司。自从被 Oracle 公司收购后,MySQL 发展明显趋缓,是继续开源还是闭源,Oracle 公司一直没下定论。于是 MySQL 的原班人马陆续离开 Oracle 公司，另立炉灶，推出了 MariaDB 开源数据库。

它的特点具体如下：

(1) 功能强大：MySQL 内开放了大量的交通数据库保存引擎，可应用在智能网联汽车的各种不同的使用场景，可满足可视化、事务操作、保存以及触发器等。

(2) 支持跨平台。

(3) 运行速度快。

(4) 支持面向对象编程。

(5) 安全性高。

(6) 成本低。

(7) 支持各种开发语言。

(8) 数据库存储容量大。

(9) 支持强大的内置函数。

2.3.3.3 DB2

DB2 是由 International Business Machines 公司研发的一套 SQL 数据库管理系统。它重点被使用在大型的应用系统，具备非常优秀的弹性，能够满足单用户和大型机环境，主要使用场景是 Linux、Windows 服务器、UNIX、IBM i（之前被称为 OS/400）和 z/OS。

DB2 选择了交通大数据分级手段，可以让大型机交通数据极其简单快捷地下载到 LAN 数据库服务器，能够让根据 LAN 的应用程序与服务器/客户机用户能够读取大型机交通数据，还可以让交通数据库本地化和远程连接更加清晰。DB2 具备十分完善的检索优化工具，其外部连接改善了查询性能，并支持多任务并行查询，具有高层次的交通数据可恢复性、无缺性、可用性、可靠性，和各种规模应用程序的操作功能。同时，DB2 拥有十分优秀的网络支持功能，各个子系统能够与数万个分布式用户相互链接，能够一次性启动数千个活动线程，非常适合使用于大型分布式应用系统。

DB2 的特点如下：

(1) 可满足面对对象的编程，支持繁琐的交通数据组织类型，若非组织文本对象。

(2) 其支持大二分对象，能够在交通数据库内读写文本大对象与二进制大对象，值得注意的是，二进制大对象能够应用于保存多媒体对象。

(3) 具有复原与备份功能。

(4) 提供 GUI 和命令行，在 windows 和 Unix 下操作相同。

(5) 支持异构分布式数据库访问。

(6) 支持数据复制。

2.3.3.4 Microsoft Access

Microsoft Access 为 Microsoft 公司研发的一种 SQL 数据库管理系统。它具有软件研发功能与数据库引擎的图像用户显示面板两项特点，为微软 Office 中的一个系统程序。Microsoft Access 用特定的方式把智能网联汽车大数据保存到基于 Access Jet 的数据库引擎中，Microsoft Access 还能够链接以及写入交通数据，重点适合用在智能网联汽车交通系统规模不大的应用系统，也可以被当作客户端数据库应用在服务器/客户机系统里。具体特点如下：

（1）能够较好应对多种数据库对象，拥有优秀的智能网联汽车交通数据组织、安全检验、用户管理等能力。

（2）优秀的智能网联汽车交通数据处理功能。在一个工作组级别的网络环境中，应用 Access 研发的多用户数据库处理系统拥有一般 XBASE 数据库系统所难以实现的客户/服务器结构和相应的数据库安全机制，Access 具有大量优秀的大规模数据库管理系统拥有的功能，例如犯错回滚功能、事务处理等。

（3）能够简单快捷地产生多种数据对象，使用保存的智能网联汽车交通数据设立报表与窗体，具有较好的可视性。

（4）Microsoft Access 是微软办公系列软件中的一员，能够和 Office 连接，完成完美集成。

（5）可以使用 Web 公布与搜索数据，完成和互联网的连接。

2.4 非关系型数据库技术

2.4.1 非关系型数据库简介

非关系型数据库也叫 NoSQL 数据库，即"Not Only SQL"，即非关系型的数据库都可将其称为 NoSQL 数据库。1998 年，"NoSQL"这个英文单词被首次提出，它指的是一个轻量的、开源的、不包含 SQL 用途的非关系型数据库。一些学者于 2009 年的某次数据库会议中第二次提出"NoSQL"这一英文单词，意为分布式、非关系型、不包含数据库事务正确执行 4 个基本要素的数据库。

现代交通运输系统每天在网络上都会产生庞大的交通数据量，而关系型数据库管理系统（RDBMS）将会处理这些交通数据中的很大一部分，数据建模和应用程序编程在其严谨成熟的数学理论基础作用下变得更加简单。但随着智能交通的兴起和交通信息化的浪潮，传统的交通关系型数据库管理系统开始在一些业务上出现问题。首先，交通数据量的增加使得系统对数据库存储的容量要求越来越高，单机无法满足需求，很多时候需要用集群来解决问题，而交通关系型数据库管理系统由于要支持 join，union 等操作，一般不支持分布式集群。其次，在交通大数据大行其道的今天，很多的交通数据都"频繁读和增加，不频繁修改"，而交通关系型数据库管理系统对所有操作一视同仁，这就带来了优化的空间。另外由于互联网时代业务的不确定性，交通数据库的存储模式也需要频繁变更，不自由的存储模式增大了运营与维护的复杂性和扩展的难度。

2.4.2 非关系型数据库特点

2.4.2.1 非关系型数据库存储方式

使用表格保存交通大数据并不适合 NoSQL 数据库，NoSQL 数据库一般使用数据集形式，将众多交通数据集中保存，与文档或者键值对等方式较为相似。

2.4.2.2 非关系型数据库存储结构

因为非关系型数据库处理大量非组织化交通大数据的保存问题，其选择动态结构，可以较好地应对交通大数据方式与内容的变动，能够按照交通大数据保存的要求，机动快捷地转换交通大数据库的组织方式。

2.4.2.3 非关系型数据库存储规范

非关系型数据库的交通大数据保存为把交通大数据采取平面数据集形式集中存储,即使产生一部分的交通大数据被再次保存的问题,出现损耗存储空间现象,然而因为一般情况下,一个交通数据库基本不选择分割存储形式,较为普遍选择单独存储方法,故交通数据一般可以作为一个整体存储,该方式能够使交通大数据简洁快速地读取与修改。

2.4.2.4 非关系型数据库扩展方式

因为非关系型数据库采取交通数据集的保存形式,因此非关系型数据库的保存方式必然为分布式,其能够选择横向方式进行扩展数据库,换言之,它能够向资源池中增添大量的交通数据库服务器,继而让该部分被添加服务器承受交通数据量增长所造成的消耗。

2.4.2.5 非关系型数据库查询方式

非关系型数据库采取的是非组织化检索语句,其使用交通数据集作为基本单位来存储与管理交通大数据,因为非关系型数据库在行业内并没有统一的规范,故不同的交通数据库企业生产的产品标准也存在差异,非关系型数据库中的文档 Id 与 SQL 交通数据库表格中的主键有些相似,相对关系型交通数据库,非关系型交通数据库使用的交通大数据访问方式更加方便且准确。

2.4.2.6 非关系型数据库规范化

非关系型交通大数据库不需要考虑规范化所带来的复杂流程问题,因为它不需要对交通数据进行规范化,其一般是将繁杂的交通数据实体保存在独立的存储空间内。

2.4.2.7 非关系型数据库事务性

非关系型交通数据库注重 BASE 原则,分别为基本可用(Basically Availble)、软状态(Soft-state)和最终一致性(Eventual Consistency),非关系型交通数据库没有交通数据强一致性支持,进而得到了柔性安全性与基本一致性,而且运用这些性能得到了高性能与可靠性,最后得到了交通大数据最终一致性。即便非关系型交通数据库同样可以进行事务操作,但是因为非关系型交通数据库为基于节点的分布式数据库,在满足事务操作方面并不理想,同时很难支持它的所有需求,故非关系型交通数据库的优点与性能一般呈现在交通数据库的拓展以及交通大数据的操作过程中。

2.4.2.8 非关系型数据库读写性能

相对于 SQL 数据库,非关系型数据库最大的亮点正是在于大数据的处理,面对海量的非组织化的交通数据能够进行高性能的读取和写入,由于非关系型交通大数据库是依据键值形式实施保存的,按照数据集的形式保存的,故而不管是拓展或者读取写入,其过程都十分简单,除此之外,非关系型交通大数据库无需像 SQL 数据库那样进行复杂的解析,故非关系型交通数据库在大数据搜索、管理、读取、写入和可视化方面存在 SQL 数据库所没有的长处。

2.4.3 常用的非关系型数据库

非关系型数据库可以大体上分为 4 个种类:键值(Key-value)、列存储(Column-Family Databases)、面向文档(Document-Oriented)和图(Graph-Oriented Databases)。

2.4.3.1 键值(Key-Value)数据库

键值数据库类似于传统语言里应用的哈希表。能够使用 key 进行增添、检索以及删除智能网联汽车交通数据,因为其应用主键进行读写,故键值数据库拥有十分优秀的拓展性能。键值(Key-Value)模型对于 IT 系统来说的优势在于简单、易部署。

键值数据库是用 Key-Value 类型来保存智能网联汽车交通数据的,即便键值数据库的速度十分迅速,但一般情况下尽可以使用 Key 的完全一致性来检索得到智能网联汽车交通数据,依据智能网联汽车交通数据的存储类型能够划分成永久性、临时性和两者兼具三类。

1) 永久性

这里所说的永久性是指智能网联汽车交通数据没有存在丢失的现象,这里的键值存储是将智能网联汽车交通数据保存到硬盘中,与临时性比起来,因为一定会产生对硬盘的 IO 处理,因此在处理速度方面仍然存在差距,但永久性最大的优点就是智能网联汽车交通数据不会出现丢失。总结来说:

(1) 将交通数据存储至硬盘中。

(2) 能够完成十分高效迅速的读取与存储操作(和 Memcached 仍存在差距)。

(3) 数据不会丢失。

2) 临时性

这里所说的临时性是指智能网联汽车交通数据存在丢失的可能,全部的智能网联汽车交通数据都被 Memcached 存储到内存里,在这种情况下读取以及存储的效率很高,然而在 Memcached 终止时,智能网联汽车交通数据就丢失了。因为智能网联汽车交通数据被存储到内存里,故不能处理溢出内存容量的交通数据,旧数据会丢失。总结来说:

(1) 将交通数据存储至内存里。

(2) 能够完成十分高效的读取与存储操作。

(3) 数据有可能丢失。

3) 两者兼备

Redis 属于这种类型。Redis 存在一定的特殊性,它兼有永久性与临时性。Redis 起初将智能网联汽车交通数据存储在内存里,当实现一定条件(一般情况下为 15min 大于 1 个,5min 中大于 10 个,1min 中大于 10000 个的 Key 出现变化)时把智能网联汽车交通数据存储进硬盘内,这种操作在维持了内存内智能网联汽车交通数据处理效率的同时,又能够应用将交通数据存储至硬盘中来确保智能网联汽车交通数据的永久性,该种数据库非常适合应对数组形式的智能网联汽车交通数据。总结来说:

(1) 将交通数据同时存储至硬盘与内存中。

(2) 能够完成十分高效的读取与存储操作。

(3) 存储到硬盘中的交通数据不会丢失(能够复原)。

(4) 适用于应对数组形式的交通数据。

2.4.3.2 列存储(Wide Column Store/Column-Family)数据库

列存储数据库把智能网联汽车交通数据储存在列族内,一个列族保存那些常常需要被同时检索到的关联交通数据。例如有一个 Person 类,我们通常会一起查询他们的姓名和年龄,而不是驾龄。这种情况下,姓名和年龄就会被放入一个列族中,而驾龄则在另一个列族中。Cassandra、HBae、HyperTable 属于这种类型,因为目前智能网联汽车交通数据量显现出指数型爆发的现象,所有该形式的非关系型数据库特别引起了国内外学者与企业的关注。

一般的 SQL 数据库皆为使用行作为单位进行保存智能网联汽车交通数据的,善于用行作为单位的读取操作,例如一定条件数据的获得。故 SQL 数据库又能够叫作面向行的数据库。与之相反,面向列的数据库为选择列作为单位来保存智能网联汽车交通数据,善于用列为单位读取交通数据。面向行的数据库与面向列的数据库比较见表 2-1。

面向行的数据库与面向列的数据库比较　　　　表 2-1

数　据　类　型	数据存储方式	特　　　点
面向行的数据库	以行为基本单位	对少量行逐行更改与读取
面向列的数据库	以列为基本单位	对大量行少数列进行读取,对所有行的特定列同时进行更新

面向列的数据库拥有较好的扩展性,就算智能网联汽车交通数据变多,与之对应的操作速度(尤其为写入的速度)也不会下降,因此其重点适用在需要应对海量智能网联汽车交通数据的场景中。除此之外,将面向列的数据库当作批处理程序的保存器来对海量交通数据实施更改也是非常有用的。然而因为它和目前普遍使用的数据库保存的逻辑方式存在较大差异,具体使用存在一定难度。

2.4.3.3　面向文档(Document-Oriented)数据库

面向文档数据库会将智能网联汽车交通数据用文档形式保存。所有文档都为自容纳的交通数据单元,为一系列数据项的集合。所有数据项皆存在一个名字和对应值,这个对应的值又能够是简单交通数据类型,例如数字、字符串与日期等;又能够是复杂交通数据类型,例如关联对象和有序列表。智能网联汽车交通数据保存的最小单元为文档,相同表内保存的文档属性能够存在差异,智能网联汽车交通数据能够应用 JSONB、JSON 以及 XML 等各种类型进行保存。

2.4.3.4　图(Graph-Oriented)数据库

图数据库允许用户把部分智能网联汽车交通数据用图像的形式保存。将实体当成顶点,将实体与实体间的相互联系当成边。例如有 3 个实体,Steve Jobs、Apple 和 Next,则会有两个"Founded by"的边将 Apple 和 Next 连接到 Steve Jobs。

2.5　云数据库技术

2.5.1　云数据库简介

智能网联汽车交通云数据库为设置在云计算场景里的交通数据库。交通云数据库为交通云计算迅猛发展时代下出现的一种新型共享基础框架的方案,这种方法能够消除了硬件、软件与人员的多次配置,较为完善地提高交通云数据库的数据保存性能,使软、硬件升级显得方便简单。交通云数据库具备可用性较好、成本较低与动态可拓展性等特点。

按照交通数据模型的视角观察,交通云数据库并不是一种完全创新的交通数据库方法,而仅仅是使用云服务技术完成交通数据库的各项操作。智能网联汽车交通云数据库所选取的数据模型能够为非关系型数据库所选用的非关系模型,还能够为关系型数据库所选用的关系模型,因此其并没有自己独有的数据模型,如图 2-4 所示。

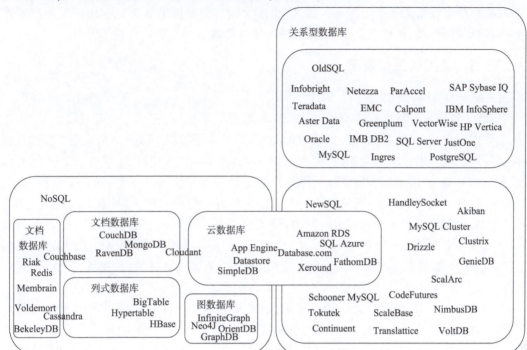

图 2-4 云数据库数据分类

2.5.2 云数据库特点

2.5.2.1 高可用性

目前交通云数据库具备许多优点,在这些优点之中,高可用性较为经典。第一,在目前的交通云数据库之中,单点失效的问题获得了很好的应对,倘若一个节点在一个特定的过程中出现了失效情况,那么剩下的节点可以使用最短的时间替换该节点,继续进行预定的任务。第二,在目前的交通云数据库之中,智能网联汽车交通大数据通常都是拷贝而来的,在地理区位也是相同分散的。大部分进行交通云数据库服务的企业都会把有关的交通数据中心分别设置在全球各地,因此,在每个地区都能够完美进行智能网联汽车交通数据的拷贝操作,这就能够很大程度地降低交通数据出现错误的概率,具有极好的可用性。

2.5.2.2 动态可拓展性

交通云数据库技术因为采用了云计算技术,拥有非常好的可拓展性,在交通大数据飞速发展的过程中,智能网联汽车交通数据的保存量在逐渐增加,同时由于交通数据保存量的不断增加,将来用户的交通数据保存需要也会随之进一步增加,而即使将来外部环境产生剧烈变动,交通云数据库具有的动态可拓展性能够使得交通云数据库完成扩展,很好地支持用户的需要。

2.5.2.3 使用成本相对较低

很多交通云数据库客户在应用交通云数据库的时候都是利用租赁的形式完成的,使用该种资源共用的形式,客户所需要付出的花销可以得到了很大程度的降低。除此之外,客户倘若选择付费的方法应用智能网联汽车交通云数据库中的一些硬件或者软件,多余的资源浪费现象将能够在很大程度上降低。最后,很多交通云数据库的底层保存所应用的服务器为价钱较低的服务器,该种情况下,客户的使用成本就能够被控制在合理范围内。

2.5.3 常用的云数据库

2.5.3.1 PostgreSQL

在 2014 年年末的数据库排行榜上,PostgreSQL 排名第四位,宣称是全球最安全的、最先进的云数据库,它同时还是面向对象的 SQL 数据库,可用于智能网联汽车企业用于存储数据或构建控制系统。通过数十载的改进,目前 PostgreSQL 数据库拥有以下特性:面向对象,具有非常好的可靠性,可以在所有主流的操作系统上操作,实现 ACID 兼容;可以实现视图、连接、触发器、外键和存储操作;支持最新的 SQL2008 标准的数据形式,包括整型、数字型、字符型、布尔型、可变字符型、日期型、时间戳、自增长型以及各种二进制对象(如图片、声音和视频等);提供了各种流行语言的编程接口,如 C/C++、Java、NET、Perl、Python、ODBC 等。

PostgreSQL 数据库同时拥有大量令人振奋的优点,例如在线备份、数据域、表分区、表空间、嵌套事务、时刻点恢复、两段式提交、多版本并发控制、子查询等。

在 PostgreSQL 中,数据库大小没有限制,表大小上限为 32TB,一条记录的大小上限为 1.6TB,字段大小上限是 1GB,单个表包含的记录数没有限制,一条记录的字段数上限为 1600 个,一个表上创建的索引数目没有限制。另外,SQLite 是一个非常小型的 ACID 兼容的关系数据库,适合嵌入式系统。

2.5.3.2 InfluxDB

InfluxDB 为一个开源的时间序列数据库,可以面对非常高的检索与写入并发数,重点应用于保存海量的智能网联汽车时间戳交通数据(每条记录自动添加时间戳),如智能网联汽车感应器收集的交通信息和实时分析的结果数据等。InfluxDB 拥有下列优点:全部用 Go 语言编写,并被编译成单一运行程序,不需要第三方依赖;方便、快捷地写和查询 HTTP(S)编程接口(API);通过插件能与其他的智能网联汽车数据采集工具集成,如 Graphite、collectd、OpenTSDB;可以搭建高可用性的 InfluxDB 环境;量身定制化的类-SQL 语言;允许给序列数据附加标签来创建索引,以便快速高效查询;通过定义策略轻松实现自动失效过时的数据;基于 Web 的管理界面。

对于一个具体的智能网联汽车时间序列应用来说,除交通数据存储外,还需要集成数据采集、可视化和告警功能。为此,InfluxData 社区相应提供了 Telegraf(数据采集)、Chronograf(数据可视化)、Kapacitor(告警)3 个开源项目,再加上 InfluxDB,能部署成一个完整的时间序列应用系统(TICK)。

2.5.3.3 Redis

Redis 是遵循 BSD 开源协议的存储系统,智能网联汽车交通数据存储在内存中,因此具备极高的性能,可用作交通数据库、缓存和消息中间件。Redis 支持多种类型的智能网联汽车交通数据结构,如字符串、列表、哈希、带范围查询的有序集合、位图和带半径查询的地理空间索引。

Redis 提供了复制、Lua 脚本、LRU 驱逐、事务以及各种层级的磁盘持久化等功能,利用集群自动分区机制与 Redis Sentinel 实现了较好的可用性。Redis 采用 C 语言编写,能运行在 Windows、MacOS X、Linux、Solaris 等操作系统上,不过 Linux 是其最佳的运行平台,无须第三方依赖,它提供了最广泛的编程语言接口。

2.5.3.4　MongoDB

MongoDB 是排名第一的文档数据库,属于 NoSQL 大类,诞生于 2009 年,正好是云计算兴起的前夜。MongoDB 采用 C++ 语言开发,能运行在 Windows、MacOS X、Linux、Solaris 操作系统上,提供了绝大部分计算机语言的编程接口。

MongoDB 的主要优势包括:高性能、富查询语言(支持 CRUD、数据聚合、文本搜索和地理空间查询)、高可靠性、自动伸缩架构、支持多存储引擎。MongoDB 适合文档存储、检索和加工的应用场合,如智能网联汽车交通大数据分析等。

2.5.3.5　Neo4j

Neo4j 为使用 Java 语言搭建的图数据库,其把组织化数据保存到由"点-边"组成的网络(数学术语中称为"图")中,而没有存入表内。与 SQL 数据库相比,图数据库擅长应对海量繁杂、互连接、低结构化的智能网联汽车交通数据。这些智能网联汽车交通数据变化迅速,要求经常进行检索,如果使用 SQL 数据库,那么频繁的检索操作会造成大批的表相互关联,由此导致性能出现下降。

Neo4j 主要应对具备海量相互关联的一般关系数据库检索过程中产生的性能下降现象。它还发布了效率较高的推荐系统、图算法以及 OLAP 风格的说明,但这些内容在当下的关系数据库系统内皆不能完成。Neo4j 具有被普遍应用的 REST 接口,可以简单快捷地连接进基于 NET、Java、PHP 以及 JavaScript 的环境中。

2.5.3.6　Elasticsearch

Elasticsearch 为一种拓展性很强的全文剖析及检索引擎,用于存储、搜索和近乎实时地分析大规模智能网联汽车交通数据。Elasticsearch 常被人们用于构建具备复杂搜索功能的应用系统,比如智能网联汽车交通数据的搜索等。利用 Elasticsearch 实现的智能网联汽车交通数据采集、保存和可视化套件 ELK(Elasticsearch、Logstash、Kibana)在日志分析领域应用最为广泛。

第3章
智能网联汽车交通大数据预处理技术

3.1 数据预处理概述

3.1.1 数据预处理简介

在经济高速发展、社会快速进步的今天,大数据技术作为当今时代的新技术,它的发展使得各个行业领域都发生了翻天覆地的变化,海量数据中所蕴含的丰富信息具有重要的研究价值。如果能对采集的大数据进行合理的挖掘利用,将会产生巨大的社会效益和经济效益。大数据技术在智能网联汽车领域也得到了重视和应用,对大数据进行合理有效挖掘将会促进智能网联汽车的高效平稳发展。

交通大数据的采集具有复杂化和多元化的特点,其包含了车辆、道路、运力、天气等交通行为中产生的各类数据信息。这些数据体量庞大,信息丰富,对于指导智能网联汽车在智慧停车、安全驾驶、救灾抢险等方面具有重要价值。然而由于检测设备固有缺陷,数据传输问题,天气影响等原因,采集的数据常存在缺失、冗余、噪声和不一致等情况,这会大大影响数据质量。对于这些有问题的交通数据不能直接应用于交通信息的挖掘分析,否则,将会给交通管理带来不安全不稳定的隐患,因此,如何更好地提升我们采集的交通数据的质量是一个很关键的问题。交通数据质量的检测和提升就是针对采集的数据存在的缺失、冗余、噪声和不一致等问题,依据相关交通理论和数值分析等方法对数据进行检测和修正,进而提高交通数据的准确性和可利用性。因此,对数据进行预处理是数据挖掘前不可或缺的一环。

数据预处理(Data Preprocessing)是对数据进行清洗、集成、变换和归纳等一系列操作,以达到数据挖掘分析所需的规范和标准,这些操作都要在数据分析之前进行。大数据预处理技术就是对已获取的数据进行辨析、抽取和清洗等工作,将已接收的多种类型和结构的复杂数据转换为单一或者便于处理的类型,同时由于采集的数据并非全部都是有价值的,有些数据不是研究所需要的,另外一些是不正确的干扰数据,通过去除噪声从而提取出有效的数据。

数据的质量对于数据挖掘的有效性和高效性有着重要影响,但现实中我们采集的数据常常是"脏数据",脏数据是指不完整、不一致、包含噪声等未达到数据挖掘要求的原始数据,如果将这些数据直接应用于数据挖掘分析,往往挖掘结果难以令人满意。通过数据预处理工作,可以使数据更具有完全性,减少不正确的数据,去除冗余数据,并对数据进行集成,将原始数据转化为分析算法适用的形式,可以大大提高数据挖掘的有效性,降低数据挖掘所需时间。故而对采集的数据进行预处理,对于提升数据的利用价值具有重要意义,也是后续对大数据进行应用的基础。

3.1.2 常见数据问题及质量要求

原始的采集数据由于设备、传输、天气环境等各种现实因素的干扰,往往会存在数据异常现象,这些脏数据不能够直接应用于数据挖掘分析工作,需要对其进行预处理工作,以实现完善缺失数据、修正错误数据和去除多余数据。采集的原始数据常存在以下问题。

(1) 噪声值。

噪声数据是指数据集中包含有能干预结果的数据,即对场景的描述不准确,包括错误数据和偏离期望值的离群点,这些数据将会使数据分析的结果产生偏差。噪声数据是无意义的,其不仅包含损坏数据,也包括了难以被计算机正确理解和表示含义的数据,以及不可被源程序读取和运用的数据。由于采集数据的设备在工作过程中可能发生一些难以避免的失误、数据在输入输出过程中出现问题、数据存储介质发生损坏、模糊信息的存在以及一些数据的随机性,噪声数据的产生往往难以避免。噪声数据的存在可能会占用额外的存储空间,影响数据的分析结果,同时现在常采用的深度学习方法,往往都是通过迭代产生最优解,噪声数据的存在不仅会影响模型的收敛速度,对于结果的准确性也有着较大干扰。

(2) 不完整性。

不完整性指数据记录中出现的一些数据属性是空白的或者其值是不笃定的情况,还有可能缺少必需的信息而造成数据的不完整。数据的不完整可能是系统的问题、某些数据信息的获取太过麻烦或是出于隐私保护以及在使用过程中人为造成的,如在对道路交通流数据进行采集的设备在运行过程中发生线路中断等意外情况,可能会出现某一部分时间段内没有数据的情况,或是在对采集数据输入时对其重要性不够了解而将其忽略,这些情况都可能会造成数据的不完整。数据的不完整性对于数据的价值和质量有较大的影响,其将会不利于挖掘数据的隐藏信息。在进行数据分析时若缺失的数据较多,将会难以产生合理的分析结果,对于现实的指导意义也会大为降低。

(3) 不一致性。

数据的不一致性也可称为数据的杂乱性,是指各类数据的矛盾性和不相容性。由于初始数据是从各个实际应用系统中获取的,由于各个应用系统中缺乏统一的规范和标准,数据间存在很大的结构差异,这往往导致系统之间的数据严重不一致,同时在将不同系统间的数据进行汇总集成时,常常会存在冗余或是同一属性在不同系统中记录的值存在差异性,因而这些数据不能直接使用。数据的不一致性常常是由于数据冗余、并发控制错误或是各类故障和错误引起的,数据是对真实情况的描述,应该符合一定的逻辑常识和语义规则,但一些数据由于各种原因,违反了这些规则,通常表现为数据的异常和冲突矛盾,对于关系数据而言,还存在多条记录对应同一实体的实体异常以及多表之间记录不满足包含关系的包含异常等。如某数据库中两个不同的表可能都包含速度这个属性,但其中一表可能以 km/h 为单位,另一表以 m/s 为单位,这将会影响数据的共享性,具有较大的杂乱性。

在进行数据挖掘分析时,高质量的数据是保障数据挖掘分析能得出良好结论的基础,因此,在对数据分析前需要对数据质量进行检测,即评估挖掘数据的完整性、一致性、准确性等是否达到标准,还需要判断数据的合理性和可获取性。

(1)完整性。

完整性是指数据信息是否存在丢失的情况,数据丢失可能是整个数据记录缺失,也可能是数据中某一部分信息的缺失。数据的完整性是数据质量评估标准的关键,若数据的完整性不好,其意义就会下降,在进行挖掘分析时可能会产生难以让人满意的结果。数据的完整性通常可以通过统计数据中的记录值和唯一值来判断,如某路段统计的车流量平均值为25000pcu/d(pcu:Passenger Car Unit,标准车当量数),但某一天的值突然降低为1500pcu/d,则可能是数据缺失造成。通过记录数、唯一值、均值以及空值占比等来评估数据的完整性。

(2)一致性。

一致性是指数据记录是否符合标准,数据格式是否保持相同,数据记录的标准性和数据是否符合逻辑体现了数据质量的一致性。标准指一项数据有其固定的格式,如车牌号码一定是7位数字,身份证号码一定为18位数字等。逻辑是指数据中单项或多项数据间存在着固有的逻辑关系,如当A属性取某值时,B属性的值应该在一个固定范围内取值,可以通过合规率来衡量。

(3)准确性。

准确性是指数据记录的信息是否存在错误,用于度量数据信息是否正确或是数据是否超期。某一个记录或者整个数据集中都可能存在数据质量准确性,如数量级的记录错误,可以用统计量的阈值来核查。一致性主要反应数据是否合规,格式是否统一,而准确性更在意数据错误,数据的准确性不仅体现规则上是否一致,异常的数据值也是不符合条件的数据。如果数据无显著异常,记录值仍可能发生偏差,这一类的真实性检验尤为复杂,一般只能与数据其他来源和统计结果进行比较来寻找问题。

(4)时效性。

时效性是数据生成与其可见性之间的时间间隔,也称为数据延迟期。虽然数据分析本身的时间很短,但如果建立了数据分析流程,则数据分析流程是有时间限制的,这可能会使需要实时分析解决方案的结果无效,某些解决方案的实时分析需要数小时或数分钟的数据记录,这需要高度的及时性。运行速度可能对网络外的某些数据影响不大,但对大数据的实时项目会产生更大的影响。

(5)可获取性。

可获取性是指数据是否容易获取、解释和使用。一些数据的获取可能会代价非常大,或是出于隐私安全等方面的考虑一些数据是不对外公开的,在进行数据分析前我们需要考虑期望进行分析的数据是否容易获得和便于使用。

3.1.3 数据预处理任务

3.1.3.1 数据预处理内容

1)数据审核

对数据进行审核主要包括两方面的内容,即数据的完整性和准确性。完整性审核主要是检查待分析的数据是否存在缺失情况,是否有遗漏数据。准确性审核一方面是对采集的数据与实际情况的相关性进行审查,是否存在不合理情况;另一方面是检验数据是否存在错误,计算是否准确等,即进行逻辑检查和计算检查。逻辑检查是对数据间的逻辑关系进行检查判断其是否符合逻辑关系,是否存在冲突矛盾之处;计算检查是对各项数据的计算方法及计算结果进行检查,判断其是否存在错误。

除了对数据的完整性和准确性进行核查外,还需要对数据的适用性及时效性等方面进行审查。我们获得的数据有时可能是为了特定的目的专门进行调查采集的,或是已经根据目的提前进行了人为处理的。在使用数据前,我们需要了解数据的来源及相关的背景资料,以确定这些数据是否适配我们的研究要求,这些数据是否还需要重新加工整理。此外数据的时效性也具有重要参考价值,若对时效性较强的问题进行分析,如果取得的数据过于滞后,那么对于研究则失去了指导意义。一般来说尽可能选择最新的数据来进行问题分析,以得到最具有现实参考价值的结果。

2) 数据筛选

数据筛选是指按照一定的标准,将数据集中应该剔除的数据过滤的过程。在数据审查后,对于发现的错误数据应该进行纠正,若无法纠正或有些数据不符合研究要求但又无法弥补时,需要对数据进行筛选。数据筛选包括两方面的内容:一是直接将异常或是错误的数据删除;二是将不符合需求的数据予以剔除。

3) 数据排序

数据排序是指将获取的数据按照特定的要求进行重新排列,使数据的趋势性和规则性更加明显地展现出来,以便于更好地开展研究。排序还有助于对数据进行检查纠错,也为对数据进行重新分类和组合提供基础。如对数值型数据可以按照递增或递减排列,对汉字可按首字母排序或按笔画数排序等。

3.1.3.2 数据预处理方法

在进行数据挖掘分析前需要对脏数据进行预处理,使其达到研究所需的基本要求,数据预处理的方法有:数据清洗(Data Cleaning)、数据集成(Data Integration)、数据变换(Data Transformation)、数据归约(Data Reduction),如图3-1所示。

1) 数据清洗

数据清洗主要是去除"脏数据"不良特性的过程。数据清洗按照一定的标准和准则填补数据中的缺失值、平滑噪声数据、识别或删除离群点,同时对数据中存在的冗余和不一致信息进行处理。

2) 数据集成

当数据有多个数据源时就需要进行数据集成。数据集成指将不同来源的数据进行合并,并形成一致的数据储存的过程。这些数据可能是来自不同的数据库、报表和数据文件,数据集成解决数据格式和表示不同的问题,并归类成一致的数据,主要涉及了数据选择、数据冲突以及差异问题。

3) 数据变换

数据变换主要是将数据进行转换或归并,从而构成适合数据采集分析的形式。数据变换包括对数据进行规范化,离散化,区间化等处理,可根据后续数据挖掘分析采用合适的数据变换方法,使研究能更好地开展。

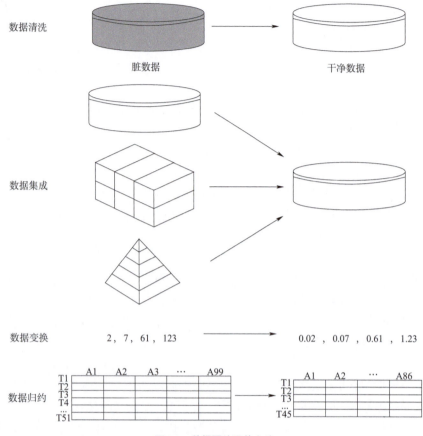

图 3-1 数据预处理的方法

4)数据归约

数据归约是指在对研究内容及目标进行了解后,针对原数据的有用特征,在不影响或对挖掘分析结果影响较小的前提下对数据集简化表示。数据归约可以最大限度地精简数据而不破坏数据的完整性,使得数据在储存效率和处理效率得到较大提升,同时对挖掘结果没有太大的不利影响,常见的数据归约方法有维归约、样本规约、数据压缩、离散化等。

数据预处理的流程如图 3-2 所示,值得注意的是,这四种方法并不是单独存在的,而是相互交叉具有一定的关联性,如对冗余和重复数据进行删除既是数据清洗的一种形式,也属于数据归约的内容,同时在完成数据集成后,我们往往还需对数据再次进行数据清洗工作。

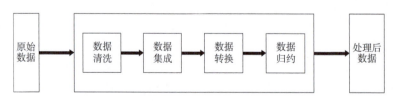

图 3-2 数据预处理流程

3.2 数据清洗

3.2.1 数据清洗概述

3.2.1.1 数据清洗含义

在大数据迅速发展的今天,我们可以通过各种渠道获取海量的数据信息,但采集的数据常常会存在缺失、噪声、异常值以及不一致等问题。这些"脏数据"将会直接影响数据的显示和隐式价值,干扰我们挖掘数据的隐藏信息,抽取数据的有用价值。数据的质量是保证数据挖掘分析产生良好效果的基础,而进行数据清洗能很好地提升数据质量,因此,数据清洗是数据预处理阶段的重要环节。

数据清洗是对脏数据进行清洗的过程,其主要是通过对数据进行审查和校验,将数据中存在的缺失、噪声、重复和不一致等问题进行纠正,从而提高数据质量。在数据清洗的过程中,需要根据所采集数据的不同特点采用相对应的清洗技术,同时也要考虑后续数据挖掘过程中所需的数据特点,清洗出适合挖掘分析的高质量数据,从而使数据清洗更好地服务于数据分析。

数据清洗可以保证数据质量和数据分析的准确性,是数据分析和数据挖掘的前提,也是数据预处理环节中的重要一环,在实际操作中,数据分析过程中50%~80%的时间都会用于数据清洗环节。数据清洗的基本原理是通过研究数据源特点,发现数据存在的质量问题,确定数据清洗条件,采取相应的数据清洗规则和方法,最终获得满足数据分析质量要求的数据,其原理如图3-3所示。

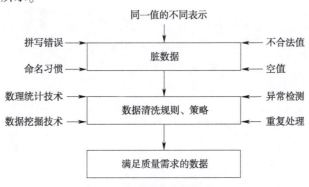

图3-3 数据清洗原理图

数据清洗的目的主要是提高数据质量和使数据更适合挖掘,其过程可以概括为检查偏差和纠正偏差。

(1)检查偏差,检查偏差指利用数据已知性质和特点来发现数据中的噪声、重复和异常值等情况。

(2)纠正偏差,在发现数据偏差后,通常需要定义一定的规则和策略来对数据的偏差进行纠正,以达到研究所需质量要求的数据。

3.2.1.2 数据清洗规则

数据清洗是对数据进行重新审查校验以及修补的过程,对数据中存在的重复数据进行删除、改正错误的数据,补充空白数据,并提供数据的一致性。数据清洗针对的目标主要为缺失值、异常值、重复值以及无用值,对于不同的数据特点应该采取相应的方法进行处理,以得到理想的数据。在进行清洗时,常遵循以下总则。

(1)非空校核,当字段中没有数据时则不需要校核,否则,需要进行校核。

(2)重复校核,将多个业务系统中同类数据进行清洗后,在统一保存时,为保证主键唯一性,需进行校核工作。

(3)异常值校核,当取值、格式、逻辑、数据等出现问题的时候,需根据具体情况进行校核及修正。

(4)无用值校核,当检测到一些研究中用不到或低价值的数据时,就可以进行校核及去除。

3.2.1.3 数据清洗关键问题

数据清洗主要考虑数据一致性、精确性、完整性、时效性和实体同一性,分别针对缺失数据、噪声数据和冗余数据进行处理。

1)缺失数据

在实际采集数据的过程中,由于各种可控和不可控的因素,我们采集的数据会存在空缺和丢失的情况。对于数据缺失,可以按照缺失率以及数据的重要程度,分别制定合适的修复方法来完成数据修补。对于重要程度高,缺失率低的,可以先通过计算填充,或通过相关的行业经验和知识进行估量;对于重要性高,缺失率高的,可以尝试从其他渠道获取数据来进行补全,或者根据已有数据建立相关模型进行修复;对于重要性低,缺失率低的可忽略不做处理或者简单填充,对于重要性低,缺失率高的可以直接去除该字段,如图3-4所示。

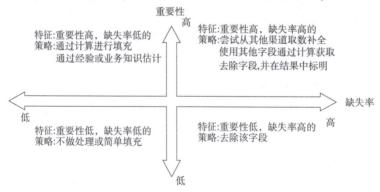

图3-4 缺失数据清洗规则

2)噪声数据

噪声数据(Noisy Data)是指采集的数据中大部分偏离期望值的数据,这种情况对于数据分析结果将会产生不良影响。噪声数据也可以理解为数据中产生的随机误差和方差,这些误差和方差产生的原因有很多,包括许多客观和人为因素。客观因素包括采集设备自身缺陷和技术限制,如利用浮动车技术对交通流数据进行采集时,受到GPS信号稳定性以及浮动车数据量的影响,不可避免地采集的交通流数据中会出现噪声,在郊区和野外信号较弱的地区其影响更明显。同时在数据传输过程中常存在失真的情况,在模拟电视信号的传输过程中,像素的亮度等信息都是采用模拟信号调制的,这将会使模拟信号容易产生损失、扰动、变形等问题。在数据采集过程中也会存在一些人为影响,如利用视频数据采集交通信息时,人工读取和录入的过程中都可能会产生误差。

噪声数据对于大数据算法模型训练会产生不利影响,噪声的存在不仅会增加数据量,还会加大计算开销,增加误差。特别是当我们运用含有噪声数据很多的数据集来进行最优化求解时,迭代产生结果的速度会下降,同时训练模型的准确性和鲁棒性也会受到影响。对噪声数据的处理常有人工检查、统计模型、分箱、聚类以及组合应用方法。

3)冗余数据

冗余数据指重复数据以及与数据分析问题无关的数据。我们采集的数据中常常可能会存在同一实体存在多条记录的情况,这些记录数据被称为重复数据,同时有些记录并非完全相同,只存在个别字段不一致,但表示的为同一对象,称为相似重复数据。重复数据会造成储存空间的浪费,给用户提供许多相似无用信息,也会对数据挖掘分析造成干扰。在数据集中可能也会包含与数据挖掘分析无关的信息,如在对采集的交通流数据中只研究货车相关问题,那么客车的有关数据即为不相关数据。

冗余数据的存在会带来额外的传输开销,也会对储存空间造成浪费,导致数据的不一致,如果在数据挖掘分析前不对冗余数据进行处理,会增加数据处理分析时间,也可能会造成结果的偏差甚至会造成研究失败。

3.2.1.4 数据清洗意义

在大数据的环境下,数据清洗技术已被广泛地应用于各个行业领域,对于智能网联汽车大数据来说,数据清洗也是在进行数据挖掘前必不可缺的步骤。数据清洗在一定程度上保证了数据的质量,提高了数据决策分析的确定性。在数据采集多元化的大数据时代,一方面增加了数据的可获取性,但另一方面多源数据也给数据的质量问题带来了新的挑战,因而进行数据清洗是非常需要的,这保证了数据分析结果的有效性、真实性和准确性。

数据清洗主要是针对脏数据进行,假如能从源头减少脏数据的产生,可以大大减少数据清洗的工作量,也能有效提高数据的质量。

为提高大数据的采集质量,在设计大数据时就应做好如下工作。

(1)制定统一数据标准;

(2)统一多数据源的属性值编码;

(3)对于属性名和属性值尽可能地赋予明确的含义,并优化系统设计;

(4)如果设计问卷进行信息采集,对于关键属性可采用选项模式代替手动模式,将重要的属性置于醒目位置并设置为必填项,对于出现的异常值要给予提示,如车牌号位数不对等。

3.2.2 数据清洗常用方法

3.2.2.1 缺失数据清洗方法

1)忽略元组

如果数据挖掘任务包含分类任务,数据中缺少类标签,可以选择忽略元组的方法。忽略元组意味着直接删除缺少属性值的元组以获得完整的信息表。当元组中缺少多个值时,此方法更有效。如果属性缺少值的百分比变化很大,则很难获得好的结果。

如果数据集中存在较为严重的数据缺失现象,特别是对于数据资源较为稀缺的数据挖掘分析任务来说,删除宝贵的数据资源是不合理的,对分析结果也会产生较大影响,应该考虑使用其他方法处理缺失值。

2)基于统计学的填补方法

当缺失率和重要性较低时,可以根据数据的分布情况采用均值、中值、众数等统计量对缺失值进行填充。

(1)固定值填补。固定值填补指选取某个固定值或默认值填充缺失值,即将缺失的属性值都用一个固定的值来填补,如 Unknow 或 0 等。该方法十分简单,处理时方便快捷,但若缺失比例较大,使用同一固定值对属性值进行填充会对数据挖掘造成误导,甚至造成结果的偏差和错误,因此,在使用时要考虑实际情况,以免影响数据挖掘分析。

(2)均值填补。均值填补法是用各组的计算平均值填充记录中缺失的数据。均值填补通常适用于数据变量符合或近似正态分布的情况。对于具有非单变量不连续性的异常值,应考虑其他填充和修复方法。

均值填补法可以选取缺失数据的前 n 个和后 n 个数据,计算其平均值来填充该异常值,y'_i 为第 i 位置的缺失值,$2n$ 为缺失数据前后位置选取的样本个数,计算公式如下:

$$y'_i = \frac{1}{2n}(\sum_{j=i-n}^{i-1} y_j + \sum_{j=i+1}^{i+n} y_j) \tag{3-1}$$

(3)中值填补。中值又称为中位数,是一组有序数据中间的值,它可以将数据集从上到下分成两个相等的部分,中值填补适用于数据服从偏态分布的情况。对于有限个值的数据集,可以将其从高到低或从低到高进行排序,如果数据集的数据个数为奇数,则取正中间的数据作为中值,如果个数为偶数,则计算中间两个数字的平均值作为中值。

(4)众数填补。众数指数据集中出现次数最多的数值,在高斯分布中,众数位于峰值,其反映了数据集具有明显集中趋势的数值,众数填补就是用数据集的众数来填充缺失值。当缺失值为非数值型,则可以采用众数来填补。若存在某列缺失值过多,众数为 nan 的情况,可取每列删除掉 nan 值后的众数。

(5)上下文数据填补。将缺失的数据用其上一条或下一条数据来进行填充,但若数据存在整片缺失,使用上下文数据填补,将会造成较大误差,甚至改变数据原有特性。

3)基于插值法的填补方法

设函数 $y=f(x)$,对于 $x \in [a,b]$,有 $a \leq x_0 < x_1 < \cdots < x_n \leq b$ 共 $n+1$ 个点,以及其对应的函数值 $y_0, y_1, y_2, \cdots, y_n$,存在函数 $P(x)$ 使得 $P(x_i) = y_i (i=0,1,2,\cdots,n)$ 成立,$P(x)$ 称为 $f(x)$ 的插值函数,x_i 为插值节点,$[a,b]$ 为插值区间,求解 $P(x)$ 的方法称为插值法。

插值函数 $P(x)$ 通常用来拟合函数 $f(x)$,一般情况下插值函数较简单,但同时能反映函数的基本特征。根据 $P(x)$ 的类型,其对应不同的名称。常用的插值法有随机插值、多重插补法、拉格朗日插值法、牛顿插值法等。

(1)多重差补法。假定:$y^T = (y_R^T, y_N^T)$ 表示响应变量的 n 个观测值,y_R 表示响应变量的 n_R 个完整观测值,y_N 表示响应变量的 n_N 个无回答,y^T 表示 y 的转置,$n_R + n_N = n$。X_R 表示 y_R 对应解释变量的 $n_R \times (q+1)$ 维观测矩阵,X_N 表示 y_N 对应解释变量的 $n_N \times (q+1)$ 维观测矩阵。X_R 与 X_N 的第一列元素都为 1。线性模型矩阵形式为:

$$y = X\beta + \varepsilon \tag{3-2}$$

其中,$\beta = (\beta_0, \beta_1, \beta_2, \cdots, \beta_q)^T$,$X = (X_R^T, X_N^T)^T$,$\varepsilon = (\varepsilon_1, \varepsilon_2, \cdots, \varepsilon_n)$。

① PMM 多重插补法。PMM 多重插补法首先利用观测数据建立线性模型,得到系数估计 $\hat{\theta}$。随机抽取自由度 $n_R - q - 1$ 的卡方分布中的 $g_{(i)}$ 修正残差方差的估计为 $\sigma_{(i)}^2 = \hat{\sigma}^2(n_R - q - 1)/g_{(i)}$。从 $N[\hat{\theta}, \sigma_{(i)}^2 (X'_R X_R)]$ 抽取随机数为系数估计 $\hat{\theta}_{(i)}$,其中 $i = 1, \cdots, L$,L 为插补重数。利用 $\hat{\theta}_{(i)}$ 和 X 计算得到全部 y 的拟合值。选择拟合值和无回答预测值距离相近的观测值形成"捐赠者数据库",随机抽取"捐赠者数据库"的数值作为无回答的插补值。重复上述步骤 L 次,得到 L 组插补值。

PMM 多重插补法可以用于处理大型调查中无回答,但对于模型拟合效果欠佳且捐赠者数据库数据值较小的情况下,PMM 多重插补法难以给出更精确的插补值。

② DA 多重插补法。DA 算法可以通过数据的不断更新,从而得到参数的渐进分布。DA 多重插补法具有 DA 算法的优良特性,先根据回答数据集确定无回答的条件分布,然后利用无回答的插补值调整参数的后验分布,不断迭代更新直到无回答分布和参数分布趋于稳定,将稳定下的插补值作为最终的计算结果。

对于连续型数据、离散型数据以及混合型数据等的缺失值可以采用 DA 多重插补法,其要求参数的收敛性,且无回答率不能过高,否则,模型效果将难以保证,因为参数的初始值以及无回答参数共同决定了收敛的速度。

③ EMB 多重插补法。Bootstrap 法的样本能够更好地反映全局分布的特征,有效地避免不合理的全局分布所带来的误差,EM 算法具有较高的计算效率。EMB 算法综合了上述两种算法的优点,不需要对数据集的全局分布进行假定,且计算效率也有所提高。EMB 多重插补法首先通过自助法从样本中重复提取多个数据集,然后用 EM 算法计算每个数据集的插补值。EMB 多重插补法不仅能有效处理多变量无响应的查询数据,还可以处理时间序列截面数据的无回答。

④ OLR 多重插补法。OLR 多重插补法过程为:

建立线性回归模型。采用最小二乘法估计将得到系数估计:

$$\hat{\theta}_R = (X_R^T X_R)^{-1} X_R^T y_R \tag{3-3}$$

其中误差方差估计可由 $\hat{\sigma}_R^2 = (y_R - X_R \hat{\theta}_R)^T (y_R - X_R \hat{\theta}_R)/(n_R - q)$ 得到

依据模型 $\hat{y} = X \hat{\theta}_R$ 得到无回答 y_N 的插补值为:

$$\hat{y}_{N,i} = X_N \hat{\theta}_R + e_i, i = 1, \cdots, L_O e_i \sim N(0, \hat{\sigma}_R^2) \tag{3-4}$$

相对于 PMM 多重插补法、DA 多重插补法和 EMB 多重插补法,OLR 多重插补法对平均无回答的水平进行了较好的估计,可以保持响应变量的分布规律及其与因变量的线性相关性,残差随机性也能够有效降低多个插补值之间的相关性。

(2) 拉格朗日插值。对某个多项式函数,已知有给定的 $k+1$ 个取值点:$(x_0, y_0), \cdots, (x_k, y_k)$,其中 x_j 为自变量,y_j 为函数值。假设任意两个 j 不同的 x_j 都互不相同,应用拉格朗日插值公式得到的拉格朗日插值多项式为:

$$L(x) := \sum_{j=0}^{k} y_j \ell_j(x) \tag{3-5}$$

其中每个 $\ell_j(x)$ 为拉格朗日基本多项式(或称插值基函数),其表达式为:

$$\ell_j(x) := \prod_{i=0,i\neq j}^{k} \frac{x-x_i}{x_j-x_i} = \frac{(x-x_0)}{(x_j-x_0)}\cdots\frac{(x-x_{j-1})}{(x_j-x_{j-1})}\frac{(x-x_{j+1})}{(x_j-x_{j+1})}\cdots\frac{(x-x_k)}{(x_j-x_k)} \quad (3-6)$$

拉格朗日基本多项式 $\ell_j(x)$ 的特点是在 x_j 上取值为 1,在其他的点 $x_i,i\neq j$ 上取值为 0。

拉格朗日插值法的公式结构简单紧凑,理论分析效果良好,但在计算过程中,随着插值点的增加或者减少,相应的拉格朗日基本公式发生变化,需要重新开始计算,造成计算资源的浪费和分析时间的延长,同时如果存在多个插值点,拉格朗日插值多项式的次数可能会很高,数值不稳定。可以采用重心拉格朗日插值法或牛顿插值法来对算法进行进一步改进。

例 3-1

假设有某个二次多项式函数 $f(x)$,已知它在 3 个点上的取值为: $f(4)=10,f(5)=5.25,f(6)=1$,求 $f(18)$ 的值。

解:首先写出每个拉格朗日基本多项式:

$$\ell_0(x)=\frac{(x-5)(x-6)}{(4-5)(4-6)}$$

$$\ell_1(x)=\frac{(x-4)(x-6)}{(5-4)(5-6)}$$

$$\ell_2(x)=\frac{(x-4)(x-5)}{(6-4)(6-5)}$$

然后应用拉格朗日插值法,就可以得到 $p(x)$ 的表达式[$p(x)$ 为函数 $f(x)$ 的插值函数]:

$$p(x)=f(4)\ell_0(x)+f(5)\ell_1(x)+f(6)\ell_2(x).$$

$$=10\cdot\frac{(x-5)(x-6)}{(4-5)(4-6)}+5.25\cdot\frac{(x-4)(x-6)}{(5-4)(5-6)}+1\cdot\frac{(x-4)(x-5)}{(6-4)(6-5)}$$

$$=\frac{1}{4}(x^2-28x+136)$$

此时代入数值 18 就可以求出所需之值: $f(18)=p(18)=-11$。

(3)牛顿插值法。牛顿(Newton)插值公式是代数插值方法的一种形式。牛顿插值引入了差商的概念,使其在插值节点增加时便于计算。

设函数 $f(x)$,已知其 $n+1$ 个插值节点为 $(x_i,y_i),i=0,1,\cdots,n$,我们定义:

$f(x)$ 在 x_i 的零阶差商为 $f(x_i)$;

$f(x)$ 在点 x_i 与 x_j 的一阶差商为 $f(x_i,x_j)=\dfrac{f(x_j)-f(x_i)}{x_j-x_i}$

$f(x)$ 在点 x_i,x_j,x_k 的二阶差商为 $f(x_i,x_j,x_k)=\dfrac{f(x_j,x_k)-f(x_i,x_j)}{x_k-x_i}$

一般的, $f(x)$ 在点 $x_0,x_1,\cdots,x_k$ 的 k 阶差商为:

$$f(x_0,x_1,\cdots,x_k)=\frac{f(x_1,x_2,\cdots,x_k)-f(x_0,x_1,\cdots,x_{k-1})}{x_k-x_0} \quad (3-7)$$

可将 k 阶差商 $f(x_0,x_1,\cdots,x_k)$ 表示为函数值 $f(x_0),f(x_1),\cdots,f(x_k)$ 的组合:

$$f(x_0,x_1,\cdots,x_k)=\sum_{i=0}^{k}\frac{f(x_i)}{\prod_{j=0,j\neq i}^{k}(x_i-x_j)} \quad (3-8)$$

将 k 阶差商分别变形可得:
$$f(x) = f(x_0) + (x - x_0)f(x, x_0);$$
$$f(x, x_0) = f(x_0, x_1) + (x - x_1)f(x, x_0, x_1);$$
$$\cdots$$
$$f(x, x_0, \cdots, x_n) = f(x_0, x_1, \cdots, x_n) + (x - x_n)f(x, x_0, \cdots, x_n)$$

依次代入,可得牛顿插值公式:
$$f(x) = f(x_0) + (x - x_0)f(x_0, x_1) + (x - x_0)(x - x_1)f(x_0, x_1, x_2) + \cdots + (x - x_0)(x - x_1)\cdots(x - x_{n-1})f(x_0, x_1, \cdots, x_n) \quad (3-9)$$

可记为:
$$f(x) = N_n(x) + R_n(x) \quad (3-10)$$

其中,$R_n(x)$ 为牛顿插值公式的余项或截断误差,当 n 趋于无穷大时为零。

4)基于机器学习的填补方法

(1)决策树。在决策树中,以随机森林为例简单说明。在随机森林中,处理缺失值的方式如下:

方法1(快速简单但效果差):用适当类别的中值替换数值型变量中缺失的值;把非数值型数据的缺失值使用众数替换。这种处理方式快速、简单,但是效果较差。以数值型变量为例:

$$X_{i,j} = \frac{1}{n}\sum_{i=1}^{n} X_{i,j} (\forall X_{k,j}) \text{ 当 } k = 1, 2, 3, \cdots, n \text{ 且 } X_{k,j} \text{ 存在} \quad (3-11)$$

方法2(繁琐但效果好):和方法1类似,但在填补过程中引入权重,通过分析插补值数据与其他数据的相似性,得到不同的权重,对于相似性较高的数据,该方法具有较好的权重。以数值型变量为例,得到计算公式如下:

$$X_{k,j} = \frac{1}{n}\sum_{i=1, \neq k}^{n} W_{i,k} X_{i,j} \text{ 当 } k = 1, 2, 3, \cdots, n \text{ 且 } X_{k,j} \text{ 存在} \quad (3-12)$$

(2)卷积神经网络(CNN)。卷积神经网络分为一维CNN、二维CNN和三维CNN。一般CNN包括输入层、卷积层、池化层和全连接层等。数据输入层预处理输入的数据,卷积核在反向传播训练中将学习到合理的权值,池化层减少空间信息参数,提高运算效率,防止过拟合。为了更好地处理数据全连接层把经过池化之后的神经元展开为一维向量形式。图3-5和图3-6分别为标准的一维和二维卷积神经网络示意图。

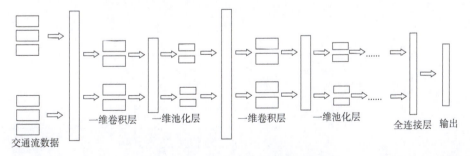

图3-5 典型的一维卷积神经网络结构示意图

卷积层包含多个特征曲面,每个特征曲面上的神经元通过卷积核与前一层的特征曲面局部连接。利用非线性函数激活局部和加权,得到卷积层各神经元的输出值。H_{i+1}为卷积层的输出特征矩阵;A_i为原始输入矩阵或上一层池化层的输出特征矩阵;W_{i+1}为第$i+1$层卷积核权重向量;$\otimes$表示进行卷积操作;b_{i+1}为第$i+1$层的偏置;$f(\cdot)$为非线性激活函数。卷积层可描述为:

$$H_{i+1} = f(A_i \otimes W_{i+1} + b_{i+1}) \tag{3-13}$$

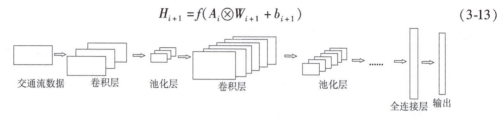

图 3-6　典型的二维卷积神经网络结构示意图

池化层同样包含多个特征面,每个特征面唯一地对应于卷积层的特征面,因此,池化操作不会改变特征面的个数。池化层是采用一定的下采样操作对特征图进行二次提取特征的过程,常用的池化法有最大池化、均值池化和随机池化。A_i为池化层的输出特征矩阵;H_{i-1}为第$i-1$层卷积层的输出特征矩阵,作为池化层的输入特征矩阵;$f_{\text{sub}}(\cdot)$为下采样函数。池化层可描述为:

$$A_i = f_{\text{sub}}(H_{i-1}) \tag{3-14}$$

CNN 以最小化损失函数$L(W, b)$为网络的训练目标,可以选用均方误差(Mean Squared Error, MSE)作为损失函数:

$$\text{MSE}(W, b) = \frac{1}{N} \sum_{i=1}^{N} (Y(i) - \hat{Y}(i))^2 \tag{3-15}$$

式中:$Y(i)$——期望值;

$\hat{Y}(i)$——卷积神经网络的输出值。

经过多个卷积层和池化层的交替传接,逐层提取输入矩阵的特征后,通过全连接网络对提取的多个特征值进行整合。

(3)长短期人工记忆神经网络(LSTM)。长短期记忆 LSTM 比普通循环神经网络 RNN 多出了 3 个控制器:输入门、输出门和遗忘门,输入门是单元获取外界新信息的通道,遗忘门决定是否选择性遗忘相应的输入结果,输出门在每一步中生成输出。LSTM 的基本示意如图 3-7 所示,基本公式见式(3-16)~式(3-21)。

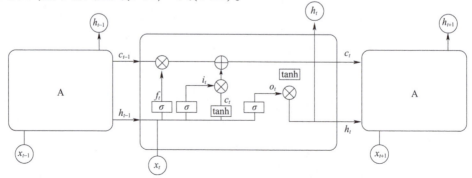

图 3-7　经典的长短期记忆神经网络结构示意图

$$f_t = \sigma\{W_f \cdot [h_{t-1}, x_t] + b_f\} \tag{3-16}$$

$$y(n) = \frac{x(n) + x(n-1) + x(n-2) + \cdots + x(n-N+1)}{N} \tag{3-17}$$

$$\tilde{c}_t = \tanh\{W_c \cdot [h_{t-1}, x_t] + b_c\} \tag{3-18}$$

$$c_t = f_t \circ c_{t-1} + i_t \circ \tilde{c}_t \tag{3-19}$$

$$o_t = \sigma\{W_o \cdot [h_{t-1}, x_t] + b_o\} \tag{3-20}$$

$$h_t = o_t \circ \tanh(c_t) \tag{3-21}$$

在式(3-16)~式(3-21)中：

i_t——输入门；

f_t——遗忘门；

o_t——输出门；

c_t——记忆向量；

$\tilde{c}_t$——临时记忆向量；

x_t——时间步 t 的输入向量；

h_t——时间步 t 隐藏层的输出向量；

σ——sigmoid 激活函数；

W_f、W_i、W_o、W_c 和 b_f、b_i、b_o、b_c——分别是权重矩阵和偏置向量；

$\circ$——Hadamard 乘法。

3.2.2.2 噪声数据清洗方法

1) 分箱法

分箱法是一种对数据进行排序和分组的方法，对要处理的数据进行排序，再按照一定规则放入几个箱子中，研究每个箱中数据的特点，并使用不同的方法对各个箱中的数据进行平滑处理。箱子是指根据属性值划分的子区间，如果属性值在子范围内，就称将该值放在该子区间所代表的箱子中。在将数据集的数据放入"箱子"后，通过适当的方法对箱中的数据进行平滑处理以达到对数据降噪的目的。

常见的分箱方法有等宽分箱、等深分箱以及用户自定义区间。等宽分箱，将每个箱的宽度设置为相同，即每个箱的区间为一个常量，将整个属性区间平均分布成 n 个间隔，其中箱宽为 $w = \frac{\max(\text{data}) - \min(\text{data})}{n}$；等深分箱，将数据按记录行数分箱，使 n 个箱子中均含有相同的记录条数，箱的深度为每个箱中所含的记录条数，也叫箱的权重 $h = \frac{N}{n}$；用户自定义区间，是指按照数据挖掘分析需求自定义箱的区间范围，将数据分别放入箱中。等宽分箱操作简单直观，但在有尾分布数据的情况下，可能会出现许多箱中无样本点落在其中，等深分箱具有较好的扩展性，用户自定义区间可以更好地根据数据挖掘分析需求个性化的设置区间范围。

在将数据分箱后可以按照平均值、边界值或是中值对箱中数据进行平滑处理，在一定程度上可以减少噪声对数据的影响。箱均值平滑，计算每一个箱中数据的平均值，用均值替换该箱中的所有数据；箱边界平滑，箱中的最大最小值被称为箱的边界，将箱中的全部数据用距离其最近的边界值替换；箱中值平滑，计算数据的中值，用中值替换箱中每个数据。分箱平滑示意如图 3-8 所示。

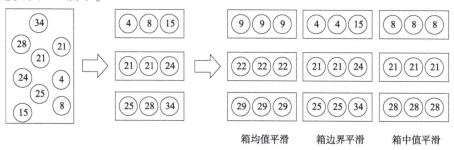

图 3-8　分箱平滑示意图

2）移动平均去噪法

移动平均去噪法是基于统计的规律,将采集的数据看作固定长度为 N 的队列,当接收到新的一次采集数据后,就将队列中的首数据去除,用本次采集数据及前述队列中剩余 $N-1$ 个数据的均值作为本次测量结果,计算公式如下:

$$y(n) = \frac{x(n) + x(n-1) + x(n-2) + \cdots + x(n-N+1)}{N} \quad (3\text{-}22)$$

式中：$x(n)$——第 n 次采集输入数据；

$y(n)$——第 n 次采集输出数据；

N——队列固定长度。

以 $N=5$ 为例, $y(n) = \dfrac{x(n) + x(n-1) + x(n-2) + x(n-3) + x(n-4)}{5}$

3）回归法

回归分析就是找出两个相关变量之间的相关性,利用适当的函数拟合自变量 x 对因变量 y 的影响能力,进而预测因变量的发展趋势,从而对数据趋于平滑。回归主要可以分为线性回归及非线性回归,线性回归是将因变量 y 看作自变量 x 的一次函数,图像为直线（图 3-9a）,可用 $y = ax + b$ 表示,其中 a, b 可用最小二乘法获得,被称为回归系数。当自变量和因变量的函数关系为非线性时,被叫作非线性回归,其图像一般为曲线形式（图 3-9b）,如图 3-9 所示。

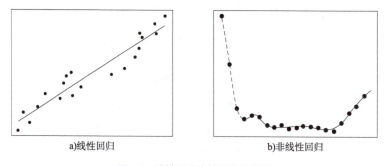

a) 线性回归　　　　　　　b) 非线性回归

图 3-9　线性及非线性回归示意图

在合适的建模情况下,通过回归分析可以发现数据变量之间的关系,如果对数据有较好的先验认知,使得模型更加贴合实际情况,并且参数估计是有效的,那么就可以通过回归分析模型的预测值来代替样本值,从而减少离群点,削弱原始数据中的噪声影响。

4)聚类法

聚类分析就是将抽象或物理的对象分组为由相似对象组成的不同簇,同一簇中的对象相似,不同簇之间的对象具有较大差异性,发现并分析离群点或簇外离群点,并进行替换或消除,达到降噪的目的。聚类分析不需要先验知识,可通过模型算法直接形成簇,并对簇进行描述。聚类分析一般包括数据准备、特征选择、特征提取、聚类结果评估等步骤。聚类示意如图 3-10 所示。

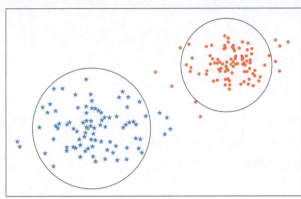

图 3-10 聚类示意图

3.2.2.3 冗余数据清洗方法

对于重复类冗余数据,可采用重复过滤方法;对于与特定数据挖掘分析无关的数据可以采用条件过滤的方法。

1)重复过滤

将重复的数据从数据集中筛选出来,选择重复数据中的一条记录作为代表保存在数据集中,其余的记录清除。

2)条件过滤

对数据的属性设置一个或多个过滤条件,将符合条件的数据保留,对于不符合条件的数据进行删除处理。

3.2.3 数据清洗应用算例

例 3-2(牛顿插值法)

已知 $x=1,2,3,4$,对应的函数值 $f(x)$ 分别为 $5,8,9,6,4$,构造牛顿四次插值多项式,并求缺失值 $f(2.5)$ 的近似值。

解:首先构造差商表如表 3-1 所示。

差 商 表　　　　　　　　　　　表 3-1

k	x^k	$f(x^k)$	一阶差商	二阶差商	三阶差商	四阶差商
0	1	5				
1	2	8	3			
2	3	9	1	−1		
3	4	6	−3	−2	−1/3	
4	5	4	−2	1/2	5/6	2/7

利用牛顿插值公式可得

$$N_4(x) = 5 + 3(x-1) + (-1)(x-1)(x-2) + \left(-\frac{1}{3}\right)(x-1)(x-2)(x-3) +$$
$$\left(\frac{2}{7}\right)(x-1)(x-2)(x-3)(x-4)$$
$$= \frac{2}{7}x^4 - \frac{67}{21}x^3 + 11x^2 - \frac{251}{21}x + \frac{62}{7}$$

$$f(2.5) \approx N_4(2.5) = \frac{253}{28} = 9.035714$$

例 3-3（分箱）

假设获取的一组车辆速度数据如下（单位：km/h）

20　18　15　60　78　32　117　49　96

分别按照等宽分箱（箱子宽度为40km/h）、等深分箱和自定义分箱来处理数据，同时对等深分箱分别按均值、边界值和中值进行平滑处理。

解：首先对速度数据进行排序（单位：km/h）：

15　18　21　32　49　63　78　96　117

等宽分箱：设定箱子宽度为40km/h，分箱结果如下

箱1：15　18　21　32　49

箱2：63　78

箱3：96　117

等深分箱：设定箱子深度为3，分箱结果如下

箱1：15　18　21

箱2：32　49　63

箱3：78　96　117

用户自定义区间分箱：将车辆速度划分为30km/h以下，30~60km/h以及60km/h以上几组，分组结果如下

箱1：15　18　21

箱2：32　49

箱3：63　78　96　117

对等深分箱分别按均值进行平滑

箱1：18　18　18

箱2：48　48　48

箱3：97　97　97

对等深分箱分别按边界值进行平滑

箱1：15　15　21

箱2：32　63　63

箱3：78　78　117

对等深分箱分别按中值进行平滑

箱1：18　18　18

箱2：49　49　49

箱3：96　96　96

例3-4（过滤法）

分析某公司员工采用公共交通通勤情况（表3-2）。

某公司员工通勤情况调查表1　　　　　　　　　　表3-2

序号	工号	性别	通勤方式	……
1	ZXB001	男	公交	
2	RZ089	男	私家车	
3	XS076	女	步行	
4	XS013	男	公交	
5	ZXB001	男	公交	
6	CG013	女	私家车	
7	RZ034	女	自行车	
8	ZXB012	女	公交	
9	YW066	男	自行车	
10	XS013	男	公交	
……	……	……	……	……

过滤掉未采用公交出行的数据条件过滤后结果（表3-3）。

调查表2　　　　　　　　　　表3-3

序号	工号	性别	通勤方式	……
1	ZXB001	男	公交	
2	XS013	男	公交	
3	ZXB001	男	公交	
4	ZXB012	女	公交	
5	XS013	男	公交	
……	……	……	……	……

按工号过滤掉重复数据重复过滤后结果（表3-4）。

调查表3　　　　　　　　　　表3-4

序号	工号	性别	通勤方式	……
1	ZXB001	男	公交	
2	XS013	男	公交	
3	ZXB012	女	公交	
……	……	……	……	……

3.3 数据集成

3.3.1 数据集成概述

3.3.1.1 数据集成含义

近年来,由于科技蓬勃发展,世界信息化进程也逐步加速,人类社会所积累的信息量也大幅增长。而数据共享技术能够让更多的人更加充分地使用已有的数据资料,同时可以有效地减少数据收集的工作和相关成本。然而,在实现数据共享的过程当中,用于集成的数据通常有不同的来源,这就导致数据的内容、格式和质量会有巨大的差异。另外,经常会遇到数据格式无法转换的问题,以及数据转换后信息丢失的问题,这将给数据的流动和共享带来困难。因此,有效的集成数据管理已成为数据预处理的重要内容。

数据集成(Data Integration,DI),顾名思义就是在数据分析任务中把不同来源、不同格式、不同特点以及不同性质的数据,从逻辑或物理上对这些数据进行整合,让这些数据能够在原应用不发生变化的前提下形成一个有机的集合。将来源各异的现实世界的数据相互匹配和统一,有效地减少数据集的冗余和不一致,从而为数据分析或挖掘提供完整的数据源,进一步提升数据分析的准确性和速度。参与数据集成中的数据源不一定只包含单一的多个数据库、数据立方体或一般文件,它们可能是多个不同类型不同结构的数据源。

大数据集成是以数据集成为基础,在数据集成的基础之上发展演化而来。从狭义角度来说大数据集成指的是对自数据源中提取的数据进行合并和规整;而从广义的角度来看,大数据集成这一过程中一般需要对数据源进行存储、移动、处理以及针对集成后的数据进行管理等活动。大数据集成的架构如图3-11所示,图中的箭头则表示了不同数据结构之间进行数据传输、合并、规整的逻辑结构,也就是大数据集成方案。

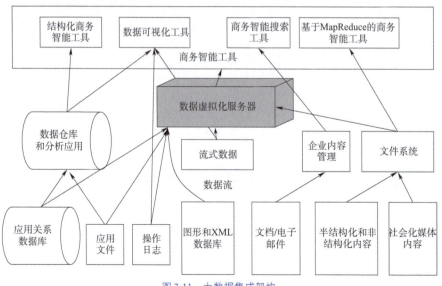

图3-11 大数据集成架构

3.3.1.2 数据集成关键问题

为了给数据分析及挖掘提供更完整、更高质量的数据源,数据集成时应解决以下几个关键问题:包括实体识别问题、数据转换、数据迁移、数据冗余以及检测并处理数据值冲突等。

1)实体识别问题

数据集成的主数据库可能来自多个真实世界的资料源,这将涉及等价实体的确定和匹配问题。因此,如何确定在某个数据库中的 road_name 与在另一个数据库中的 street_name 之间是否指定为相同内容和属性。通常,基于数据的元数据,也就是每个属性的元数据,能够帮助减少模式集成的错误。元数据也能够支持需求的改变,保证数据品质,也能够有助于使用者了解数据库中的数据,所以,元数据也是实现数据整合所必需的。

2)数据转换

数据转换是将数据从一种格式或结构转换为另一种格式或结构的过程。它在数据集成和数据管理中起着非常重要的作用。这是数据集成中最复杂、最困难的问题。要解决的问题是如何将数据转换成统一的格式。

数据转换过程通常包括两个步骤。第一阶段的内容包括识别原始数据源类型,确定要执行的数据结构和转换,以及数据映射,以定义映射、修改、连接、过滤和聚合每个字段的方法。第二阶段包括从数据源中提取数据、处理数据、将数据发送到目标数据库并完成集成。一般来说,将数据转换为通用格式的过程如图 3-12 所示。

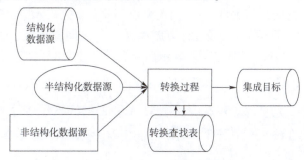

图 3-12 数据转换过程

3)数据迁移

数据迁移是指从一个计算机的存储系统到另一个计算机的存储系统的数据选择、准备、提取和转换以及数据传输的过程。数据迁移是数据集成的重要考虑因素之一,应该尽量使用自动化的方式执行,尽最大可能从复杂的任务中解放人力资源。

数据迁移的应用包括数据迁移前的准备阶段、实施数据迁移阶段、数据迁移后验证(即迁移后检查)三个阶段。第一阶段,需要对此次需要迁移的数据源进行详细的描述,描述内容包括在这个数据源中存储的数据是什么格式、数据规模有多大,以及在这个数据源的数据能够保存多长时间等;需要对新数据源和旧数据源建立数据字典,来记录数据源对存储数据所进行的定义和描述;然后需要对旧系统的数据源中以往存储的数据进行评价并了解新系统与原有系统的相同和不同之处;了解新系统的定义代码是否与原系统一致;此外在两系统之间建立关于数据库表的映射关系。第二阶段是实施数据迁移阶段。在此阶段,需要制定详细的实施步骤和数据迁移流程;准备数据迁移环境;测试数据迁移所涉及的技术;最后,实现数据迁移。最后一个阶段数据迁移后验证(或迁移检查)。通过对迁移后新数据源中数据与老数据源中数据进行验证,新系统能不能正式投入使用很大程度上由这个数据验证的结果来决定。数据迁移的过程如图3-13所示。

4)数据冗余

冗余属性是指能够从另一个或另一组属性中导出的属性。在进行多源数据集成的过程中经常会遇到数据冗余的问题,这可能是由技术或业务上的原因导致的,在不同数据库中同一属性或对象的名称不一定相同,某些属性可能是由其他属性导出的,这些都可能是导致数据冗余性的原因。

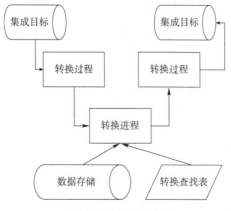

图 3-13 数据迁移过程

通过对数据进行相关性分析可以发现数据的冗余性问题,对于已发现的数据冗余进行处理,可以提高数据分析的效果和效率。假设两个给定的属性,可以通过相关分析的方法,根据它们之间的相关系数的值来判断一个属性包含另一个属性的可能性。常用的冗余相关分析方法包括皮尔逊积矩相关系数、数值属性的协方差、卡方检验等。

(1) 皮尔逊积矩相关系数。皮尔逊积矩相关系数(Pearson product-moment correlation coefficient,PPMCC),又称皮尔逊相关系数(Pearson correlation coefficient,PCC),它主要用来衡量两个变量 X 和 Y 之间的相关性,一般用英文小写字母 r 来表示,其值位于 -1 与 1 之间(即 $r \in [-1,1]$)。对于数值属性,通过计算属性 X 与 Y 之间的相关系数 $r_{X,Y}$ 就可以表示两个属性的相关度,相关系数的绝对值用来表示两个属性的相关度大小,而是正相关还是负相关可以用系数的符号来表示,其中,元组数量为 N,x_i 和 y_i 表示元组 i 中属性 X 和 Y 的值,$\overline{X}$ 和 $\overline{Y}$ 表示属性 X 和 Y 的均值,σ_X 和 σ_Y 表示属性 X 和 Y 的标准差,而 $\sum_{i=1}^{N}(x_i y_i)$ 是 XY 叉积的和(即对于每个元组,在该元组中属性 X 与 Y 的值相乘,并将得到的 N 个值相加)。另外,$-1 \leq r_{X,Y} \leq 1$。具体如公式(3-23)所示。

$$r_{X,Y} = \frac{\sum_{i=1}^{N}(x_i - \overline{X})(y_i - \overline{Y})}{N\sigma_X\sigma_Y} = \frac{\sum_{i=1}^{N}(x_i y_i) - N\overline{X}\,\overline{Y}}{N\sigma_X\sigma_Y} \tag{3-23}$$

如果 $r_{X,Y} > 0$,则 X 和 Y 是正相关的,也就是说,X 值随 Y 值的变大而变大。如果 $r_{X,Y}$ 的值较大,数据可以作为冗余而被删除。

如果 $r_{X,Y} = 0$,则 X 和 Y 是独立的且互不相关。

如果 $r_{X,Y} < 0$,则 X 和 Y 是负相关的,也就是说,X 值随 Y 值的减小而变大,即一个字段随着另一个字段的减少而增多。

(2) 数值属性的协方差。数值属性的协方差在概率论和统计学中,用两个变量之间的总体误差来判定。而存在一种特殊情况,即相同的两个变量,用方差表示这种误差,同时也可用协方差表示这两个变量之间的相互关系。通常在概率论与统计学的领域中,人们一般选利用协方差(Covariance)的值来表示两个总体变量 X 和 Y 直接的误差。当这两个总体变量是完全相同的时候,协方差就是方差,这是协方差的特殊情况。

设有两个属性 X 和 Y,以及有 m 次观测值的集合 $\{(x_1,y_1),(x_2,y_2),\cdots,(x_m,y_m)\}$,则 X

和 Y 的协方差定义为公式(3-24)。

$$\text{cov}(X,Y) = E[(X-\overline{X})(Y-\overline{Y})] = \frac{\sum_{i=1}^{m}(x_i-\overline{X})(y_i-\overline{Y})}{m} \tag{3-24}$$

结合 $r_{X,Y}$(皮尔逊积矩相关系数)可得到公式 3-25。

$$r_{X,Y} = \frac{\text{cov}(X,Y)}{\sigma_X \sigma_Y} \tag{3-25}$$

式中:σ_X、σ_Y——分别是 X 和 Y 的标准差。

当 $\text{cov}(X,Y)>0$ 时,表示 X 和 Y 是正相关的;当 $\text{cov}(X,Y)<0$ 时,表示 X 和 Y 是负相关的;当 $\text{cov}(X,Y)=0$ 时,表示 X 和 Y 不相关即相互独立。

(3)卡方(χ^2)检验。对于分类型或者离散型的数据,卡方(χ^2)检验可以用来分析两个属性 X 和 Y 之间的相关联系性的大小。假定属性 X 是由 n 个不同的值构成,则有 $X=\{x_1,x_2,\cdots,x_n\}$,属性 Y 由 m 个不同的值组成,即 $Y=\{y_1,y_2,\cdots,y_m\}$,可以建立一个 n 列 m 行的相依表,$(m\times n)$ 来表示属性 X 和 Y 描述的数据元组,其中 X 的 n 个值构成列,Y 的 m 个值构成行,使用 (x_i,y_i) 表示一个联合事件,则每个单元都是 (x_i,y_i) 的一个联合事件。此时,χ^2 值的计算公式如式 3-26 所示。

$$\chi^2 = \sum_{i=1}^{n}\sum_{j=1}^{m}\frac{(o_{ij}-e_{ij})^2}{e_{ij}} \tag{3-26}$$

其中,联合事件 (x_i,y_i) 的观测频率用 o_{ij} 来表示,联合事件 (x_i,y_i) 的期望频率用 e_{ij} 来表示,e_{ij} 可由式 3-27 计算得出。

$$e_{ij} = \frac{\text{count}(X=x_i)\times\text{count}(Y=y_j)}{l} \tag{3-27}$$

其中,数据元组的个数用 l 来表示,X 上值为 x_i 的元组个数用 $\text{count}(X=x_i)$ 来表示,Y 上值为 y_j 的元组个数用 $\text{count}(Y=y_j)$ 来表示。

在 χ^2 相关性检验中,首先需要假定原假设 H_o 为 X 和 Y 不相关即相互独立成立,然后计算出 χ^2 的值,根据自由度 $(r-1)\times(n-1)$、X 和 Y 的统计量、显著水平 α 确定原假设成立是概率时的 $\chi^2_{(1-\alpha)}$ 的值,当 χ^2 大于 $\chi^2_{(1-\alpha)}$ 时就可以说原假设不成立,也就是说这两个变量 X 和 Y 它们是相关的。

5)数据值冲突的检测与处理

怎样在不同结构不同种类的数据源之间构建语义互操作?而如果要让这个问题得到解决,首先要解决好另外一个重要问题,这个问题就是数据冲突问题,数据冲突问题它不仅仅是数据集成的最基础的任务,同时它也是其中最主要的任务。数据冲突可以分为模式层次和语义层次上的冲突,其中语义层次上的冲突问题解决起来更为复杂。这是因为在异构数据库和分布式数据库中,构成这些数据库的每个成员数据库它们都是各自独立运行和独立管理的,这些成员都有较高的自治性。正是因为这样才导致了各成员之间数据库的语义和数据的值存在较大的差异,这也是导致成员数据库之间存在的数据冲突的主要原因,进而导致了对象表述的二义性。而数据冲突最直接的后果就是查询到的数据结果很可能不是用户想要的。因此,需要对冲突的数据值进行检测和处理,为数据分析做好铺垫。

3.3.1.3 数据集成的意义

数据集成在数据分析和挖掘的过程中起到了十分重要的作用,是数据预处理过程中的关键步骤,其重要意义主要体现在以下几个方面。

(1)数据集成改善了系统的协作性和统一性。数据集成的操作过程中,完成了数据转换,将原始数据源转换为通用格式,使得多源异构数据的格式更为清晰明了,有利于不同数据系统的协作和统一。

(2)数据集成有助于节省时间成本。通过数据集成对多源数据集进行整合,可以大大减少准备和分析数据所需的时间。数据集成过程中对冗余数据的处理也可以极大地缩短数据分析的时间成本。

(3)数据集成可以减少错误,提高数据资源的利用率。通过数据集成可以使多源异构数据结构更加清晰,结构更加规整,有效地提升了数据分析的效率和准确性,同时也可以使数据得到更充分的利用,挖掘其更深层次的价值。

3.3.2 数据集成常用方法

在数据集成领域,有许多已经建立并完善的框架可供使用。解决数据集成的相关问题一般使用联邦式、基于中间件模式和数据仓库等方式,基于不同的重点和应用,这些技术用来处理数据共享问题,以便为企业提供决策支撑。

3.3.2.1 联邦数据库系统

单元数据库系统(CDBS)指的是一个仅依靠自身就能够独立完成运行的数据系统。数据库管理系统(DBMS)是一种操纵和管理数据库的大型软件。联邦数据库系统(FDBS),顾名思义,它是由一组既可以独立运行,又能够实现各成员 CDBS 相互协调配合的一组单元数据系统联合而成的数据系统集合。在 FDBS 中各成员 CDBS 其自身能够独立运行,同时也可以通过这些 CDBS 之间的协调配合来完成工作。对 FDBS 整体提供控制和协调操作的软件叫作联邦数据库管理系统(FDBMS)。FDBMS 对由多个不同结构的 CDBS 按照不同的比例结构集成而形成的系统进行整体性的控制和操作。FDBS 让多个不同结构的彼此之间独立运行的 CDBS 之间的互操作功能得以实现。这样数据库的管理人员就可以统一定义数据库的子集,让这些数据库子集看起来就像是一个统一虚拟数据库一样,然后就可以由管理人员将这个虚拟数据库提供给 FDBS 中的其他用户,允许他们使用这一虚拟数据库。而对于单个单元数据库,它可以同一时间加入多个不同的联邦系统,而且每个 CDBS 的形式是多样的,它既可能是集中式,也可能是分布式甚至可能是另外一个联邦数据系统。联邦数据库管理系统的体系结构如图 3-14 所示。

按照在 FDBS 中每个成员之间的耦合程度,通常将 FDBS 分成两类——松耦合型数据系统和紧耦合型数据系统。松耦合型 FDBS 是指从开始构建一直到后面对系统的维护整个过程都是由用户承担,而 FDBS 本身和联邦的管理人员对联邦数据库没有任何的控制权力的 FDBS;跟其完全相反的紧耦合型 FDBS 指的是,由联邦自身和管理人员完成 FDBS 的构建,而且在后续的管理过程中,他们也积极地对成员库的存储和读取进行控制的 FDBS。

1)紧耦合数据集成方法与紧耦合型 FDBS

基于数据库模式,紧耦合的数据集成方法在构建 FDBS 时通过定义一个概念模型或者一个元模型来将各个异构且独立的 DBCS 实现聚合的,并在构建的过程中将不同结构的 DBCS 进行了处理让参与集成的 DBCS 都具有相同模式。为什么要这样操作呢？这是为了让最后构建起来的 FDBS 有一个全局模式,这样建立完成的紧耦合 FDBS 就看起来好像是一个单一的数据库。

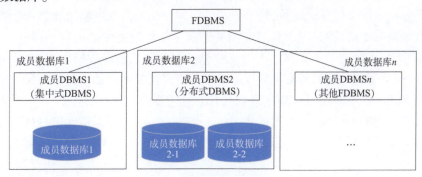

图 3-14　联邦数据库体系结构

紧密耦合集成方法的优点是,用户可以透明地访问各种不同结构、独立运行且分布的数据库,在这个过程中,用户的体验感受就像是在访问一个集中数据库,也就说用这个方法建立的数据库的数据集成度高。而上述方法的缺点在于执行此方法需要较高的成本。此外,因为这种方法建立的紧耦型 FDBS 它只是看起来像一个集中的库,但是它并不是,而当其中的任意成员 CDBS 模式改变或者管理者要把一个新的成员 CDBS 整合到这个 FDBS 中时,这个时候就需要重新生成全局模式,这样也就在管理者和联邦维护全局模式的时候造成了很大的困难。

在用紧耦合集成方法来构建 FDBS 的时候,利用对输出模式的集成来构造出联邦模式,并且管理人员和联邦利用一个数据字典对该系统构建的联邦模式进行管理。这个集成的输出模式来自每个组件数据库,也就是说每个数据库的一个输出模式都是这个联邦模式的子集,联邦模式是通过集成各个成员输出模式后产生的,联邦模式与输出模式的这种映射关系体现了其在定位、复制和分布上的透明性。当联邦用户在系统中,用典型的语言进行查询的时候,会给他一种像是在访问一个单一的 CDBS 而不是 FDBS 的感受,这种感受在松耦合法中是不可能有的。

2)松耦合数据集成方法与松耦合型 FDBS

在使用松散耦合的异构数据库集成方法来构建 FDBS 的时候,联邦的用户独自完成建立和维护工作以及后续组件数据系统的存储和读取工作。在这整个过程中用户只需要使用一套集成系统提供的工具,借助这些工具,用户就可以根据自己的实际需要完成数据集成工作。比如当用户想要把一个组件数据库集成到一个 FDBS 中的时候,他就可以使用集成工具把这个组件数据库的结构和内容添加到目标 FDBS 里面就可以了。

松耦合方法的优点是,在松耦合 FDBS 中用户可以按照自己的需求对组件数据库进行更换,并不要求它保持统一的全局模式。在改变组件数据系统之后用户不需要更改原来的应用系统,更改之后的各个应用系统都可以在原来的模式下正常运行。这就是说松耦合方法建立的联邦数据库系统具有较高的自治度。另外,对于需求经常发生变化的用户来说,松耦合 FDBS 支持多种语义,而且用户可以在数据输出的模式中准确地找到多个对象之间的关系或者说是映射，这样的功能为这类用户带来了很大的便利。

它的缺点是，用这个方法建立的松耦合 FDBS 中，系统的建立者也就是用户不能对这个系统进行全局控制，定位、分布和复制透明性也不够，而且因为更新操作会把系统的完整性破坏掉，所以这种类型的 FDBS 不适合更新操作。换句话说就是用这个方法建立的联邦数据库系统的数据集成度较低。此外，这个集成方法对于用户的水平要求比较高，它需要用户对数据库有较高的了解，因为用户只有在彻底了解了组件数据库的内容和结构之后才能工作，这给用户产生了繁重的负载和巨大的工作量。而且随着联邦数据库系统中的组件数据库越来越多，完全了解和查询所有的数据库对于用户来说基本就是一件不可能完成的任务。在松耦合型 FDBS 中，因为这个 FDBS 是由用户自己建立的，它是没有一个统一的数据字典，所以组件数据库之间通过输入/输出模式（import/export schema）来实现信息的共享和交换，但是由于每个组件数据库在数据模式上的差异很大，因此，有必要在每个成员数据库之间构造翻译器。

3）两种集成方法的适用条件

当 FDBS 需要多个 CDBS 来构建时，或者当 FDBS 中的数据不频繁更新时候，在这两种情况下都适合采用紧耦合方法构建，而两种情况中，相比之下它更加适合前者。而松耦合方法因为数据库的构建、维护以及成员的存储控制都要用户来完成，因此，当联邦用户的数据库水平较高或者在用户身边由数据库专家帮助的情况下，比较适合采用松耦合法完成集成。当然这只是一个一般建议，具体的使用方法要在用户、管理员综合考虑 FDBS 中所需成员 CDBS 的数量、异构性、稳定性和应用水平来确定。

3.3.2.2 基于中间件模型的数据库系统

作为目前最流行的数据集成方法之一，中间件系统在中间层提供一个数据逻辑的统一视图，从而能够隐藏掉底层数据的细节，这样一来就可以让用户把个集成的数据系统看成一定统一的集合。基于中间件的数据库系统，系统的用户可以使用统一的全局数据模型去访问异构数据库、遗留系统和 web 资源等。位于异构数据源系统和应用程序之间的中间件系统换句话说它也就是在数据源系统于应用层中间，因此它既可以协调每个数据源系统，它也可以提供统一的数据模式和数据访问接口给访问集成数据的应用程序。每个数据源的应用程序仍然可以独立完成其任务，而中间件系统主要为异构数据源提供高层次检索服务。

跟 FDBS 不一样，中间件系统能够集成数据源中结构化、半结构化以及非结构化的信息，也就是说中间件系统遂于数据源中不同的数据结构都可以集成。跟 FDBS 一样，中间件系统也有全局模式，但是它在全局查询的处理和优化方面比 FDBS 更强，中间件的优点是能够集成非数据库形式的数据源，并且具有更好的查询性能、更强的自治度；而缺点是相比于联邦数据库同时支持读取和写入，它通常只支持数据库读取而不支持写入功能。

3.3.2.3 数据仓库

数据仓库把重点放在了如何从数据库中获取有价值的信息这一问题上，是一种决策支持系统和联机分析应用数据源的结构化数据环境。

数据仓库的作用是通过构建数据仓库存储架构来存储从多种不同结构中挑选的符合主题分析的数据集，并通过对其进行处理来使这些不同数据源的数据形成一个统一的整体数据集，然后为特定的需求分析提供数据支持，企业管理者可以通过查询分析这些数据来为企业的决策提供依据,从而提高企业管理决策效率和准确性。

数据仓库是一种典型的数据复制方法。该方法将多个数据源的数据复制到同一处,用来存放复制的数据的地方就是数据仓库。用户可以直接访问数据仓库,就像访问普通数据库一样。数据仓库是在存在大量数据库的情况下,产生的用于进一步的数据挖掘和决策的工具。数据仓库方案建设是为了进行前端查询和分析,由于在查询和分析中会产生大量数据冗余,所以需要较大的存储容量,基于此而形成的一个专门存放数据的仓库。数据仓库简而言之是一个环境,而不是一件产品。

传统数据库设计的目的在于日常事务处理,数据库中的数据也是用于处理企业的日常事务,其采用的设计方法是遵从数据库范式设计方法的,这些数据库是符合操作型数据库的特点。与传统数据库不一样,数据仓库是由设计者确定的主题而设计的,为了适应特定需求的数据存储和分析要求的数据集合。通常情况下数据仓库中存储的数据是为企业管理部门决策分析所需的历史数据,同时在设计者构建设计数据仓库时,会刻意地输入一些冗余数据,并选择符合数据库反范式的设计,使数据仓库符合分析型数据库的特点。

当谈到数据仓库设计的目的时,相比于为了捕捉数据而设计的数据库,数据仓库的构建是为了存储和分析面向一定主题而收集的数据。数据仓库的维表和事实表组成了数据仓库的基本元素。"维"表示的是看问题的角度,查询的数据以及维的 ID 号则保存在"事实表"中。

综上所述,数据仓库主要有以下几个特点:

(1)面向主题。数据仓库是面向企业高级管理用户,并为其提供决策支持的数据集合,正是因为这样,数据仓库中存储的数据都是出于某种目的而组织构建的,这个"目的"就是数据仓库的"主题"。明确主题是数据仓库构建的首要问题,只有确定了数据仓库的主题才能明确数据仓库所需数据内容,并高效、有逻辑的构建数据仓库,同时防止出现数据缺失或冗余和减少无效的操作。

(2)集成性。数据仓库中的数据包含了来自多个不同类型的外部数据源,这些来自不同类型不同定义的数据源中的数据要进行抽取(Extract)、转换(Transform)等数据处理操作,之后再通过系统加载(Load)、汇总和整理形成数据仓库,以上操作简称 ETL,过程如图 3-15 所示。通过对所选数据进行这些处理操作之后能够统一数据格式、计量单位、定义代码以及属性名称,从而让数据仓库中的数据形成一个统一的有机整体。

(3)稳定性。数据仓库的稳定性体现在两个方面,其一是进入数据仓库的数据一经录入就不允许进行类似于传统数据库一样的增加、删除、修改等操作,换句话说数据仓库中存储的数据只能被查询而不能被修改。另一个是数据仓库的数据输入也是一个稳定周期间隔的输入,而不是随意的,即在这个间隔内数据仓库中的数据是不变的。数据不能更改对于最终用户就意味着,数据仓库中的数据是只读的,可以对其数据处理分析,但是不能在数据仓库中对数据进行除读取外的其他操作。

图 3-15 数据仓库操作示意图

(4)时变性。数据仓库中的数据都是批量输入的,且输入间隔是稳定的,这也是在数据仓库中的数据有时间维度的原因。从这方面来看,数据仓库记录着系统的各个时刻的状态,这样在数据分析的时候可以通过这些瞬态连接形成的动画达到复现系统随时间变化而运动的全部过程。而这个由系统各个瞬态形成的动画速度快慢是由数据输入的间隔周期来决定，间隔周期越小，动画速度越快。

数据仓库的架构包括临时存储层（ODS 层）、数据仓库层（PDW 层）、数据集市层（DM 层）、应用层（APP 层）几个部分，如图 3-16 所示。

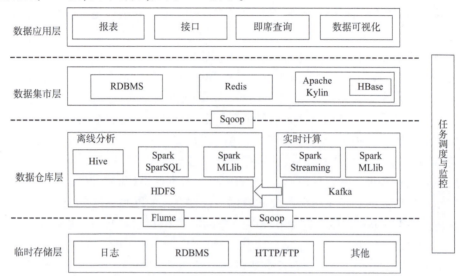

图 3-16　数据仓库架构图

1）临时存储层（ODS 层）

在 ODS 层，正如它的层名——临时存储层一样，临时存储接口数据就是它的主要功能和任务，同时这一层也具有为下一步数据处理工作做准备的功能。ODS 层存储的数据结构通常跟源系统是一样的，因为在这一层它只是临时存储数据而不进行其他数据处理操作，其主要是为了简化后面的数据处理工作，因此数据结构不变。从数据粒度角度来看，相比于其他层，ODS 层存储的数据拥有最细的数据粒度。在 ODS 层中存在着用于存储当前需要加载的数据和用来存储已经处理过的历史数据两类表。对于已经处理过的数据，在 ODS 层一般会保存 3~6 个月，到期后需要把超过期限的历史数据从 ODS 层中清除，从而达到节省存储空间的目的。但不同的项目可以根据实际情况决定存储周期，此外对于数据量比较小的数据源系统，其历史数据可有更长的保存期，甚至一直保存也不是不可能。如果源系统的数据量比较小，则可以保留更长的时间，甚至可以全部保存。

2）数据仓库层（PDW 层）

在 PDW 层存储的数据都是经过对源系统的原始数据进行清洗处理之后得到的数据，因此在这一层的所有数据都具有统一的数据格式，而且所有的数据都是干净且准确的，源系统数据中的脏数据都不会在这一层数据中存在。通常在 PDW 层的数据会遵循数据库第三范式，从细粒度角度看，其数据粒度跟临时存储层的粒度是一致的，而从时间跨度角度来看，这一层的数据会把 BI 系统中存在过的所有历史数据都保存下来，即数据时间跨度较大。

3）数据集市层（DM 层）

在 DM 层，其数据组织是为了主题服务的，且在该层通常数据结构都是星型或雪花型结构数据。从数据细粒度的角度来看,在 DM 层的所有数据都是已经被轻度汇总处理之后的数据,这也是为什么这层的数据没有明细数据的原因。再者站在时间跨度的角度来看,数据集市层它只是数据仓库满足用户分析需求的一个分层,只是它的其中一部分,然而从分析的角度来看,由于用户并不需要所有数据,一般都只需要近几年的数据,因此其一般也就只包括用户需要的近几年数据,即时间跨度不长,但是在数据的广度,这一层的数据需要覆盖用户分析所需的所有业务数据。

4)应用层(APP 层)

为了满足特定的数据分析需求,在此 APP 层的构建与 DM 层的一样具有星型或雪花型结构的数据。就数据粒度而言,这一层的数据是高度聚合后的数据。然后从数据广度的角度来看,在它 APP 层的数据都是 DM 层数据的子集并很可能是对 DM 层中数据进行的复刻,但是一般来说这层的数据不能包含所有业务数据。考虑到更极端的情况,为了实现用空间来换取时间的效果,一般都会选择在 APP 层的数据中给每一个数据报表都建一个模型。当然上述的数据仓库分类标准只是给出的一个建议标准,具体的数据仓库分层方法是需要使用者根据实际情况来确定,不同的数据结构类型也是有可能采取不同的分层方法的。

3.4 数据变换

3.4.1 数据变换概述

3.4.1.1 数据变换的含义

数据变换是为了消除数据在时空、属性和精度等方面的差异性,通过线性或非线性的方法将高维数据压缩至较低维。这是对数据的值进行转换的过程。在使用某些数据处理方法之前,对数值进行转换非常必要。当数据的不同维度之间的数量级差别很大时,分类和聚类的结果会变得非常不稳定,这时通常会利用规范化对数据进行处理,对数据值进行统一的缩放。

数据变换没有严格统一的流程,一般来说是一个尝试和失败的过程。在这个试探过程中,一般先将所得数据进行可视化处理,再对数据均值和方差等结果进行分析,从而选择合适的数据变换方法,再对变换后的数据重复上述步骤,进行假设验证,判断所进行的数据变换是否有效。

3.4.1.2 数据变换的目的

数据变换的目的在于:①更便捷地对数据进行置信区间分析,也更利于使用者对数据进行可视化,进而进行后续分析;②数据变换可以获得更容易解释的特征,如数据的线性特征等;③可以降低数据的维度和复杂程度,从而在后续分析中可以使用较为简单的模型。

3.4.1.3 数据变换的任务

1)不一致数据变换

不一致数据变换可以统一不同业务系统中的相同数据类型,是一个数据整合的过程。例如同一个供应商在结算系统的编码是 AA0018,而在 CRM 中编码是 BB0018,在数据变换过程中可以将其转换成统一编码。

2）数据粒度的变换

通常业务系统中储存的数据信息内容十分详细，而数据仓库的数据不如业务系统数据详尽，可以用来进行数据分析。因此，可以通过将业务系统中的数据按照数据仓库的粒度进行聚合。

3）商务规则的计算

不同的企业可能对应着不同的数据指标和规则，这些指标可能不能通过简单的基础运算进行统一，可以通过在ETL将这些数据指标计算后存储在数据仓库中，以便后续的调用分析。

3.4.1.4 数据变换的内容

1）数字化

数字化的过程就是把文字描述映射成数字序列。例如，要设计和实现智能交通数据管理系统。在道路中采集到的数据需要进行变换以便于数据的后续简化使用，进行数值化，如交通量:0 表示过饱和,1 表示饱和,2 表示欠饱和;车辆类型:1 表示小汽车,2 表示货车,3 表示客车,4 表示自行车;信号灯当前状况:0 表示绿灯状态,1 表示红灯状态,2 表示黄灯状态;车辆状况:0 表示良好,1 表示不良;道路相交:0 表示平面交叉,1 表示立体交叉;交通拥堵情况:0 表示不拥堵,1 表示拥堵。

有了上述转换规则，对交通数据进行分析就会更加直观。如小汽车在道路交通量饱和的道路上行驶，前方平面交叉路口的信号灯为绿灯状态，可表示为如表3-5所示。

文字描述的转换记录　　　　表3-5

交通量	车辆类型	信号灯当前状态	道路相交	……
1	1	0	0	……

2）数据平滑

数据平滑是将噪声从数据中移除的过程。数据平滑通常是对数据本身进行的，如在连续性的假设下，对时间序列进行平滑，以降低异常点的影响;数据平滑有时也指对概率的平滑，例如在自然语言处理中常用的 n 元语言模型中，对于未在训练样本中出现过的词组一般不能赋予零概率，否则会使整句话概率为 0，对这些词赋予合理的非零概率的过程也称为数据平滑。主要有分箱、回归和聚类等方法。

3）数据聚合

数据聚合是将数据进行总结描述的过程。数据聚合的目的一般是为了对数据进行统计分析，数据立方体和在线分析处理（OLAP）都是数据聚合的形式。聚合（Aggregation）即对数据进行汇总。聚合也可以理解为消除属性，或是减少某个属性不同值个数的过程，如将时间的可能值数量由365天减少至12个月。对这些类型的聚合，一般进行联机分析处理。例如实现一个由分钟到年的聚合系统，要根据下一级的数据聚合，比如小时的数据由分钟聚合，天的数据由小时聚合，周、月的数据由天聚合，年的数据由月聚合。数据聚合必须存在且选择正确的下级数据，同时需要保证每一个数据不能为空数据，数据聚合后与原数据相比是完整的。

4）数据泛化

数据泛化是从概念层面出发，将待研究的数据转换为更高层次的过程。一般来说，我们获得的数据集中可能会包括一些我们并不需要用到的细化的低级概念,而这些概念的存在会增加数据挖掘分析的时间,也会增加问题处理的复杂程度,因此可以用其高级概念来替代,故进行数据泛化是十分必要的。将一个词语替换为词语的同义词的过程,将分类替换为其父分类的过程等都是数据泛化。进行数据泛化可以采用概念分层的方法,虽然这种方法可能会丢失一些细节,但泛化后的数据更便于理解且具有更好的使用价值。对于数值属性,可以采用分箱、直方图分析、聚类分析以及基于熵的离散化等方法依据数据分布来自动构造概念层次。对于分类属性,可以根据分类属性是序数属性或是标准、无序属性采用不同的处理方法,从而减少分类值的数量。

例如,在一所大学中有许多专业,每个专业都具备一些属性值,可以根据专业之间的学科联系,将这些专业合并为较大的院系,如交通运输学院、外国语学院等以便更好地开展教学工作。在进行数据分析时,只有当分类结果可以提高分类准确率,或是能更好地满足其他挖掘分析目标时,才将数据聚集在一起。较高层次的概念一般包含若干较低层次的概念,相较于低层概念属性来说高层概念属性包含的值一般较少。因此,可以根据给定的属性集中每个属性值的个数自动产生分层,在分层结构中所处的层次越高,属性的不同值个数越少,层次越低则属性值的个数越多。再如,客户的出生日期通常是保存在客户背景数据存储中的,为了了解不同年龄段客户的消费特点,只需要对客户的出生年代(或者年龄阶段)进行关注,并不需要知道客户的具体出生日期,所以"出生日期"就可以概化为"出生年代"。对于年龄这种数值属性,"原始数据"可能包含 20,30,40,50,60,70 等,可以将上述数据映射到较高层的概念,如青年、中年和老年。

5)数据规范化

数据规范化是将数据的范围变换到一个比较小的、确定的范围的过程。数据规范化在一些机器学习方法的预处理中比较常用,可以改善分类效果和抑制过拟合。将数据压缩至一个特定区域(如 0~1)称为规范化,在使用神经网络反向传播算法进行分类挖掘时,对训练样本属性度量输入值进行归一化处理有助于加快学习速度,在基于距离的方法中,具有较大初始值的属性的权重可能会比较小初始值域的权重大,进行规范化可以防止这类问题的发生。

数据规范化的方法有许多,下面集中讨论几种常用的方法。

(1)最小-最大值规范化。最小-最大值规范化就是对原始的数据进行线性变化使其落在一个特定的范围内,假设属性 A 的最小值为 minA,最大值为 maxA,则最小-最大值规范化的公式表示如下:

$$v'_i = \frac{v_i - \text{min}A}{\text{max}A - \text{min}A}(b-a) + a \tag{3-28}$$

式中:v_i——对象 i 的原属性值;

v'_i——规范化后的属性值;

$[a,b]$——A 属性的所有值在规范化后落入的指定区间。

(2)Z-score 规范化。Z-score 标准化是统计分析领域一种非常普遍的方法,基于属性 A 的均值和标准差将属性 A 的原属性值 v 规范化为 v',计算公式如下:

$$v' = \frac{(v - \overline{A})}{\sigma_A} \tag{3-29}$$

式中：$\bar{A}$——属性 A 的均值；

σ_A——属性 A 的标准差，该方法适用于属性 A 的最大值和最小值未知，或离群点对最小-最大值规范化方法有影响的情况。

假定属性平均地方日总交通量的均值和标准差分别为 8000pcu/h 和 2000pcu/h，将值 11000pcu/h 使用 x-score 规范化转换为：

$$\frac{11000-8000}{2000}=1.5$$

（3）小数定标规范化。小数定标规范化是指通过移动属性 A 的小数点位置来对数据进行规范化处理，其中 A 的最大绝对值影响小数点的移动位数。设 j 使得 $\max(|v'|)<1$ 的最小整数，则小数定标规范化计算公式如下：

$$v'=v/10^j \tag{3-30}$$

假定 A 的取值是 $-967\sim931$。A 的最大绝对值为 967。使用小数定标规范化，用 1000（即 $j=3$）除以每个值，这样，-967 规范化为 -0.967，而 931 被规范化为 0.931。

（4）Sigmoid 归一化。Sigmoid 归一化是指通过常见的 Sigmoid 函数使数据变换到区间 $[-1,1]$ 之间。其中大部分的值被映射到 Sigmoid 函数近似线性的部分，而偏离中心的异常数值会被压缩至图像尾部。因此，Sigmoid 归一化对于处理包含异常点的数据有较好效果，其可以对异常较明显的数值进行压缩，使得经过变换后的数据结构更加紧凑，在神经网络中经常会使用 Sigmoid 函数，其表达式如下。

$$x_{inew}=\frac{1-e^{-x_t}}{1+e^{-x_t}} \tag{3-31}$$

式中，$x_t=\dfrac{x_i-\bar{x}}{\sigma}$。

（5）Softmax 归一化。Softmax 归一化是指利用 Softmax 函数对数据进行归一化处理，Softmax 函数表达式如下所示：

$$x_{inew}=\frac{1}{1+e^{-x_t}} \tag{3-32}$$

式中，$x_t=\dfrac{x_i-\bar{x}}{\sigma}$。

Softmax 归一化和 Sigmoid 归一化类似，不同之处在于 Softmax 归一化的映射区间是 $(0,1)$，映射后的值只能无限地接近端点，但是不能到达端点。它也是中间有一个近似线性部分的 s 形。

对于没有异常点的数据来说，这些归一化变换的结果基本没什么区别，除了变换后的区间有所不同外，基本都呈线性变化。但对于有异常点的数据，Softmax 归一化和 Sigmoid 归一化将会压缩异常点和正常点之间的距离。

（6）对数转换：通过对数函数转换的方法也可以实现归一化，方法如下：

$$x'=\lg(x)/\lg(\max A) \tag{3-33}$$

（7）atan 函数转化。atan 函数转化是用反正切函数实现数据的归一化，方法如下：

$$x'=atan(x)\times 2/\pi \tag{3-34}$$

规范化会改变原始数据，特别是 Z-score 规范化和小数定标规范化，当在使用这两种方法时有必要保留原始数据的均值和标准差等规范化参数，有利于在后续的数据处理过程中进行规范化时可以采用统一的方式。在数据变换过程中,原始数据的变化可以通过相当少的变量来体现,但具体采用哪一种数据变换方法,需要根据待研究数据属性的自身特点以及项目研究目的来确定。

6) 属性构造(特征构造)

属性构造是指根据现有的属性构造新的属性,并将其添加到待挖掘的数据集中。进行属性构造有利于提高数据挖掘的精度,也使得数据结构更容易理解。例如,在交通流量数据表中,根据道路交通流量,构造"流量水平"属性,分别取值为低、中、高。属性构造有利于对数据进行分类,这种方法有利于减少在使用判定树算法分类出现的分裂问题。通过组合不同属性,可以通过属性间的关系发现丢失信息,预测数据未来变化等,这对于进一步挖掘数据隐藏信息具有较好效果。

3.4.2 数据变换常用方法

数据变换的方法较多,常见的方法包括:特征二值化、特征归一化、连续特征变换以及定性特征哑编码等。下面对这几种方法分别进行介绍。

3.4.2.1 特征二值化

特征二值化的关键在于设置一个合理的阈值,通过将特征值和阈值进行比较后,将特征值转换为0或1。特征二值化的方法仅考虑特征是否出现,对于其出现的频率和程度忽略不计,其目的在于将连续数值细粒度的度量转化为粗粒度的度量。

3.4.2.2 特征归一化

特征归一化也叫数据无量纲化,主要包括:总和标准化、标准差标准化、极大值标准化、极差标准化。这里需要说明的是,基于树的方法是不需要进行特征归一化的,例如GBDT、bagging、boosting等,而基于参数的模型或基于距离的模型都需要进行特征归一化。

1) 总和标准化

经过总和标准化处理后的数据落在区间(0,1)之间,并且它们的和为1。总和标准化的步骤为,首先求出待研究数据的总和,再分别以各数据除以这个总和,得到新的标准化后的数据,计算公式如下:

$$x'_{ij} = \frac{x_{ij}}{\sum_{i=1}^{m} x_{ij}} \tag{3-35}$$

经过总和标准化处理后所得的新数据满足:

$$\sum_{i=1}^{m} x'_{ij} = 1 \quad (j=1,2,3,\cdots,n) \tag{3-36}$$

2) 标准差标准化

标准差标准化计算过程为,计算原始数据的均值和标准差,用每一个数据减去均值,再除以标准差,得到新的数据,新数据满足各要素(指标)的均值为0,标准差为1。标准差标准化计算公式如下:

$$x'_{ij} = \frac{x_{ij} - \overline{x}_j}{s_j} \quad (i=1,2,\cdots,m; j=1,2,\cdots,n) \tag{3-37}$$

式中，$\bar{x}_j = \frac{1}{m}\sum_{i=1}^{m} x_{ij}, s_j = \sqrt{\frac{1}{m}\sum_{i=1}^{m}(x_{ij} - \bar{x}_j)^2}$

新数据满足均值为0，标准差为1，即：

$$x_j = \frac{1}{m}\sum_{i=1}^{m} x'_{ij} = 0 \tag{3-38}$$

$$s_j = \sqrt{\frac{1}{m}\sum_{i=1}^{m}(x'_{ij} - \bar{x}_j)^2} = 1 \tag{3-39}$$

3) 极大值标准化

极大值标准化就是先选出数据集中的最大数据，再用每一个数据除以这个最大值，得到新的数据。新数据满足各要素的最大值为1，其余各项都小于1。极大值标准化计算公式如下所示：

$$x'_{ij} = \frac{x_{ij}}{\max\{x_{ij}\}} \quad (i = 1, 2, \cdots, m; j = 1, 2, 3, \cdots, n) \tag{3-40}$$

对于稀疏数据如果采用中心化进行数据变换将会对数据结构造成破坏，因此，可用标准化对其进行处理，极大值标准化就是稀疏数据变换常用的方法。

4) 极差标准化（区间缩放法，0~1标准化）

极差标准化的计算公式如下：

$$x'_{ij} = \frac{x_{ij} - \min\{x_{ij}\}}{\max\{x_{ij}\} - \min\{x_{ij}\}} \quad (i = 1, 2, \cdots, m; j = 1, 2, \cdots, n) \tag{3-41}$$

经过极差标准化处理后的新数据，各要素的极大值为1，极小值为0，其余数值均在0与1之间。这里的 $\min\{x_{ij}\}$ 和 $\max\{x_{ij}\}$ 指的是和 x_{ij} 同一列的最小值和最大值。

3.4.2.3 连续特征变换

连续特征变换常用的方法有基于多项式的数据变换、基于指数函数的数据变换以及基于对数函数的数据变换三种方法。连续特征变换可以增强数据的非线性特征，更有利于捕获特征之间的关系，对于提高模型的复杂程度有较好效果。

3.4.2.4 定性特征哑编码

One-hot 编码又称独热码，即一位代表一种状态。对于离散特征，有多少个状态就有多少个位，且只有该状态所在位为1，其他位都为0。

例如天气有多云、下雨、晴天三种情况，如果我们将"多云"表达为0，"下雨"表达为1，"晴天"表达为2，这样会有什么问题呢？

我们发现不同状态对应的数值是不同的，那么在训练的过程中就会影响模型的训练效果，明明是同一个特征，在样本中的权重却发生了变化。

那么，如何对这三个值进行 One-hot 编码呢？

天气：{多云、下雨、晴天}

湿度：{偏高、正常、偏低}

当输入{天气：多云，湿度：偏低}时进行 One-hot 编码，天气状态编码可以得到{100}，湿度状态编码可以得到{001}，那么二者连起来就是最后的 One-hot 编码{100001}。此时{0,2}转换后的长度就是 6 = 3 + 3，即{100001}。

3.4.3 数据变换应用算例

例 3-5

根据每个属性的不同值的个数产生概念分层。

对于服装来说,其可以分为男装及女装,对其进行进一步分级可以分为上装和下装,服装的概念分层如图 3-17 所示。

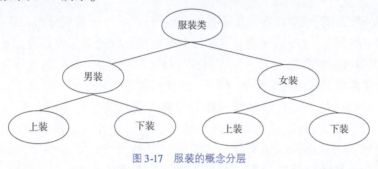

图 3-17 服装的概念分层

例 3-6

某俱乐部的成员中,最大年龄为 63 岁,最小年龄为 18 岁,请将年龄 37 岁映射到区间 [0.0, 1.0] 的范围内。

根据最小—最大值规范化,37 岁将变换为 $\frac{37-18}{63-18}(1.0-0)+0 \approx 0.422$。

例 3-7

当遇到数据分布不均匀的问题时,比如说在一条道路上汽车的行驶速度分布情况,大部分的数据相对集中在一个区域,但可能在靠近正无穷的一侧会有一条长尾巴,如图 3-18 所示,将这种情况称为右偏或正偏态。

为使分布右侧的尾巴短一些,我们可以设置一个函数,使得其在 y 值较小时间增长较快,而在 y 值较大时增长速率变缓,这样可以让右边原来任意相距较远的点之间的距离缩短,进而分布的偏态可以得到改善。如用对数函数 $\ln(y)$ 对上图的正偏态样本进行变换,可以得到图 3-19,可以明显看到分布的右偏得到了改善。

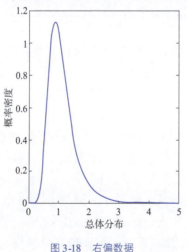

图 3-18 右偏数据

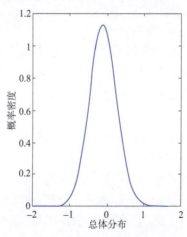

图 3-19 对数函数变换后的数据

3.5 数据归约

3.5.1 数据归约概述

3.5.1.1 数据归约的含义

对于大型的数据集,通常存在海量的数据,这就造成在进行数据分析和挖掘时需要花费较多的时间和空间成本,这种情况的存在常常会对数据分析挖掘工作的可操作性造成限制。因此,通常在应用数据挖掘技术之前,采用数据归约技术对原始数据集进行分析处理,从而可以在尽可能保留数据原貌的情况下,对原始的数据集进行精简。

数据归约是指在基于对数据本身内容的理解以及和数据挖掘任务的分析,从原始的数据集中将一些不相关、重复以及有偏差的数据进行过滤处理。经过数据归约处理的数据集在进行处理分析后得到的结果与归约前数据得到的结果基本相同,但经过归约的数据在进行挖掘分析任务时消耗的内存资源和时间资源都将大大减少,数据分析效率得到了有效的提高。但值得注意的是,在进行数据归约时也需要花费一定的时间,如果这个时间超过了规约后数据比原始数据进行数据挖掘所节省的时间,那么进行数据归约将失去其意义。通过数据归约可以用较少的数据量来替代全部的数据,并达到与之相类似的数据挖掘效果。

数据归约的主要方法如表3-6所示。

常见数据归约方法　　　　表3-6

数据归约方法分类	具 体 方 法
数据立方体聚集	数据立方体聚集等
维归约	属性子集选择方法等
数据压缩	小波变换、主成分分析、分形技术等
数值归约	回归、直方图、聚类、抽样等
离散化和概念分层	分箱技术、直方图、基于熵的离散化等

3.5.1.2 归约的分类

数据归约主要包括元组归约和属性归约,元组和属性的概念均与关系数据库相关,是其中重要的概念,关系数据库中包含被组织成正式描述性表格的数据项,元组指关系数据库中数据表的行,数据表的列就是与元组相关的属性。

1)元组归约

元组归约是指将数据库中的元组根据其离散化数值属性以及泛化字符型属性采用相对应的方法进行归约,常见的元组归约方法有连续属性离散化和数据泛化(又称概念分层)等。

连续属性离散化是将数值型属性的值划分成若干个子区间,每一个子区间对应一个离散值。数据的泛化也可称为概念分层,是将低层的概念映射到高层概念,用高层的数据概念来对数据进行汇总,数据泛化可在不同的概念层次进行。通过数据泛化,可以将不同的元组泛化到同一元组,元组的数量将大大减少,同时也能尽可能地保证数据完整性。

2）属性归约

属性归约是对出现在数据挖掘中的不相关、不重要属性进行必要的分析,然后根据分析结果予以保留或删除。属性提取、属性排序和属性子集的选择是属性归约中的重要方法。

属性提取指用新的属性替代原始属性,新的属性可以通过原始属性空间映射或转化到一个低维空间得到。属性的排序是指根据一定的标准将属性按照一定的顺序进行排列,在属性归约、属性子集选择以及属性离散化时可以根据排序结果进行。属性子集选择是指从一组属性中挑选出一些最具代表性的元素。通过上述方法,可以大大减少属性项的数量,从而达到属性归约的目的。

当然除了把数据归约分为元组归约和属性归约外,数据归约还可以分为特征归约、样本归约和特征值归约。

（1）特征归约。特征归约目的是通过减少特征数量,以达到缩减数据集的目的,可以通过将原有特征中不相关或不太重要的特征进行删除,或是将特征重组来进行特征归约。特征归约的原则在于以不损害数据原始判断能力为前提的情况下,对特征维度进行降低。特征归约的步骤如下所示。

搜索过程:在特征空间中搜寻由选中的特征构成的特征子集,特征子集也被叫作一个状态。

评估过程:输入一个状态,经过算法可以得到一个由评估函数或预先设定的阈值得到的评估值。搜索算法的目的使得评估值达到最优。

分类过程:使用最后的特征集来完成最后的算法。

（2）样本归约。样本归约就是通过从原始数据集中选出具有代表性的样本子集,以达到控制数据量的目的。样本子集大小的确定与存储要求、计算成本和精度要求、数据本身特性以及算法的要求均有关。样本都是预先知道的,通常数量较大,质量高低不等,可能缺乏对实际问题的先验知识。原始数据集中的最大维度数就是样本的数目,也是数据集中记录的条数。

（3）特征值归约。特征值归约是将连续型特征的值进行离散化以获得少量的区间以减少数据量,并且每个区间映射到一个离散符号,这与连续属性离散化技术相近。特征值归约对数据描述进行了简化,使其更容易理解。

特征值约简方法可分为2类:有参和无参。有参方法是通过模型来对数据进行评估,常见模型有回归模型和对数线性模型,在模型中只需要存储参数,不需要实际的数据。无参的方法有直方图、聚类和选样3种形式进行特征值归约。

数据归约的算法特征包括可测性、可识别性、单调性、一致性、收益增减、中断性、优先权7条。

3.5.1.3 数据归约的意义

数据归约在数据处理分析任务中起着非常重要的作用,是在对大型数据集进行数据挖掘之前不可或缺的步骤,其作用主要表现为以下几个方面。

1）保证数据挖掘能够顺利进行

在进行数据挖掘时并非所有的数据集都能通过数据挖掘算法进行挖掘,通常数据挖算法对于数据集具有严格要求。例如,某些算法是仅能对离散化的数值进行操作处理,而难以对连续化的数值进行操作,这就可以通过数据归约的离散化数值型连续属性来使数值离散化,同时达到减少相应数据量的效果。所以说,数据归约对于数据挖掘能够最终顺利进行具有重要作用。

2) 数据归约是数据挖掘技术更高效完成的基础

对于一些具有大量数据的数据集,进行数据挖掘分析将花费大量时间且效率低下。虽然可以通过数据预处理方法(如数据清洗、数据变换和数据融合等)来提高数据挖掘的效率,但是仅通过这些技术往往是不够的。数据规约将快速有效地减少数据量,删除无用的元组和属性,并从有用属性中选择一些具有代表性的属性,使得挖掘任务可以更容易、更高效地完成。

3) 数据归约的结果对于数据挖掘最终的结果影响巨大

合理使用数据归约可以极大地提高数据挖掘的效率,并对数据挖掘产生重大的影响。如果采用了合适的数据归约方法,经过数据挖掘后得到的结果非常接近进行数据规约前的挖掘结果,甚至完全相同;如果在进行数据归约时采用了不合适的方法或者是发生了错误环节,在数据挖掘时就会得到错误或是无效的结果,那么只能在重新选择合适的方法进行数据归约之后再进行数据挖掘操作。

3.5.2 数据归约常用方法

3.5.2.1 数据立方体聚集

如果对数据的每个维度的物理意义很清楚,就可通过舍弃某些无用的维度,并使用求和、平均值和计数等方式来进行聚合表示,这种方法叫作数据立方体聚集,其主要是用来构造数据立方体。数据立方体也是一类多维矩阵,其可以存储多维聚集信息,对数据进行表示和分析。每个单元中可以存储一个聚集值,该值对应于多维空间中的一个数据点。每个属性可能存在概念分层的情况,允许用户在多个抽象层中探索和分析数据集。数据立方体提供了对预先计算的汇总数据的快速访问,因此,它适合于联机数据挖掘分析和处理。

下面介绍一些数据立方体的基本概念:

(1) 方体(cuboid):对不同抽象层创建的数据立方体。

(2) 基本方体(base cuboid):在最低抽象层创建的立方体。基本方体应当对应于感兴趣的个体实体,即最低层应当是可用于数据分析或是对其有用的。

(3) 顶点方体(apex cuboid):最高层抽象的立方体。

(4) 方体的格(lattice of cuboids):每一个数据立方体。

每个较高级别的数据立方体都是对其低一级别数据的进一步抽象,也可以达到数据缩减的效果。利用数据立方体可以对数据进行归约,从而得到能够解决问题的数据的最小表示方式。

3.5.2.2 维归约

用于进行数据挖掘与分析的数据集可能包含很多的属性(或维),如果数据集中只有某些属性(或维)对挖掘任务有益,则可通过去除不相关或冗余的属性(或维),保留对数据挖掘有帮助的属性(或维),这种方式称为维归约。例如,分析城市居民交通出行方式时,诸如市民的电话号码、身高、体重等属性可能就与该数据挖掘任务不相关。与挖掘任务不相关或冗余的特征对挖掘任务本身是不利的,它们会干扰挖掘算法,降低挖掘任务的准确率或是导致效果较差的模型出现。此外,不相关和冗余的属性值增加了待处理数据量,导致数据挖掘的时间增加。

维度规约通过消除无效属性来对数据集的规模进行缩减。通常,可以使用属性子集选择方法来找到最小属性集,并确保新数据子集的概率分布尽可能地接近原始数据集的概率分布。使用归约后属性集来进行数据挖掘和分析,不仅减少了数据量,提高了数据处理效率,还简化了学习模型,使挖掘模式更易于理解,而且得到的数据挖掘结果与未归约前类似。

选择属性子集的基本方法有:逐步向前选择、逐步向后删除、逐步向前选择和逐步向后删除的组合以及决策树归纳,表 3-7 给出了属性子集选择方法。

属性子集选择方法　　　　　　　　　　　　　　　表 3-7

向前选择	向后删除	决策树归纳
初始属性集: $\{X_1, X_2, X_3, X_4, X_5, X_6\}$ 初始化归约集: $\{\ \}$ $\Rightarrow \{X_1\}$ $\Rightarrow \{X_1, X_4\}$ $\Rightarrow \{X_1, X_4, X_6\}$	初始属性集: $\{X_1, X_2, X_3, X_4, X_5, X_6\}$ $\Rightarrow \{X_1, X_2, X_3, X_4, X_5, X_6\}$ $\Rightarrow \{X_1, X_3, X_4, X_5, X_6\}$ $\Rightarrow \{X_1, X_4, X_5, X_6\}$ $\Rightarrow \{X_1, X_4, X_6\}$	初始属性集:$\{X_1, X_2, X_3, X_4, X_5, X_6\}$,以 X_4 为根,分支 X_1 和 X_6,叶节点为 Class 1 / Class 2
$\Rightarrow$ 归约后的属性集: $\{X_1, X_4, X_6\}$	$\Rightarrow$ 归约后的属性集: $\{X_1, X_4, X_6\}$	$\Rightarrow$ 归约后的属性集: $\{X_1, X_4, X_6\}$

1)逐步向前选择

该过程将一个空属性集作为开始,第一步选择原属性集中最好属性(如表 3-5 所示,初始化归约集后,选择属性 X_1),将其添加至归约后的属性集。然后继续进行迭代,每次都选择原属性集中剩下的属性中的最好属性,将其添加至归约后的属性集(如表 3-5 所示,依次选择属性 X_4 和 X_6。最终可以得到归约后的属性集 $\{X_1, X_4, X_6\}$)。

2)逐步向后删除

逐步向后删除,首先将整个属性集作为开始,把原属性集中最差的属性进行删除处理(如表 3-5 所示,首先删除属性 X_2),然后依次迭代。每一步的删除都选择当前属性集中最差的属性进行删除(如表 3-5 所示,再依次删除属性 X_3 和 X_5,最终得到归约后的属性集 $\{X_1, X_4, X_6\}$)。

3)向前选择和向后删除的结合

将逐步向前选择和向后删除方法结合起来。在每一步选择一个最好的属性,添加至归约后的属性集,同时删除剩余属性中一个最差的属性。

4）决策树归纳

根据给定的数据构造决策树,决策树中的"非树叶"(内部节点)表示一个属性的测试,每个分支表示对应测试结果的输出。每片"树叶"(外部节点)表示的为一个类预测(如表3-5所示,对于属性 X_1 的测试,结果为"Yes"的对应 Class 1 的类预测结果;结果为"No"的对应 Class 2 的类预测结果)。在每一个节点,算法会选择"最好"的属性,将树中出现的属性划分成类,形成归约后的属性子集。

上述方法,都可以通过使用一个度量阈值确定何时停止属性子集的选择过程。也可以通过数据集中已知的属性创造某些新属性,这就是属性构造。例如,已知属性"radius(半径)",可以计算出"area(面积)"。这将有助于根据属性间的联系来处理缺失的信息。

3.5.2.3 数据压缩

数据压缩是指将原始数据,通过数据编码或是数据变换的形式,压缩成为一个规模较小的数据集合。数据压缩可以分为无损压缩和有损压缩。无损压缩是指若要恢复原始的数据集,仅根据压缩后的数据集就可以完成恢复。有损压缩则无法只根据压缩后的数据集完成对原始数据的完全恢复,只能通过近似的方式进行恢复,其压缩比通常要比无损压缩的压缩比要高。

无损压缩通常用于字符串的压缩,因而其在文本文件压缩领域应用十分广泛。在信息论领域,这一问题在信源编码中得到广泛而深入的研究,如霍夫曼提出的 Huffman 编码,以及广泛应用于 gzip、deflate 等软件中的 LZW 算法(由 Abraham Lempel、Jacob Ziv 和 Terry Welch 提出)等都属于无损压缩方法。

小波变换和主成分分析法是数据挖掘领域常用的数据压缩方法,这两种方法均为有损压缩。小波变换可以用来处理稀疏或倾斜数据,往往能取得较好的压缩结果,同时其对于处理具有有序属性的数据集也有较好效果。主成分分析法的花费较低,其不仅可以处理稀疏或倾斜数据,对于具有有序或无序的数据集也可进行压缩处理。

1)小波变换

离散小波变换(Discrete Wavelet Transform,DWT)是由离散傅里叶变换(Discrete Fourier Transform,DFT)发展而来的。DFT 是信号由时域到频域的转化工具,能够将信号的波形分解成不同频率的余弦波或正弦波的叠加。DWT 相较于 DFT 往往有更好压缩效果,对于给定的数据向量,假设 DWT 和 DFT 保留相同数目的系数,DWT 的压缩结果将会与原始数据更加近似。

DWT 是一种线性信号处理技术,使用 n 维数据向量 $X=(x_1,x_2,x_n)$ 表示具有 n 个属性的数据对象。当对数据向量 X 表示时,可以用数值不同,但具有相同长度的小波系数向量 X' 来转换。通过设定合适的阈值,将小于阈值的数据进行过滤。再将经过小波变换后的数据进行截短,向量 X' 仅存放一部分最强的小波系数,向量中其余部分用 0 值代替,以完成对数据集的压缩。在小波空间下,对稀疏向量 X' 进行操作计算效率非常高。小波变换可以保留数据的主要特征,对数据中存在的噪声进行光滑处理,因此,也可以用于数据清洗领域。同时若给定一组系数,对处理后的向量 X' 进行逆运算,可以得到原始数据集的近似数据集。

小波变换也可用于处理多维数据,如数据立方体等。对多维数据的处理步骤如下:首先将变换应用于第一维,再应用于第二维、第三维……直到所有维度都经过变换。计算复杂度与立方体中元素的数量呈线性关系。小波变换的应用范围十分广泛,涉及诸多领域,包括指纹图像压缩、计算机视觉、时间序列数据分析和数据清理等。

2) 主成分分析法

主成分分析法(Principal Component Analysis, PCA)是一种正交线性变换。其通过在高维数据中寻找最大方差的方向,并将原始数据投影到一个小得多的新子空间。PCA可以组合属性的基本要素在一个较小变量集,将原始数据集中不重要的信息和噪声去除,以达到精简数据的目的,同时也尽可能多地保留了原始数据集合的有用信息。PCA的应用要求数据集属性间存在较大的相关性,当相关性较小时,应用该方法没有意义。

PCA的基本操作过程如下。

(1) 对所有属性数据规范化,使得每个属性都落入相同的区间,有助于消去量纲对算法的影响。

(2) 计算样本数据的协方差矩阵。

(3) 求出协方差矩阵的特征值及相应正交化单位特征向量。前 k 个较大的特征值就是前 k 个主成分对应的方差。

(4) 通过计算累计贡献率来选择主成分。主成分向量构成了一组正交基,其线性组合可以表示输入的数据。

(5) 主成分根据重要性排序。主成分充当新空间下的坐标轴,提供关于方差的重要信息。

(6) 选择重要性最强的若干个主成分,将较弱的主成分去除,完成归约数据的规模。

3.5.2.4 数值归约

数值归约通过选择较小的替代数据来减少数据量。数值归约的方法一般分为参数法和非参数法。参数法不需要存储原始数据,通过构建模型和利用一定的准则(如最小平方准则、最大后验概率准则等)来估计最佳参数,然后可以使用模型和参数描述原始数据,常用的参数方法有回归和对数线性模型等。非参数方法是直接对原始数据进行转换,常见的非参数方法有直方图、聚类、抽样等。

1) 回归和对数线性模型

回归和对数线性模型主要用来近似给定的数据,在线性回归中,对数据建模使之拟合到一条直线。

式3-42为回归分析的一般表达式。

$$Y = F(X;\beta) + E \tag{3-42}$$

式中:F——模型的表达式;

X——自变量;

Y——因变量;

β——模型的未知参数;

E——误差,X、Y、β、E 均可是标量或矢量。

回归分析的目的就是在一定条件下估计最佳参数 β。根据不同的应用问题和估计方法,通常对误差 E 有不同的假设。

最简单的回归分析模型是线性模型,使用线性模型进行的回归分析称为线性回归。线性回归的模型如下:

$$Y = \beta^T X + \beta_0 \tag{3-43}$$

一元线性回归的模型为:

$$y = \beta_1 x + \beta_0 \tag{3-44}$$

一元线性回归在平面上表现为一条直线,图3-20是线性回归的一个示例。

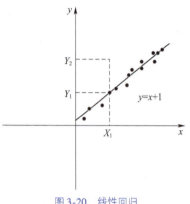

图3-20 线性回归

对数线性模型近似离散的多维概率分布。给定 n 维元组的集合,可以把每个元组看作 n 维空间的点。对数线性模型可以用基于维组合的一个较小子集来估计离散化的属性集的多维空间中每一个点的概率,而从低维空间构建高维数据空间。因此,对数线性模型也可以用于降维和进行数据平滑处理。

在对稀疏数据进行处理时,虽然可能会受到一定限制,但回归和线性模型都能处理此类数据。在对倾斜数据进行处理时,回归模型会比对数线性模型更加有效。在处理高维数据时,对数线性模型具有良好可伸缩性,而回归模型可能会导致较复杂的计算。

2) 直方图

直方图是一种常用的数值归约形式,其采用分箱技术近似数据分布。属性 X 的直方图将 X 的数据分布划分为不相交的子集或桶。通常,子集或桶表示给定属性的一个连续区间。单桶表示每个桶只代表单个属性值频率对。划分桶和属性值的规则如下。

(1) 等宽:每个桶的宽度区间是相同的。

(2) 等频(或等深):每个桶大致包含相同个数的邻近数据样本。

(3) V 最优:在所有可能的直方图中,如果给定桶的个数,V 最优直方图是具有最小方差的直方图。直方图的方差是每个桶代表的原来值的加权和,其中权等于桶中值的个数。

(4) MaxDiff(最大差):在 MaxDiff 直方图中,考虑每对相邻值之间的差,桶的边界是具有 $\beta - 1$ 个最大差的对,其中 β 是指定的桶的个数。

其中,在实际应用中 V 最优和 MaxDiff 直方图方法更为有效和准确。直方图对于处理近似稀疏和稠密数据的高倾斜和均匀的数据能够发挥较好的效果。多维直方图能够近似多达 5 个属性的数据,更好地体现属性间的相关性,但其有效性仍需进一步验证。

3) 聚类

聚类是将数据元组视为对象,定义一个簇(Cluster)中对象性质相似,而不同簇中的对象性质相异,以此将数据划分为不同簇。聚类的一个例子如图3-21所示,在图中数据点被分为 3 个数据簇。

一般情况下,相似性是用对象在空间中的"接近程度"来体现的,可以通过距离函数来计算。簇的"质量"可以用簇中任意两个对象的最大距离,即直径来表示。簇的"质量"也可以用质心距离来表示,质心距离是簇质心到每个簇对象的平均距离。在允许的情况下,可以用簇来替换实际的数据来进行数据归约,但其是否有效则跟数据本身性质有关。如果数据可以被组织成不同簇,则聚类法具有较好效果。

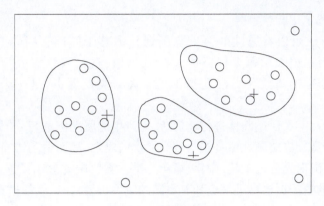

图 3-21　聚类示意图

4）抽样

抽样是用数据的较小随机样本表示大型的数据集，从数量上对数据集进行压缩。抽样的效果取决于样本的大小以及抽样的方法。假定大型数据集 D 包含 N 个元组，常用的抽样有如下几种方法。

（1）无放回的简单随机抽样方法（Simple Random Sampling Without Replacement，SRSWOR）：该方法从 N 个元组中随机抽取出 n 个元组以构成抽样数据子集。

（2）有放回的简单随机抽样方法（Simple Random Sampling With Replacement，SRSWR）：该方法与无放回简单随机抽样方法类似，也是从 N 个元组中每次抽取一个元组，但是抽中的元组接着放回原来的数据集 D 中，以构成抽样数据子集，这种方法可能会产生相同的元组。

图 3-22 表示无放回的简单随机抽样方法和有放回的简单随机抽样方法。

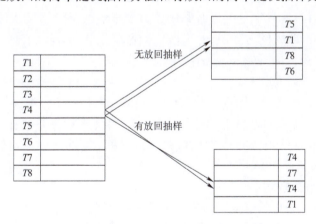

图 3-22　无放回和有放回的简单随机抽样方法示意图

（3）聚类抽样（Cluster sampling）：如果将 D 中的元组分组放入 M 个互不相交的"簇"，则可以得到 s 个簇的简单随机抽样（$s<M$）。

（4）分层抽样（Stratified Sampling）：分层抽样需要预先指定多个组，然后从每个组中抽取样本对象。一种方法是无论组的大小是否相同，均从每组中抽取相同数量的数据；另一种方法是从每一组中抽取的数量与该组大小成正比。分层抽样适用于总体由数据量差别很大的不同类型对象组成的数据集。

3.5.2.5 离散化和概念分层

离散化技术方法可以将属性的值域范围划分为若干区间,从而减少连续属性的取值个数。再分别用标记表示每个区间的实际数据值,这样可以大大简化原始数据。消除一个属性取值个数的离散化方法在基于决策树分类挖掘中,是一个有效的数据预处理方法。

概念分层是将一个属性递归地进行离散化,对产生的属性值进行分层或多分辨率划分。概念层次树通过将低层次的属性值替换为较高层次的概念,从而达到约简数据集的目的,如将驾驶人的实际年龄值划分为青年、中年、老年几类。虽然在概念分层中一些数据细节可能会被丢弃,但这样的数据更容易理解也具有更高的应用价值,在后续的数据挖掘分析中效率也会大大提升。

常见的数据离散化方法可以分为有监督离散化和无监督离散化。如果在离散化过程中使用了类信息的方法,那么就是有监督离散化。反之,则称为无监督离散化。直方图、聚类分析和分箱法是常用的无监督离散化方法,聚类和直方图在本章都曾介绍,这里不再赘述。有监督离散化常用的方法有基于熵的离散化、基于 χ^2 分析的区间合并和根据直观划分离散化。

1)分箱法

分箱法是基于箱的指定个数自顶向下的分裂技术,主要包括等宽分箱法和等深分箱法。分箱法可以递归地作用于结果划分,进而产生概念分层。需要注意的是,分箱法受用户指定箱的个数以及离群点的影响较大。

2)基于熵的离散化

基于熵的离散化是一种监督的、自顶向下的分裂技术。其中,熵(entropy)是常用的离散化度量。该方法在计算和确定分裂点时利用了类分布信息,分裂点是划分属性区间的数据值。如为了离散化 A 形成概念分层,对离散化数值属性 A,选择具有最小熵的值作为分裂点,并递归地划分结果区间,得到分层离散化。

3)基于 χ^2 分析的区间合并

基于 χ^2 分析的区间合并,采用了自底向上的策略,合并了递归找出的最佳邻近区间,形成一个较大的区间。其基本思想为,对于精确的离散化,相对类频率在一个区间内应当一致。因此,我们可以合并类分布非常相似的邻近区间,若类分布不相似则不可以采用该方法。

4)根据直观划分离散化

3-4-5 规则可以用来将数值数据划分为相对一致,更加自然的区间。该规则是根据最高有效位的取值范围,递归逐层地用 3、4 或 5 个相对等宽的区间来对给定区域进行划分。下面用一个例子解释 3-4-5 规则的用法:

(1)如果一个区间在最高有效位包含 3,6,7 或 9 个不同的值,则将该区间划分成 3 个区间,当为 7 时可将区间宽度划分为 2,3,2。

(2)如果它在最高有效位包含 2,4 或 8 个不同的值,则将区间划分成 4 个等宽的区间。

(3)如果它在最高有效位包含 1,5 或 10 个不同的值,则将区间划分成 5 个等宽的区间。

这种方法很难说有比较科学的依据,但是简便易行,可以作为实践的参考。图 3-23 展示了 3-4-5 规则的一个例子,展示了对一个属性值进行自然分区的操作过程。

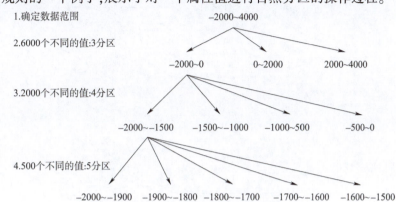

图 3-23　3-4-5 规则的例子:对属性值进行自然分区

3.5.3　数据归约应用算例

例 3-8

用数据立方体聚合表示数据。

已知某高速公路各收费站 2018 年至 2020 年每季度的车辆调查结果。该结果如图 3-24 所示。那么,如果想要得到每个收费站每年的流量总值而不是每季度的流量,就可以对这些数据进行聚集。

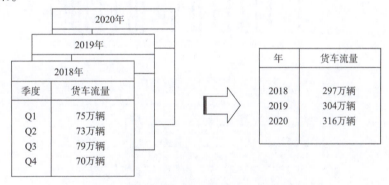

图 3-24　某收费站 2018 年至 2020 年货车流量

图 3-25 则描述在 3 个维度上对某高速公路原始流量数据进行合计所获得的数据立方。它从时间、收费站以及车辆类型 3 个角度(维)描述相应(时空)的车流量(对应一个小立方块)。每个属性都可对应一个概念层次树,以帮助进行多抽象层次的数据分析。

例 3-9

用直方图表示数据。

已知某公交车站营运期内的每 30min 客流量为:10,14,18,25,29,33,40,40,41,45,41,43,42,38,36,30,30,29,28,32,30,22,28,27,32,34,34,25,24,20,18,17,16。

为了解该公交车站的客流量水平,图 3-26 使用单桶显示了这些数据的直方图。为进一步压缩数据,通常让一个桶代表给定属性的一个连续值域,在图 3-27 中的每个桶代表不同的客流量的区间为 10。

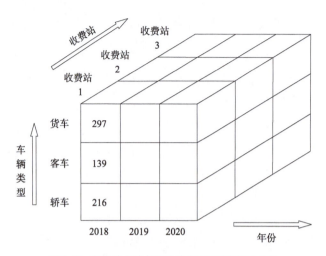

图 3-25 某高速公路各收费站车流量的数据立方体

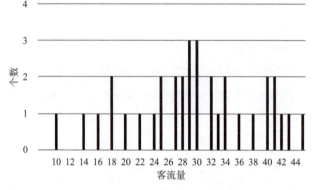

图 3-26 使用单桶的客流量直方图

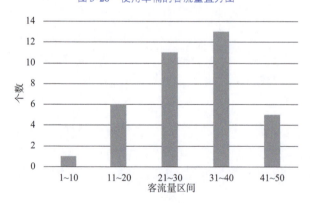

图 3-27 客流量的等宽直方图

第4章
智能网联汽车交通大数据融合技术

4.1 数据融合概述

4.1.1 数据融合定义

在不同的文献中对数据融合有着不同的定义。联合实验室(JDL)对数据融合的定义为"多层次、多方面处理自动检测、联系、相关、估计以及多源数据的信息和数据的组合过程",Klein 在此基础上对数据融合的定义进行了推广,并指出数据融合中的数据应可以来自多个数据源。上述两个定义具有相同的意义,在不同的学科领域中都有效适用。在上述研究以及对数据融合在交通领域应用讨论的基础上,这里给出一个关于交通数据融合原则性的定义:"交通数据融合是一种将不同来源的数据自动或半自动地转换为一种形式,这种形式为交通决策者提供了有效的支持或提供相应的自动化决策"。数据融合作为一门综合性应用,借鉴了如信号处理、信号理论、统计学与推理和人工智能等多个学科。

数据融合具有诸多优点,主要包括提高数据可信度和保证数据有效性两个方面。其中,提高数据可信度是指可以提高检测率、把握度、可靠性以及减少数据模糊,而保证数据有效性以扩大数据空间和时间覆盖为目的。此外,数据融合在特定的应用环境中也有其相应的优点。例如在无线传感器网络中,由于传感器数量增加,造成数据冗余和数据传输冲突和数据冗余传输的可扩展性问题。为了解决上述问题,可以在传感器上进行数据融合,发送融合后的结果,这样将在很大程度上减少数据量,有效避免数据冲突。

4.1.2 数据融合的基本原理

数据融合是包括人类在内的很多生物系统中广泛存在的一项基本功能。人类与生俱来地具有将自身不同功能感觉器官(眼睛、耳朵、鼻子、皮肤)所收集的信息(图像、声音、气味和触觉)与先验知识体系进行综合的能力,并在此基础上对周围的环境以及发生的事情做出判断。由于人类不同的感官器官收集的数据具有不同度量特征,因此对于收集不同空间范围内各种信息更加有效。同时,人类通过自身系统对这些具有不同度量特征的数据进行相应的处理,最终将其转化为对自身有用的解释。

数据融合实际上就是一种基于对生物系统分析复杂观测变量能力的综合模拟。在具有多源传感器的观测系统中,各种信息源之间提供的观测信息在很多时候具有不同的物理属性特征。例如,不具有时变特性的信息或非不具有时变特性的信息,具有实时特性的信息或不具有实时特性的信息,急速慢变的信息或缓和慢变的信息,模糊的信息或不确定的信息,精确的信息或者不完整的信息,可靠的信息或非可靠的信息,相互支持的信息或非互补的信息。这些信息中有的是相互矛盾或者相冲突的。但是通过多源数据融合的一些基本原理,就可以像生物系统分析复杂信息过程一样,有效地利用来自不同信息源数据来系统处理这些信息。通过对不同信息源的信息及周围信息的有效地组合分析,可以高效实现不同信息源所采集的信息在空间和时间上的互补与冗余。同时也可以将信息依据一定的处理准则进行综合处理,以使系统可以通过对所观测到信息具有高效解释并能进行准确地描述。数据融合的基本目标是在分离各种信息源观测到的信息的基础上,按照一定的优化对分离地观测信息进行相应优化组合获得更多有效的信息。这就是数据融合的目标,是信息协同相互组合的优化结果,是充分利用不同信息源之间协同工作的最大优势,是提高系统信息有效性的最优办法。

单源信息数据处理主要是通过对传统生物系统信号信息处理融合过程的一种低层次水平的模仿,而传统多源信号数据信息融合处理系统则主要是通过有效地充分利用传统多源信息数据融合获取信息资源,来有限度地控制获取被生物系统探测到的目标和周围环境的相应信息。传统多源信息数据融合与其他经典生物系统信号数据处理融合方法之间也仍然存在着许多本质上的差别,其根本原因在于传统信息数据融合所需要处理的各种多源信息数据不仅具有更复杂的信息形式,而且通常在不同的生物系统信息特征层次上同时出现,致使传统信息数据融合系统具有更多层次化的信息特征。

4.1.3 数据融合的级别

根据对各种进出输入系统和输出系统信息的抽象或分析功能和对各种输出输入信息分析结果的不同,学者们先后逐步研究提出了多种基于信息抽象分析融合的功能应用级别、功能技术级别的分析模型。将各种信息系统中的抽象融合功能按级别可分为不同的融合功能应用级别。

第一种分级模型是一种3级分类模型,它主要是根据信息的抽象层次把数据融合分为像素级融合、特征级融合以及决策级融合3个级别。其中,像素级融合的优点是能尽最大的可能保留更多的现场信息,提供其余两层不能提供的有效信息;主要缺点是系统所使用采集数据的传感器多、数据传输所需的带宽要求较高、处理费用高、计算时间长、不具有实时性、抗干扰水平较差,这类数据融合的主要代表是像素级图像融合。决策级融合的优点是对数据传输所需的带宽的要求较低、数据通信容量较小、抗干扰水平较高、数据在融合中心处理费用低;缺点主要是预处理所需费用较高、信息存在较大的损失。特征级融合是一种介于像素级融合和决策级融合之间的一种数据融合。在实际应用中3级模型可在不同的层面有效应用。例如,在分布式检测融合中,既可使用特征级融合,也可使用决策级融合;在对目标识别层融合时,则可以像素级融合、特征级融合以及决策级融合中的任一级别进行。

第二种分级模型也是一种3级分类模型,它是美国联合实验室在数据融合输出结果的基础上进行的分类。模型主要包括目标识别和位置估计、态势评估、威胁估计3级。联合实验室提出这种数据融合分级模型为数据融合理论的相应研究提供了一种有效的框架。该数据融合分级模型在学术界得到了广泛的认同和高效的应用。该模型的主要缺点是划分较为粗略。例如，目标识别和位置估计在研究特点和分析方法上都具有较高差别，将两者放在同一个级别中对分析研究较为不适合；另一个缺点是该模型未包含分布式检测融合。

第三种分级模型是一种 5 级分类模型，如图 4-1 所示。它主要由检测融合、位置融合、识别融合、态势估计和威胁估计 5 个级别组成。它是基于美国联合实验室分级模型提出的，与 3 级分类模型相比，5 级分类模型主要不同在于添加了检测融合，此外将位置融合与识别融合进行了分离。因而，这种 5 级分类模型信息所具有的融合功能具有更好的研究指导性。

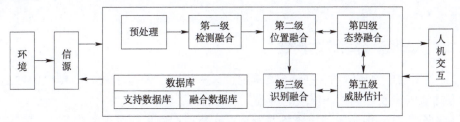

图 4-1　数据融合 5 级分类模型图

第四种分级模型也是联合实验室提出的，是一种 4 级分类模型，如图 4-2 所示，4 级融合分类模型是基于数据融合 3 级模型发展而来，是在原来的 3 级模型基础上增加精细处理得到的。从图 4-2 可以看出，精细处理不完全属于数据融合的领域，其中有一部分位于数据融合范围之外。联合实验室的 4 级分类模型相对于其他的分类模型更加注重的是 3 级分类模型分类较粗的缺点。但是联合实验室提出的 4 级融合分类模型依然存在缺少分布式检测融合这种重要的信息融合。

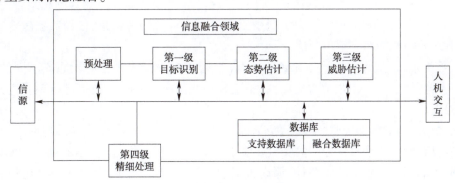

图 4-2　数据融合 4 级分类模型图

第五种分级模型是 6 级分类模型，如图 4-3 所示。6 级分类模型综合了 5 级分类模型和 4 级分类模型的优点，并以其优点为基础提出的。从图 4-3 中可以看出，左侧是包括信息源和与其相对应的环境。模型的融合功能由数据预处理、检测融合、位置融合、识别融合、态势估计、威胁估计以及精细处理组成。该模型同时具有 5 级分类模型和四级分类模型的优点，强调了精细化处理的重要，突然展示了人在数据融合中所起到的作用，又包含对从检测融合到威胁估计的整个流程的明确划分。同时，也将分布式检测融合包括在其中，这在很大程度上避免了 3 级分类模型和 4 级分类模型的分布式检测融合的缺点，因此可以在较高的层次更好指导数据融合理论的研究。

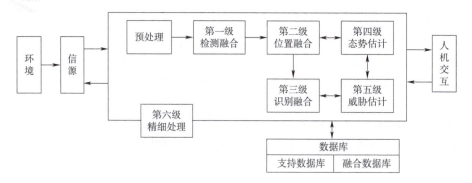

图 4-3 数据融合 6 级分类模型图

4.1.4 数据融合面临的问题

目前,数据融合领域依然存在诸多的问题,这些问题主要源于具有多样性的数据、传感器技术存在缺陷以及在自然环境下应用的复杂性,如图 4-4 所示。

(1) 数据缺陷:一般情况下由传感器所获取的数据在测量的过程中会受到不同程度的影响,导致数据存在一定程度的不精确和不确定。因此,数据融合算法应该具有减少该缺陷的能力,即利用冗余数据减少传感器所获取数据存在不精确性和不确定性的影响。

(2) 异常和虚假数据:由传感器所获得数据的不确定性主要源于两个方面,一是测量中的具有不精确性和噪声;二是现实环境中存在的模糊性以及不一致性。此外,在数据获取中传感器普遍缺乏区分异常和虚假数据的能力。因此,数据融合算法应该具有减少该缺陷的能力,即利用冗余数据减少现实环境中存在的模糊性以及不一致性的影响。

(3) 数据冲突:当数据融合算法是基于证据理论推理和 Dempster 的规则相结合的时候,数据冲突所产生的影响会较大。为了减少出现一些违背常理的结果,任何数据融合算法都应该具有对冲突数据切实解决办法。

(4) 数据形式:从收集性质上来说,传感器在很大程度会收集性质相同或不同的数据。例如,生物的听觉、视觉和触觉的测量,在相应的一些情况都需要对数据进行融合再来进行下一步处理。

(5) 数据关联:数据关联主要存在于分布式融合中。例如,在无线传感器网络中,部分传感器有极高的概率暴露在相同的噪声环境中严重干扰无线传感器网络的测量。如果在计算中没有考虑到此类数据的相关性,那么数据融合算法所得到的结果就有较高的概率被高估或者低估。

(6) 数据校准/匹配:在进行数据融合之前,传感器需要从每个传感器本地数据框架转变为共同数据框架。校准问题是指在传感器配置为标准化以处理单节点传感器时产生的标准化错误。数据校准是数据融合能否成功进行的关键性要素。

(7) 数据联合:在多目标追踪问题中,多传感器的信息使数据融合系统中加入了较高复杂度。其中问题是如何使数据有效的联合,这个问题常常以两种形式出现,即"测量与轨迹"和"轨迹与轨迹"的关联。

(8) 处理框架:在数据融合中,集中式处理和分布式处理是两种主要的处理方式。

(9) 操作时序:具有良好设计属性的数据融合方法经常包含多种时间尺度以适应不同数

据上的时序变化。

（10）数据维度：如果可以存在一定程度的数据压缩损失，则每个传感器可以先在本地完成数据预处理或在数据融合中心完成整体预处理。这可以使高纬度数据变成低维度数据。数据预处理多数情况可以有效地降低数据传输的带宽以及中心融合节点的计算负担。

在数据融合中，尽管一些问题已经被发现并进行了相应研究，但是仍然没有哪种数据融合算法可以解决数据融合中的所有问题。大多数研究的焦点仅集中在部分数据融合中的问题。在数据融合相应研究中，数据常常根据自身表现出的形式被总结分类如图4-4所示的结构。目前，常见的数据融合算法主要就是基于如何解决不同类型数据融合而进行相关研究。

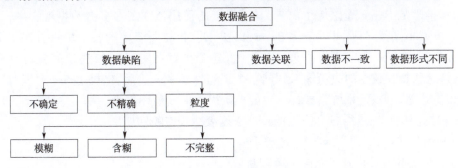

图4-4　数据形式分类

4.2　数据融合理论基础

4.2.1　Bayes方法

4.2.1.1　Bayes定理

Bayes定理指在假设先验概率的情况下观测到的不同数据出现的可能性，常被称为后验概率。一般而言，后验概率与条件概率和边缘概率有关。其中，先验概率通常是依据历史数据统计获得的，或者依据一定的先验知识并通过估计获得的；后验概率是指通过先验概率和观测数据之间的信息，对先前获得概率进行修正的概率。随着观测数据信息的增多，后验概率也逐渐被修正，并且每次的后验概率在下次计算中都被视为先验概率，这种迭代过程通常被视为一种"学习"。

假如样本空间 S 被分为 $A_1,A_2,A_3,\cdots$ 个子样本空间，事件 $B_1,B_2,\cdots,B_n$ 是 n 个同时发生的事件，并且每个事件之间相互独立。此时 A_i 的条件概率可表示为：

$$P(A_i|B_1\cap B_2\cap\cdots\cap B_n) = \frac{P(A_i)\prod_{k=1}^{n}P(B_k|A_i)}{\sum_{j}\prod_{k=1}^{n}P(B_k|A_j)P(A_j)} \quad (4\text{-}1)$$

公式(4-1)称为Bayes定理。通常可以将其表示为：

$$\text{后验概率} = \text{标准相似度} \times \text{先验概率} \quad (4\text{-}2)$$

式中：$\prod_{k=1}^{n}P(B_k|A_i)/\sum_{j}\prod_{k=1}^{n}P(B_k|A_j)P(A_j)$——标准相似度；

$P(A_i)$——先验概率。

因此，Bayes 推断是指基于给定似然函数，通过观测值获得不断信息对概率进行更新。为此，首先需要通过历史知识来预估先验概率，然后进行相应试验，并结合试验结果不断分析概率增加还是减少。如果标准相似度超过 1 时，则增加后验概率；反之，则减少先验概率。假如没有历史知识来获得先验概率，则可以先假设其概率分布为均匀分布，该假设称为 Bayes 假设。

简言之，Bayes 概率是指主观概率。客观概率是通过不断进行重复试验统计得到的概率。Bayes 定理是根据历史的先验知识对未知事件该流程进行的估计。此外，Bayes 定理另一个特点是它适合多假设的情况。

4.2.1.2 数据融合中的 Bayes 方法

Bayes 推理从 Bayes 理论衍生而来，具有广泛的使用范围。在多源数据融合中，如果系统的各个决策相互独立，则可以使用 Bayes 推理。此时，将系统中的各个决策看作一个样本空间，进而利用 Bayes 推理获得决策。首先，将各个传感器对目标的观测信息转换成概率值，并且将这些相互独立的决策输入到同一个识别框架中。然后，借助 Bayes 定理对这些决策进行相应处理。最后，系统会根据一定的推论规则形成最终决策。基本思想归纳如下：

（1）根据历史知识求得各个决策的概率密度表达式或先验概率；
（2）利用公式 4-1 求出决策的后验概率；
（3）根据获得的后验概率完成决策判断。

假设有 n 个传感器对同一目标进行信息采集，该目标有 m 个不同的属性 $A_1, A_2, \cdots, A_m$ 需要决策。在系统运行过程中，首先传感器层将接收的数据根据提取的信息特征和先验知识与目标的具体属性联系起来，并给出关于该属性的一个输出值 B，因此测量数据的好坏和信息分类方法影响该阶段的输出值。然后，计算出每个传感器的输出值在各个命题为真时的概率（似然函数）。接下来，根据 Bayes 定理计算出当各个假设为真时的后验概率。最后依据推论规则对属性结论进行判定。

在似然函数阶段，传感器输出 B_k，属性 A_i 条件下的条件概率为 $P(B_k|A_i)$。假设每个 B_k 相互独立，将各条件代入 Bayes 公式可得 $P(A_i|B_1 \cap B_2 \cap \cdots \cap B_n)$，即检测到属性 A_i 的后验概率。

然后在属性判定阶段，对所有属性集内所有属性 $(A_1, A_2, \cdots, A_m)$ 的后验概率可以采用最大后验判定逻辑或采用门限判定逻辑来做最终的决策 A，由于每种判定的风险可能不一样，有时又会用到最小风险决策方法。最大后验概率表示为：

$$P(A|B_1 \cap B_2 \cap \cdots \cap B_n) = \max P(A_i|B_1 \cap B_2 \cap \cdots \cap B_n) \tag{4-3}$$

门限判定表示为：

$$P(A_i|B_1 \cap B_2 \cap \cdots \cap B_n) > P_0 \tag{4-4}$$

其中 P_0 为系统的决策门限，决定对 A_i 的判定是否可以接受。

4.2.1.3 Bayes 方法的优缺点

Bayes 方法是最早用于不确定推理的方法，主要优点在于使用概率表示所有形式的不确定性，且有具体的公理基础和易于理解的性质；另外，它通过综合先验信息和后验信息避免了主观偏见和缺乏样本信息时带来的盲目搜索和计算，计算量不大且较精确。

而 Bayes 定理的最大缺点在于要求所有概率都是相互独立的，这在实际情况中很难满足；其次，先验概率的准确与否对 Bayes 方法的优劣起着关键作用，而目前先验分布的确定只依赖一些准则,没有完整的理论系统,因此这也带来一定的困难;最后,当系统规则改变时,为了保持系统的相关性和一致性,就需要重新计算所有概率,这不利于系统的灵活性;最后,Bayes 方法要求必须有统一的识别框架,并保证先验概率分配的合理性。

4.2.2 模糊集理论

4.2.2.1 模糊数学概念

模糊集合论是模糊抽象数学的理论基础,模糊抽象数学则认为是广泛研究和应用处理模糊数学现象的一种数学方法。目前世界数学公认的"模糊集之父"扎德两位教授于 1965 年在《信息与控制》学术杂志上正式发表了一篇新的开创性学术论文《模糊集合》,这篇论文标志着模糊抽象数学的正式诞生。

众所周知,经典数学是以精确性为特征的。然而,与精确性相悖的模糊性并不完全是消极的、没有价值的。甚至可以说,有时模糊性比精确性还要好。例如,你要去车站接一位"高个子、金色短头发、戴黑色眼镜的中年男人",尽管这里只提供了"男人"这个精确信息,而其他的信息——高个子、金色短头发、戴黑色眼镜都是模糊的,但你能将这些模糊信息经过你的头脑综合分析与判断,顺利接到这位陌生朋友。如果这个问题交给计算机来处理的话,那么你甚至要精确地告诉计算机这个中年男人有多少根头发。如果他不慎在途中掉了几根头发,计算机就可能找不到这个人了。由此可见,有时太精确了未必是好事情。

模糊数学绝不是要把数学变成模糊不确定的东西,它也是有数学的共性:条理分明,一丝不苟,即使描述模糊的东西也能描述得清清楚楚。扎德教授创立的模糊数学是继经典数学、统计数学之后,数学学科的一个新的发展方向。统计数学将数学的应用范围从必然现象领域扩大到偶然现象领域,模糊数学则把数学的应用范围从精确现象领域扩大到模糊现象领域。

在各个领域内,人们所遇到的各种各样的量大体上可以分为两大类,即确定的与不确定的,而不确定的又可以分为随机的和模糊的。因此,数学模型可以分为 3 大类,如图 4-5 所示。

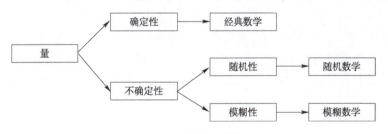

图 4-5 数学模型分类

第 1 类是确定性数学模型。这类模型研究的对象具有确定性,对象之间具有必然的关系,最典型的就是用微分法、微分方程、差分方程所建立的数学模型。

第 2 类是随机性数学模型。这类模型研究的对象具有随机性,对象之间具有偶然的关系,如用概率论分布方法、Markov 链建立的数学模型。

第 3 类是模糊性数学模型。这类模型所研究的对象与对象之间具有模糊性。

模糊性是客观事物所呈现的普遍现象。它主要是指客观事物差异中的中间过渡的"不分明",或者说是研究对象的类属边界或状态的不确定性。概率论是研究数学中不确定性的主要方法,但是如上面说过的那样,有些不确定性是非随机的,而是模糊的。所以,模糊数学的研究目的是要使客观存在的一些模糊事物能够用数学的方法来处理。

4.2.2.2 模糊集集合

允许元素可能部分隶属的集合称为模糊集合。模糊集合是对模糊现象或模糊概念的刻画。所谓的模糊现象就是没有严格的界限划分而使得很难用精确的尺度来刻画的现象,而反映模糊现象的概念称为模糊概念。在模糊集合论中,模糊集合可以表达模糊概念,也可以表达清晰概念。把论域 U 上的模糊集合记为 $\underset{\sim}{A}$,一个元素 x 属于模糊概念 $\underset{\sim}{A}$ 内部,记为 1;若元素 x 属于模糊概念 $\underset{\sim}{A}$ 外部,记为 0;若元素 x 部分属于模糊概念 $\underset{\sim}{A}$ 外部的同时又部分属于其内部,则表示隶属的中介状态,元素 属于模糊概念 $\underset{\sim}{A}$ 内部的程度表示了元素 x 对 $\underset{\sim}{A}$ 的隶属程度。为了描述这种中介状态,必须把元素对集合的绝对隶属关系(某元素要么属于集合 $\underset{\sim}{A}$,要么不属于 $\underset{\sim}{A}$)扩展为各种不同程度的隶属关系,这就是把经典集合 $\underset{\sim}{A}$ 的特征函数 $\chi_A(x)$ 的值域 $(0,1)$ 扩大到闭区间 $[0,1]$ 上。因此,经典集合的特征函数就扩展为模糊集合的隶属函数。

4.2.2.3 模糊聚类分析

模糊识别又称为模糊分类。从处理问题的性质与解决问题的方法角度来看,模糊识别可分为有监督的分类(supervised classification)和无监督的分类(unsupervised classification)两种类型。

在有监督的分类中,模式类别与样本的类别属性是已知的。首先使用具有类别标记的样本对分类系统进行学习,使系统能够对已知样本进行正确分类,然后使用经过训练的分类系统对未知类别的样本进行分类。要做到这一点,就必须对分类问题有足够的先验知识。而要做到这一点,代价往往很大。因此,需要借助于无监督的分类。

无监督分类又称为聚类分析(cluster analysis),聚类就是按照一定的规律与要求对事物进行区分和分类的过程。在这个过程中,分类系统没有关于分类的先验知识,仅仅靠事物间的相似性作为类属划分的规则。聚类分析是指用数学的方法研究和处理给定对象的分类。

传统的聚类分析是一种硬划分,它把每个待分类的对象严格地划分到某类中,具有"非此即彼"的性质,因此这种划分界限是分明的。但是,事实上大多数对象没有严格的属性,它们在状态和类属方面存在中介性,因此适合软划分。模糊集论为这样的软划分提供了有力的工具。

4.2.2.4 模糊模型识别

模糊聚类分析所讨论的对象是一大堆样本,实现没有任何模型可以借鉴,要求根据它们的特性进行适当分类,是一种无模型的分类问题。而模糊模型识别所要求讨论的是:已知若干模型,或已知一个标准模型库,有一个待识别的对象,要求去识别对象应属于哪一个模型。

4.2.2.5 模糊综合评价决策

在实际的工作中,对一个事物的评断与评价常常设计多个因素和指标,这就要求能根据多个因素多事物做出综合评判,而不能只从某一个因素的情况去考虑。所谓综合评判,指按照给定的条件对事物的优劣、好坏进行评价。综合评价的方法多种多样,其中最常用的两种方法如下。

1) 评总分法

评总分法是根据评判对象列出评价项目,对每个项目定出评价的等级,并用分数表示。将评价项目的分数累计相加,然后按总分的大小次序排列,决定方案的优劣。

$$S = \sum_{i=1}^{n} S_i \tag{4-5}$$

式中：S——总分；

S_i——第 i 个项目得分；

n——项目数。

2) 加权评分法

加权评分法主要是考虑众多因素在评价中所处的高低维度或起到的作用不尽相同,因此不能一律平等对待各个因素。

$$E = \sum_{i=1}^{n} a_i S_i \tag{4-6}$$

式中：E——加权平均分数；

a_i——第 i 个因素所占的权重,且要求 $\sum_{i=1}^{n} a_i = 1$。

4.2.3 粗糙集理论

粗糙集理论是由帕拉克于 1982 年首先提出的。粗糙集理论把只是看作关于论域的划分,从而认为知识是有粒度的,而知识的不精确性是由知识的粒度太大引起的。

粗糙集与粗糙集理论都能够处理不确定的和不精确的问题,都是经典集合理论的推广和重要发展,然而,它们的侧重点不一样。模糊集合论中的对象的隶属度不依赖于论域中的其他对象,一般由专家直接给出或通过传统的方法获取,可以反映客观事物的变化规律,但也带有较强的主观性且缺乏精度的概念,而粗糙集理论中对象的隶属函数值却依赖于知识库,它可以从所需要的数据中直接得到,无须外界的任何信息,所以用它来反映知识的模糊性比较客观。它的核心思想是不需要任何先验信息,充分利用已知信息,在保持信息系统分类能力不变的前提下,通过知识约简从大量数据中发现关于某个问题的基本知识或规则。

4.2.3.1 知识与知识系统

假设研究对象构成的集合记为 U,它是一个非空的有限集,称为论域 U；任何子集 $X \subseteq U$,称为 U 中的一个概念或范畴。通常认为空集也是一个概念。把 U 中任何概念族都称为关于 U 的抽象知识,简称知识。一个划分定义为：$X = \{X_1, X_2, \cdots, X_n\}$；$X_i \subseteq U, X_i \neq \phi, X_i \cap X_j = \phi$,且 $i \neq j, i,j = 1,2,\cdots,n$；$\bigcup_{i}^{n} X_i = U$。$U$ 上的一簇划分称为关于 U 的一个知识系统。R 是 U 上的一个等价关系,由它产生的等价类记为 $[X]_R = \{y | xRy, y \in U\}$,这些等价类构成的集合 $U/R = \{[X]_R | x \in U\}$ 是关于 U 的一个划分。一个知识系统就是一个关系系统 $K = (U,Q)$,其中 U 为非空的有限集合,称为论域,Q 是 U 上的一簇等价关系。

4.2.3.2 粗糙集与不确定范畴

令 $X \subseteq U, R$ 是 U 上的一个等价关系,当 X 能表达成某些 R 基本集的并集时,称 X 为 R 上可定义子集,也称 R 为精确集；否则称 X 为 R 不可定义的,也称为粗糙集。边界区域

$BN_R(X)$ 是根据知识 R、U 中既不能肯定归入集合 X，又不能肯定归入集合 $\overline{X}$ 的元素构成的集合，是某种意义上论域的不确定域。

4.2.3.3 知识约简与知识依赖

知识约简是粗糙集理论的核心内容之一。知识库的知识属性并不是同等重要的，甚至某些知识是冗余的。所谓的知识约简，就是在保持知识库分类能力不变的条件下，删除其中不相关或不重要的知识。

令 R 为一簇等价关系，$r \in B$，如果 $ind(R) = ind(R - r)$，则称 r 为 R 中不必要的；否则称为 r 为 R 中必要的。如果对于每一个 $r \in B$ 都为 R 中必要的，则称 R 为独立的；否则称为 R 为依赖的。

设 $Q \subseteq P$，如果 Q 是独立的，且 $ind(Q) = ind(P)$，则称 Q 是 P 的一个约简。显然，P 可以有多个约简。其中，所有必要关系组成的集合称为核，记为 $core(P)$。

4.2.3.4 知识表达系统

知识表达系统在数据融合中占有重要的地位。设四元组 $S = (U, R, V, f)$ 是一个知识表达体系，其中 U 是对象的论域，R 是属性的非空有限集，V 是属性 r 的值域，f 是一个信息函数，它为对象的每个属性赋予一个信息值。在知识表达体系中，如果存在集合 C 和 D 满足 $R = C \cup D$ 且 $C \cap D = \varphi$，则称 C 为条件属性集，D 为决策属性集。具有条件属性和决策属性的知识表达系统称为决策表。

4.2.3.5 粗糙集理论在数据融合中的应用

用粗糙集理论进行属性信息融合的基本步骤如下。

（1）将采集到的样本信息按条件属性和结论属性编制一张信息表，即建立关系数据模型。

（2）对将要处理的数据中的连续属性值进行离散化，对不同区间的数据在不影响其可分辨性的基础上进行分类，并用相应的符号表示。

（3）利用属性约简及核等概念去掉冗余的条件属性及重复信息，得出简化信息表，即条件约简。

（4）对约简后的数据按不同属性分类，并求出核值表。

（5）根据核值表和原来的样本列出可能性决策表。

（6）进行知识推理。汇总对应的最小规则，得出最快融合算法。

相对于概率论方法、模糊理论，粗糙集理论由于是基于数据推理，不需要先验信息，具有处理不完整数据、冗余信息压缩和数据关联的能力。

4.2.4 Monte Carlo 理论

4.2.4.1 Monte Carlo 基本理论

Monte Carlo 方法亦称为随机模拟方法，有时也称为随机抽样技术或统计试验方法，属于计算数学的一个分支，是一种基于"随机数"的计算方法。

最早的 Monte Carlo 方法是由物理学家发明的，旨在通过随机化的方法计算积分。假设给定函数 $h(x)$，计算如下积分：

$$\int_a^b h(x)\,\mathrm{d}x \tag{4-7}$$

如果无法通过数学推导直接求出解析解,为了避免对(a,b)区间所有的x值进行枚举,可以将$h(x)$分解为某个函数$f(x)$和一个定义在(a,b)上的分布$p(x)$的乘积。这样整个积分就可以写成:

$$\int_a^b h(x)\,\mathrm{d}x = \int_a^b f(x)p(x)\,\mathrm{d}x = E_{p(x)}[f(x)] \tag{4-8}$$

这样一来,原积分就等于$f(x)$在$p(x)$这个分布上的均值。这是,如果从分布$p(x)$上采集大量的样本$x_1,x_2,\cdots,x_n$,这些样本符合分布$p(x)$,即$\forall i, x_i / \sum_{i=1}^{n} x_i \approx p(x_i)$。那么,就可以通过这些样本逼近这个均值。

$$\int_a^b h(x)\,\mathrm{d}x = E_{p(x)}[f(x)] \approx \frac{1}{n}\sum_{i=1}^{n} f(x_i) \tag{4-9}$$

Monte Carlo 方法可以分为以下 3 个主要步骤。

(1)针对实际问题建立一个简单且便于实现的概率统计模型,使所求的量(或解)恰好是该模型某个指标的概率分布或者数字特征。Monte Carlo 方法可以用于求解两类问题:一类是确定性问题,如多重积分、求逆矩阵、解积分方程、计算微分算子的特征值等;另一类就是随机性问题。

(2)对模型中的随机变量建立抽样方法,在计算机上进行模拟测试,抽取足够多的随机数,对有关事件进行统计。

(3)给出所求解的"近似值",而解的精确度可用估计值的标准误差来表示,即建立各种估计量。建立各种估计量,有点类似于将模拟实验的结果进行考察和登记,从中得到问题的解。必要时,还应改进模型以降低估计方差和减少试验费用,提高模拟计算的效率。

Monte Carlo 方法采用统计抽样和估计对数学问题进行求解。抽样算法是 Monte Carlo 的一个简单实现,常见的抽样算法有舍选抽样、直接抽样、复合抽样、近似抽样、舍选复合抽样、变换抽样等,这里主要介绍前面 4 种抽样。

4.2.4.2 Markov Chain Monte Carlo 算法

MCMC-Markov 链 Monte Carlo 方法产生于 19 世纪 50 年代早期,是在 Bayes 理论框架下,通过计算机进行模拟的 Monte Carlo 方法,该方法将 Markov 过程引入 Monte Carlo 模拟中,实现抽样分布随模拟的进行而改变的动态模拟,弥补了传统的 Monte Carlo 积分只能静态模拟的缺陷,是近年来广泛应用的统计计算方法。MCMC 算法是一个迭代过程,其基本思路是:通过建立一个平稳分布为$\pi(x)$的 Markov 链来得到$\pi(x)$的样本,基于这样就可以做各种统计推断。

Markov 链平稳分布定义:设$\{X_n, n \geq 1\}$是齐次 Markov 链,状态空间为I,转移概率为p_{ij},称概率分布$\{\pi_j, j \in I\}$为 Markov 链的平稳分布,若它满足:

$$\begin{cases} \pi_j = \sum_{i \in I} \pi_i p_{ij} \\ \sum_{i \in I} \pi_j = 1, \quad \pi_j \geq 0 \end{cases} \tag{4-10}$$

由上述定义可知,只要知道 Markov 链的一步转移概率矩阵,即可通过求解上面的线性方程组得到它的平稳分布。

Monte Carlo 方法的一个基本步骤是产生(伪)随机数,使之服从一个概率分布 $\pi(x)$ 当 X 是一维的情况时,这很容易做到。现在有许多计算机软件都可以得到这样的随机数,前面介绍的例子都是这种简单情况。但 X 常取值于 R^k,直接产生符合 π 的独立样本通常是不可行的。往往是要么样本不独立,要么不符合,或者二者都有。以前有很多人设计出许多方法克服这一点。目前最常用的是 MCMC 方法。Metropolis 方法与 Hastings 的概括奠定了 MCMC 方法的基石。此方法就是在以为平稳分布的马氏链上产生相互依赖的样本。换句话说,MCMC 方法本质上是一个 Monte Carlo 综合程序,它的随机样本的产生与一条 Markov 链有关。基于条件分布的迭代取样是另外一种重要的 MCMC 方法,其中最著名的特殊情况就是 Gibbs 抽样,现在已成为统计计算的标准工具,它最吸引人的特征是其潜在的 Markov 链是通过分解一系列条件分布建立起来的。

4.2.5 Dempter-Shafer 证据理论

4.2.5.1 Dempter-Shafer 理论基本概念

Dempter-Shafer(D-S)证据理论起源于 Dempster 早期提出的由多值映射导出的所谓上限概率和下限概率,后来由 Shafer 作了进一步的发展,所以证据理论又称为 D-S 理论。D-S 理论是一种不确定性推理的方法。它采用置信函数而不是概率作为量度,通过对一些事件的概率加以以约束以建立置信函数,而不必说明精确的难以获得的概率,当为严格约束限制概率时,它就成为概率论。D-S 理论具有以下独特的优点:

(1) D-S 理论具有比较强的理论基础,既能处理随机性所导致的不确定性,也能处理模糊性导致的不确定性;

(2) D-S 理论可以依靠证据的积累,不断地缩小假设集;

(3) D-S 理论能将"不知道"和"不确定"区分开来;

(4) D-S 理论可以不需要先验概率和条件概率密度。

从 D-S 理论的发展来看,D-S 理论不是独立发展的,它与许多理论密切相关,可以和更多理论结合,使 D-S 理论不断发展。这方面应值得读者注意。

在 D-S 理论中,一个样本空间称为一个辨识框架,用 Θ 表示。Θ 由一系列 θ_i 构成,对象之间两两相斥,且包含当前要识别的全体对象,即 $\Theta = \{\theta_1, \theta_2, \cdots, \theta_n\}$。

θ_i 称为 Θ 的一个单子,只含一个单子的集合称为单子集合。证据理论的基本问题是:已知辨识框架 Θ,判明测量模板中某一未定元素属于 Θ 中某一 θ_i 的程度。对于 Θ 的每个子集,可以指派一个概率,称为基本概率分配。

令 Θ 为一论域集合,2^Θ 为 Θ 的所有子集构成的集合,称 $m:2^\Theta \to [0,1]$ 为基本概率分配函数,它满足如下定理:

$$\sum_{A \in P(\Theta)} m(A) = 1, \quad m(\Phi) = 0 \tag{4-11}$$

式中:$P(\Theta)$——幂集。

D-S 理论的一个基本策略是将证据集合划分为 2 个或多个不相关的部分,并利用它们分别对辨识框架独立进行判断,然后用 Dempster 组合规则将它们组合起来。Dempster 组合规则的形式为:

$$m(A) = \frac{1}{1-k} \sum_{A_i \cap B_j} m_1(A_i) m_2(B_j), \quad A \neq 0, m(\Phi) = 0 \tag{4-12}$$

式中，

$$k = \sum_{A_i \cap B_j} m_1(A_i) m_2(B_j) \tag{4-13}$$

反映了证据之间冲突的程度。

4.2.5.2 Dempter-Shafer 组合规则

D-S 理论的核心是 Dempter 证据组合规则，现将其介绍如下。

Dempster 组合规则：设 $m_1, m_2, \cdots, m_n$ 是识别框架 Θ 上的基本概率分配函数，则多概率分配函数的正交和 $m = m_1 \cdot m_2 \cdot \cdots \cdot m_n$ 由下式表示：

$$\begin{cases} m(A) = \dfrac{1}{1-k} \sum_{\cap A_i = A} \prod_{1 \leqslant j \leqslant n} m_j(A_j) & (A \neq \Theta) \\ m(\Theta) = 0 \end{cases} \tag{4-14}$$

式中，$k = \sum_{\cap A_i = \Theta} \prod_{1 \leqslant j \leqslant n} m_j(A_j)$ 称为不一致因子，用来反映融合过程中各证据间冲突的程度，$0 \leqslant k \leqslant 1$，$k$ 越大，证据间冲突越激烈，矛盾越明显；而 $\dfrac{1}{1-k}$ 是修正因子，Dempster 对它的引入完善了识别框架。

4.2.6 估计理论

4.2.6.1 一般概念

设 $x \in R^n$ 是一个位置参数向量，测量 y 是一个 m 维的随机向量，而 y 的一组容量为 N 的样本时 $\{y_1, y_2, \cdots, y_N\}$，设对它的统计量为：

$$x^{(N)} = \varphi(y_1, y_2, \cdots, y_N) \tag{4-15}$$

称其为对 x 的一个估计量，其中 $\varphi(\cdot)$ 称为统计规则或估计算法。

利用样本对参数的估计量本质上是随机的，而当样本值给定时所得到的参数估计值一般与真值并不相同，因为需要用某些准则进行评价。

如果统计量 $x^{(N)}$ 满足 $E(x^{(N)}) = x$，则称 $x^{(N)}$ 是对参数 x 的一个渐进无偏估计。

如果统计量 $x^{(N)}$ 依概率收敛域真值，即 $\lim_{N \to \infty} x^{(N)} \xrightarrow{P} x$，则称 $x^{(N)}$ 是对参数 x 的一个一直估计量。

设 $x^{(N)}$ 是对参数 x 的一个正规无偏估计，则其估计误差协方差阵满足如下 Cramer-Rao 不等式：

$$\operatorname{cov}(\tilde{x}) \overset{\Delta}{=} E(\tilde{x}, \tilde{x}^T) \geqslant M_x^{-1} \tag{4-16}$$

其中 $\tilde{x} \overset{\Delta}{=} x^{(N)} - x$ 是估计误差，而 M_x 是 Fisher 信息矩阵，定义为：

$$M_x \overset{\Delta}{=} E\left\{ \left[\frac{\partial \log P(y|x)}{\partial x}\right]^T \left[\frac{\partial \log P(y|x)}{\partial x}\right] \right\} \tag{4-17}$$

式中：$P(y|x)$——给定 x 时 y 的条件概率密度函数。

4.2.6.2 混合系统多模型估计

在混合空间 $R^n \times S$ 上定义系统：

$$x_{k+1} = f_k(x_k, s_{k+1}) + g_k[s_{k+1}, x_k, w_k(s_{k+1}, x_k)] \quad (4\text{-}18)$$

$$z_k = h_k(x_k, s_k) + v_k(x_k, s_k) \quad (4\text{-}19)$$

式中：$k \in N$——离散时间变量；

$x_k \in R^n$——基础状态空间 R^n 上状态向量；

$s_k \in S$——系统模式空间上模式变量；

$z_k \in R^m$——系统的测量向量；

$w_k \in R^m$ 和 $v_k \in R^m$——分布表示系统的过程噪声和测量噪声，在称此系统为离散时间随机混合系统。

系统模式序列假定是一个 Markov 链，带有转移概率：

$$p(s_{k+1} = s^{(j)} | s_k = s^{(i)}, x_k) = \phi(s^{(i)}, s^{(j)}, x_k), \quad \forall s^{(i)}, s^{(j)} \in S \quad (4\text{-}20)$$

式中：ϕ——标量函数。

上式表明基础状态观测一般来说是模式依赖的，而且量测序列嵌入了模式信息。换句话说系统模式序列是简洁观测的 Markov 模型。当 Markov 链时其次的情况下，从 $s^{(i)}$ 到 $s^{(j)}$ 的转移概率记为 π_{ij}。所有，线性形式的随机混合系统描述为：

$$x_{k+1} = F_k(s_k)x_k + \Gamma_k(s_k)w_k(s_k) \quad (4\text{-}21)$$

$$z_k = H_k(s_k)x_k + v_k(s_k) \quad (4\text{-}22)$$

$$p(s_{k+1}) = \pi_{ij}, \quad \forall s^{(i)}, s^{(j)} \in S \quad (4\text{-}23)$$

上述系统显然是一个非线性的动态系统，但是一旦系统的允许模式给定，则该系统就可简化为一个线性系统。这个系统也称为跳变线性系统。

混合估计问题根据带有噪声的测量序列来估计基础状态和模式状态。

4.2.6.3 期望最大化方法

期望最大化（EM）算法由 Arthur Dempster，Nan Laird 和 Donald Rubin 在 1977 年提出，是当前统计学领域最广泛应用的算法之一。

给定某个测量数据 z 以及用参数 θ 描述的模型族，EM 算法的基本形式就是求得 θ，使得似然函数 $p(z|\theta)$ 为最大，即

$$\theta^* = \arg\max_\theta p(z|\theta) \quad (4\text{-}24)$$

一般情况下，由上式给出的最大似然估计（Maximum Likelihood Estimation，ML 估计）只能求得局部极大值。可以考虑采用迭代算法，每次迭代都对 θ 值进行修正，以增大似然值，直至达到最大值。

假定已经确定一个对数似然函数变化量

$$L(\theta) - L(\theta_k) = \ln p(z|\theta) - \ln p(z|\theta_k) = \ln \frac{p(z|\theta)}{p(z|\theta_k)}, \quad k \in N \quad (4\text{-}25)$$

显然，L 值的增大或减少依赖于对 θ 的选择。于是选择 θ 使得方程的右边极大化，从而使似然函数最大可能地增大。

4.2.7 滤波器理论

4.2.7.1 离散时间线性系统模型

在讨论系统的估计问题时，可以用下式来描述一个离散时间线性系统的状态转换：

$$X_{k+1} = F_k X_k + \Phi_k U_k + \Gamma_k W_k \tag{4-26}$$

式中：$X_k \in R_n$——k 时刻系统的状态向量；

$F_k \in R^{n \times n}$——系统从 k 时刻到 $k+1$ 时刻的状态转移矩阵；

$U_k \in R^n$——k 时刻的输入控制信号；

$\Phi_k \in R^{n \times n}$——与之对应的卷圈矩阵，在没有输入控制信号时，这一项为 0；$W_k \in R^m$ 是 k 时刻的过程演化噪声，它是一个 m 维零均值的白色高斯噪声序列，$\Gamma_k \in R^{n \times m}$ 是与之对应的分布矩阵，且该噪声序列是一个独立过程，其协方差阵为 $Q_k \in R^{n \times n}$，即：$E[W_k, W_j^T] = Q_k \delta_{i,j}$，$\delta_{i,j}$ 为克罗内克函数。

系统的测量方程可以用下式表示：

$$Z_k = H_k X_k + V_k \tag{4-27}$$

式中：$Z_k \in R^n$——k 时刻系统的测量向量；

$H_k \in R^{n \times n}$——系统 k 时刻的测量矩阵；

$V_k \in R^n$——k 时刻的测量噪声，它是一个零均值的白色高斯噪声序列，同样，它是一个独立过程，其协方差阵为 $R_k \in R^{n \times n}$，即 $E[V_k, V_k^T] = R_k \delta_{i,j}$。

假设用 Z^k 代表到 k 时刻为止，所有测量结果构成的结合，即

$$Z^k = \{Z_1, Z_2, \cdots, Z_n\} \tag{4-28}$$

假设，将基于测量集 Z_j 对 k 时刻的系统状态 X_k 做出的某种估计记作 $X_{k|j}$。

当 $k=j$ 时，对 X_k 的估计问题称为状态滤波问题，$X_{k|j}$ 是 k 时刻 X_k 的滤波值；

当 $k>j$ 时，对 X_k 的估计问题称为状态预测问题，$X_{k|j}$ 是 k 时刻 X_k 的预测值；

当 $k<j$ 时，对 X_k 的估计问题称为状态平滑问题，$X_{k|j}$ 是 k 时刻 X_k 的平滑值。

4.2.7.2 连续时间线性系统的离散化

在许多实际问题中遇到的往往不是离散时间系统的情况，为了便于处理问题，需要将连续时间系统转化为离散时间系统。

连续时间线性系统模型的状态化关系可以用下式表示

$$\dot{x}(t) = A(t)x(t) + B(t)u(t) + N(t)w(t) \tag{4-29}$$

式中：$x(t) \in R^n$——t 时刻系统的状态向量；

$u(t) \in R^n$——t 时刻的输入控制信号；

$w(t) \in R^m$——t 时刻的过程演化噪声；

$A(t), B(t) \in R^{n \times n}$ 和 $N(t) \in R^{n \times m}$——与时间 t 有关的已知矩阵。

为了将连续时间系统转化为相应的离散时间线性系统，需要以一定的时间间隔对连续时间线性系统的状态进行采样。假设采样时间序列为 $\{t_0, t_1, \cdots t_k, \cdots\}$，其采样间隔为 $\Delta t = t_k - t_{k-1}$。相应的状态序列记为 $X_k = \{x(t_0), x(t_1), \cdots, x(t_k), \cdots\}$，测量序列记为 $Z_k = \{z(t_0), z(t_1), \cdots, z(t_k), \cdots\}$。因此式（4-26）通解可得

$$x(t) = Ce^{\int_0^t A(\tau)d\tau} + e^{\int_0^t A(\tau)d\tau}\int [B(\tau)u(\tau) + N(\tau)w(\tau)]e^{-\int_0^t A(\tau)d\tau}d\tau, C \in R^{n \times n} \tag{4-30}$$

相应的 $F(k), \Phi_k U_k, \Gamma_k W_k$ 可以分别表示为

$$F(k) = e^{\int_{t_k}^{t_k+\Delta t} A(\tau)d\tau} \tag{4-31}$$

$$\Phi_k U_k = \int_t^{t+\Delta t} B(\tau) u(\tau) e^{\int_t^{t+\Delta t} A(\gamma) d\gamma} d\tau \tag{4-32}$$

$$\Gamma_k W_k = \int_t^{t+\Delta t} N(\tau) w(\tau) e^{\int_t^{t+\Delta t} A(\gamma) d\gamma} d\tau \tag{4-33}$$

因此,只需对 $L(t)$ 和 $v(t)$ 抽样,连续时间线性系统就可以转化为等效的离散时间线性系统,这样有利于对系统进行分析且便于计算处理。

4.2.7.3 Kalman 滤波器

Kalman 滤波器(KF)最早是在 1960 年由匈牙利数学家 Rudolf Emil Kalman 提出的,它是一种最优化自回归的数据处理算法,可以用它来解决线性系统中的估计问题。

在只考虑没有输入控制信号时的情况下,系统状态方程可以简化为

$$X_{k+1} = F_k X_k + \Gamma_k W_k \tag{4-34}$$

将 k 时刻系统状态的最优估计定义为 $X_{k|k} = E[X_k | Z^k]$,与之对应的协方差阵为 $P_{k|k} = E[\tilde{X}_{k|k}(\tilde{X}_{k|k})^T | Z^k]$,其中 $\tilde{X}_{k|k} = X_k - X_{k|k}$。这里 $X_{k|k}$ 和 $P_{k|k}$ 就是 KF 在 k 时刻得到的滤波结果,并作为 KF 下一次迭代中用到的条件。其本质就是根据前一次的滤波结果和当前时刻的测量值得到当前时刻的滤波结果。

4.2.7.4 粒子滤波方法

粒子滤波是从 20 世纪 90 年代中后期发展起来的一种滤波方法,粒子滤波主要源于 Monte Carlo 思想,也就是用某件事出现的频率来指代该事件发生的概率。它的基本思路是用随机样本来描述概率密度,以样本均值代替积分运算,根据这些样本通过非线性系统后的位置及各个样本的权值来估计随机变量通过该系统的统计特征。这里的样本就是所谓的粒子。

Bayes 估计理论是粒子滤波的理论基础,它是一种将客观信息和主观先验信息相结合的估计方法,Bayes 踢腿滤波就是基于 Bayes 估计的一种滤波方法。

$$p(X_{k+1} | Z_{k+1}) = \frac{p(Z_{k+1} | X_{k+1}) p(X_{k+1}, Z_k)}{p(Z_{k+1} | Z_k)} \tag{4-35}$$

$$p(X_{k+1} | Z_k) = \int p(X_{k+1} | X_k) p(X_k | Z_k) dX_k \tag{4-36}$$

$$p(Z_{k+1} | Z_k) = \int p(Z_{k+1} | X_k) p(X_k | Z_k) dX_k \tag{4-37}$$

式中:$p(X_k | Z_k)$——k 时刻的滤波值;

$p(X_{k+1} | Z_{k+1})$——$k+1$ 时刻的滤波值。滤波的目的是实现 $p(X_k | Z_k)$ 的递推估计,实际上,这一点很难做到,一般情况下,上述递推过程可能无法获得解析解。因此,用若干的随机样本对待求的概率密度进行近似,即

$$p(X_k | Z_k) \approx \tilde{p}(X_k | Z_k) = \sum_{i=1}^{N} W_k^{(i)} \delta(X_k - X_k^{(i)}) \tag{4-38}$$

式中:$\tilde{p}(X_k | Z_k)$——对概率密度 $p(X_k | Z_k)$ 的估计结果;

$X_k^{(i)}$——k 时刻滤波后的第 i 个粒子;

$W_k^{(i)}$——该粒子对应的权值;

$\delta(\cdot)$——狄拉克函数;

N——粒子总数。

4.3 数据融合算法

在由多个元件(模块)组成的数据融合系统中,由给定的融合框架指定基础的融合算法,对输入数据进行加工(融合),在实际生活中,融合应用必须处理一些具有挑战性的数据,因此本章基于数据融合的新分类探讨数据融合算法。融合系统的输入数据可能是有缺陷的、相关的、不一致的或者形式完全不同的。挑战性问题的 4 个主要类别都可以进一步细分为更多具体的问题,如图 4-6 所示。

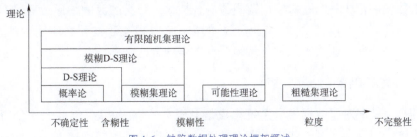

图 4-6 缺陷数据处理理论框架概述

有缺陷数据分类的灵感是来自 Smet 的开拓性工作以及最近 Dubois 和 Prade 的论述。分类中考虑了数据缺陷的 3 个方面:不确定性、不精确性和粒度。

若由数据表示的相关置信度小于 1 则数据是不确定的。而不精确数据是指有许多个对象而不仅仅是只有一个对象的数据。数据粒度是指区分对象的能力,这种能力由数据描述,依赖于所提供的数据集。从数学上讲,假设给定的数据 d(对于每个感兴趣的描述对象)由以下结构组成(图 4-7):

| 对 象 O | 属 性 A | 陈 述 S |

图 4-7 数据结构图

表示数据 d 正在陈述 S 关于实际世界中一些属性 A 和对象 O 的关系。进一步假设 $C(S)$ 为分配给陈述 S 的置信度。如果 $C(S)<1$ 是准确即单独的,则数据认为是不确定的。如果隐含的属性 A 或者置信度 C 不止一个,如一个区间或者集合,则这些数据也将被看作不精确的。注意数据的陈述部分通常是精确的。

不精确的属性 A 或者是置信度 C 可能是明确定义的或者是不明确定义的,或者是错过了某些信息。因此不精确表现为数据的含糊性、模糊性或者不完整性。含糊性数据是指那些属性 A 或者置信度 C 是准确的而且是明确定义的,但数据本身是不明确的。例如在句子"目标位置在 2 和 5 之间",指定的属性是明确定义的不准确区间[2,5]。模糊性数据具有不准确定义的属性即属性是多于一个而不是一个定义明确的集合或者区间。例如句子"这个塔好大"中指定的属性"大"是可以主观理解的不明确定义,即对于不同的观察者有不同的意义。有某些信息丢失的不精确数据被称作不完整数据。例如句子"不可能看见椅子"置信度 C 只给出了上限,即置信度 C 某些陈述 S。

考虑一个信息系统其大量的对象 $O=\{o_1,o_2,\cdots,o_k\}$ 用一个系列属性 $A=\{r_1,r_2,\cdots,r_n\}$ 和不同的域 $D_1,D_2,\cdots,D_n$ 描述。设 $F=D_1\times D_2\times\cdots\times D_n$ 表示一系列的 A 中属性给出的所有可能描述,也被称为帧。对于多个对象可能在一些属性上有同样的描述,设 $[o]_F$ 为帧 F

内等价描述的对象集合,也被称作等价类。现在设 $T \subseteq O$ 表示对象的目标集合,一般用 F 不可能准确描述 T,因为 T 可能包含也可能不包含在帧内不可区分的对象。但是通过上下限设置能够近似描述 T,这能在 F 里根据引出的等价类来准确描述。总之,数据粒度是指数据帧 F(粒度)的选择对所得数据不精确性的影响;换句话说,选择不同属性子集将导致不同的帧和由不可识别(不准确)对象组成的不同集合。

相关数据对于数据融合系统也是一个挑战,必须妥善处理。输入数据的不一致源于3种情况:数据冲突、数据异常和数据混乱。所得的融合数据可能以一种或几种方式不同的形式产生,如由物理传感器(硬数据)产生或人们操作(软数据)产生。这样分类的优点使它们根据具体的数据融合相关问题探索出明确的融合技术。分类的目的是通过提供有合适前景的数据算法来促进开发设计,并提供相关技术用于解决相关数据和在应用中涉及的问题。这样分类也有助于非专业人士更加直观地了解数据融合这个领域。

4.3.1 有缺陷的数据融合

数据的自身缺陷对于数据融合系统来说是最根本的挑战问题,因此大部分研究工作都集中在解决这个问题上。有一些数学理论可以有效地描述有缺陷的数据,如概率论、模糊集理论、可能性理论、粗糙集理论、D-S 理论(DSET),多数这些方法能够描述具体的部分有缺陷数据,例如一个概率分布描述数据的不确定性,模糊集合理论描述数据的模糊性,证据理论可以描述不确定和含糊的数据。从历史上看概率论长期使用于处理大多数缺陷数据信息,因为它是过去唯一存在的理论。替代的技术如模糊集理论和证据推理方式以及提出用于处理概率方法的局限性,如复杂性、不一致性、模型精度和不确定性。讨论数据融合算法种类的每一种,以及它们的混合目的是更加全面地处理数据缺陷。这种混合架构如模糊粗糙集理论和模糊 D-S 理论(fuzzy DSET)。运用随机集描述新兴融合领域,可以用于发展一个处理数据缺陷的统一框架。图 4-6 提供了处理数据缺陷的上述数学理论的概述。在图 4-6 横轴上描绘了数据缺陷的各个方面。围绕数学理论的方块指出了该理论主要针对的缺陷范围。

4.3.1.1 概率融合

概率方法利用概率分布或者密度函数描述数据的不确定性。这些方法的核心是 Bayes 估计,它能把数据的碎片融合起来,因此称作"Bayes 融合"。假设有一个状态空间,Bayes 估计提供了一个计算假定空间在时间 k 上的后验(条件)概率分布或密度的方法,其中一系列测量已给出 $Z^k = \{z_1, z_2, \cdots, z_k\}$(直到时间 k),及先验分布如下所示

$$p(x_k|Z^k) = \frac{p(z_k|x_k)p(x_k|Z^{k-1})}{p(Z^k|Z^{k-1})} \tag{4-39}$$

式中: $p(z_k|x_k)$——似然函数,是基于给定的传感器模型的;

$p(x_k|Z^{k-1})$——先验分布包含了系统给定的转换模型;

分母 $p(Z^k|Z^{k-1})$——只是一个规范化数量以确保概率密度函数积分为1。

可以应用 Bayes 估计每个时刻和通过融合新的数据碎片递归地更新状态系统的概率分布或者密度即 z。但是无论先验分布和规范化数量都包含一般不能分析估计的积分。因此 Bayes 的分析方式并不是所有情况下都能用的。事实上著名的 Kalman 滤波(Kalman Fliter,

KF)是有明确解决方案的 Bayes 滤波器的一种特殊情况,因为把动态系统的约束条件简化成了线性高斯分布,即测量和运动模型假定有一个线性形式和被零均值高斯噪声干扰。尽管如此 KF 因其简单、易于实施和在均方误差上最优,是最流行的融合方法。这是一个非常完善的数据融合方法,其性能无论在理论上还是在实际应用中都得到了检验。另一方面与其他最小二乘法估计类似,KF 对于异常的数据非常敏感。此外 KF 不适合应用在误差特性不易于参数化的应用中。

当处理非线性动态系统时通常采用近似技术。例如 KF 对于非线性系统的应用,扩展 Kalman 滤波(Extended Kalman Filter,EKF)和无迹 Kalman 滤波(Unscented Kalman Filter,UKF)分别是基于关于目前估计的泰勒第一阶和第二阶展开。但是这两种方法都只能在一定程度上解决非线性问题。基于网格的方法提供了一个替代方案去近似非线性概率密度函数,但是在高维上很难计算。基于 Monte Carlo 模拟技术如 Sequential Monte Carlo(SMC)和 Markov Chain Monte Carlo(MCMC)是目前最强大和最流行的近似概率方法。它们也是十分灵活的,因为它们没有提出关于概率密度是近似的这个假设。粒子滤波器是 SMC 算法的一种递归实现。当处理非高斯噪声和非线性系统时,它提供了 KF 的代替品。它的想法是把(加权)集成的随机抽取的样品(微粒)看作是感兴趣的概率密度的近似。随机样品通常根据所给测量(感知模型)的可能性由先验密度(转移模型)和它们的权重所抽取(预测)。这种执行粒子滤波器的方法被称为序贯重要性采样(Sequential Importance Sampling,SIS),通常采用的步骤是将当前集合的微粒用一个新的集合代替,而这个新的集合是根据原本微粒的概率比例权重抽取出来的。这个步骤在粒子滤波器的最初建议中已经包含,被称为序贯重要性重采样算法(Sequential Importance Resampling,SIR)。

与 KF 相似,粒子滤波器已经证明对数据异常敏感,需要一组辅助变量以提高它们的鲁棒性。另外与 KF 相比,粒子滤波器计算耗费更大,因为它们需要大量的随机样本(微粒)去估计所需的后验概率密度。事实上它们不适合用于涉及高维状态空间的融合问题,因为要求用于估计一个给定的密度函数的数量随维度指数会迅速增加。

当处理高维时替代微粒滤波器的方法是 MCMC 算法。其基本思想就是通过用 Markov 链演算样本来减少高维密度估计的负担,而不是简单地把样本在每一个步骤随机地(和独立的)抽样。这里 Markov 链是一个随机样本序列通过具有 Markov 特性的过渡概率(核心)函数产生,即状态空间中不同样本值之间的过渡概率只取决于随机样本的当前状态。这已经被证明人们可以总是使用一个设计好的 Markov 链使其收敛到一个唯一稳定感兴趣的密度(根据已抽样的样品)。在一个足够大的迭代次数之后收敛,这被称作老化期。Metropolis 和 Ulam 率先利用该技术解决涉及高维密度估计的问题。他们的方法被后来的 Hastings 拓展被称作 Metropolis-Hastings 算法。该算法原理是通过依次从一些跳跃的分布中采样候选点,这是由当前样本得出的潜在样本条件概率。得到的候选点依概率接受,这个概率是根据候选点和当前点的密度比率决定的。Metropolis-Hastings 算法对于样本初始化和跳跃分布的选择十分敏感。当选择了不恰当的初始样本或/和跳跃分布老化期可能会显著增长。因此所谓的最优初始点和跳跃分布是该研究的主题。初始点一般尽可能地设立在分布的中心,例如分布模式。此外,随机游动和独立采样链是两个跳跃分布普遍采用的方法。

流行的 Gibbs 采样是 Metropolis-Hastings 算法的特殊情况,其中候选点总是接受的。这种方法的关键优点是它认为只有单变量条件分布,这也通常有更简单的形式,因此比全联合分布更易于模拟。因此,Gibbs 采样模拟 n 个随机变量时,将依次通过单次模拟从全联合分布产生一个单独的 n 维向量。在实际中应用 MCMC 方法的一个难点是估计老化时间,虽然通常认为通过提供够大的样本容量可以使老化时间不重要。尽管如此,当并行处理计划应用 MCMC 方法时,老化时间可能是不能被忽略的。随着并行 MCMC 的计算负担被分为几片,这使个别样本容量并没有想象中那么大。为了缓解这一问题,收敛诊断方法常用来确定老化时间。这些方法必须谨慎应用,因为它们可能引入本身的一些误差到计算中。

4.3.1.2 证据置信度推理

置信度函数理论源于 Dempster 的研究,在已理解的 Gisher 方法的概率推理下得到完善,在基于证据的一般理论下被 Shafer 数学公式化。置信度函数理论是一种在理论上让人感兴趣的证据推理框架,并且是流行的处理不确定和不精确数据的方法。DS 理论引入分配置信度和合理度到可能的测量假设,以及用规定的融合规则去融合它们的概念。这可以看作是 Bayes 理论处理概率质量函数的一般化。

用数学语言描述,考虑用一个 X 表示系统的所有可能状态(也称作识别框架)和幂集 2^X 表示包含 X 的所有可能子集的集合。与概率理论分配概率量到每一个 X 元素相比,D-S 理论则是分配置信度 m 到每一个 2^X 的元素,E 表示关于系统状态 x 的可能命题。函数 m 有如下两个特性:

① $M(\phi) = 0$;

② $\sum_{E \in 2^X} m(E) = 1$。

对于任意的命题 E 直观可知,$m(E)$ 表示有效的系统状态,x 属于 E 的有效证据比率。一般地,m 对于仅有有限数量的集合是非零的称作焦元。使用 m 可以得到 E 的概率区间如下:

$$bel(E) \leq P(E) \leq pl(E) \tag{4-40}$$

式中:$bel(E)$——E 的置信度,定义 $bel(E) = \sum_{B \in E} m(B)$;

$pl(E)$——E 的合理度,定义为 $pl(E) = \sum_{B \cap E \neq \phi} m(B)$。

传感器的证据通常使用 Dempster 融合规则融合。分布考虑两个有置信度质量函数 m_1 和 m_2 的信息源。联合置信度质量函数 $m_{1,2}$ 计算如下:

$$m_{1,2}(E) = (m_1 \oplus m_2)(E) = \frac{1}{1-K} \sum_{B \cap E \neq \phi} m_1(B) m_2(C) \tag{4-41}$$

$$m_{1,2}(\phi) \neq 0 \tag{4-42}$$

其中,K 表示两个信息源直接的冲突量,由下式得出

$$K = \sum_{B \cap E \neq \phi} m_1(B) m_2(C) \tag{4-43}$$

Garvey 等于 1981 年第一次提出利用 D-S 理论处理数据融合问题。不像 Bayes 推论,D-S 理论允许每个源在不同程度的细节上提供信息。例如,一个传感器可以提供信息来区分个别实体,而其他传感器能提供信息来区分实体的类别。此外,D-S 理论不会分配先验概率至未知命题,也就是说只有当支持的信息有效时才会分配概率。事实上,它通过分配整个质量至识别框架允许完全不了解的明确表达,即任何时候有 $m(E\text{-}X) = 1$,而用概率理论必须

假设一个统一的分布来处理这种情况。为了在 Bayes 和 D-S 推论之间做出选择，必须在前者提供的高程度精确和后者的灵活公式表达之间做出权衡。

特别在近几年中 D-S 理论已经建立了有前途和流行的数据融合方法。然而还是存在一些问题如计算的指数复杂度（一般最坏的情况下）和当用 Dempster 融合规则融合有冲突的数据时可能产生有悖常理的结果。这些问题都已经在文献中被大量研究并提出了许多解决或延缓的策略。Barnnett 的研究是第一个解决执行 Demspter 融合规则时的计算问题。在他提出的算法中每个证据要么肯定要么否认一个命题。后来 Gordon 和 Shortiffe 提出了一个能够处理分层证据的改进算法。为了避免非常高的计算复杂度，算法使用了近似结合证据，但是近似不能很好地处理有高度冲突证据的情况。至此许多研究团体已经研究了基于图形技术、并行处理方案、减少焦元数量以及粗化识别框架以近似原始潜在置信度的减少复杂度方法。一些研究还设立了焦元的有限集合表示来促进融合计算。Shenoy 和 Shafer 展示了这种局部计算方法对于 Bayes 和模糊逻辑的能力。

4.3.1.3 融合和模糊推理

模糊集理论是处理不完善数据的另一个理论推理方案。它引入了使推理不精确的部分集合成员的新颖概念。一个模糊集 $F \subseteq X$ 由逐步隶属函数 $\mu_F(x)$ 在区间 $[0,1]$ 定义如下：

$$\mu_F(x) \in [0,1], \quad \forall x \in X \tag{4-44}$$

式中隶属程度越高，表示越多的 x 属于 F。这让模糊数据融合有一个有效的解决方法，就是使用逐步隶属函数模糊或者部分传感数据模糊化。模糊数据可以用模糊规则融合以产生模糊融合输出。模糊融合规则可以分为连接型和分离型。前者的例子如下：

$$\mu_1^{\cap} = \min[\mu_{F_1}(x), \mu_{F_2}(x)], \quad \forall x \in X \tag{4-45}$$

$$\mu_2^{\cap} = \mu_{F_1}(x) \cdot \mu_{F_2}(x), \quad \forall x \in X \tag{4-46}$$

分别表示两个模糊集的标准交集和乘积。后者模糊融合类别的例子如下：

$$\mu_1^{\cap} = \max[\mu_{F_1}(x), \mu_{F_2}(x)], \quad \forall x \in X \tag{4-47}$$

$$\mu_2^{\cap} = \mu_{F_1}(x) + \mu_{F_2}(x) - \mu_{F_1}(x) \cdot \mu_{F_2}(x), \quad \forall x \in X \tag{4-48}$$

分别表示两个模糊集的标准合集和代数和。当融合数据由同等可靠和同类的源提供时连接型模糊融合规则被认为是合适的。另外，当（至少）有一个源被认为可靠虽然另一个源不已知或者融合高度冲突的数据时分离型规则被使用。因此一些自适应模糊融合规则作为两种类别的折中被开发，使其在两种情况下都可用。下面的融合规则是自适应模糊融合的例子。

$$\mu_{Adp} = \max\left\{\frac{m\mu_i^{\cap}}{h[\mu_{F_1}(x), \mu_{F_2}(x)]}, \min\{1 - h[\mu_{F_1}(x), \mu_{F_2}(x)], \mu_j^{\cap}\}\right\}, \quad \forall x \in X \tag{4-49}$$

式中：$h[\mu_{F_1}(x), \mu_{F_2}(x)]$——逐步隶属函数 $\mu_{F_1}(x)$ 和 $\mu_{F_2}(x)$ 之间的冲突程度，定义为式(4-50)。

$$h[\mu_{F_1}(x), \mu_{F_2}(x)] = \max\{\min[\mu_{F_1}(x), \mu_{F_2}(x)]\}, \quad \forall x \in X \tag{4-50}$$

式中：$\mu_i^{\cap}$ 和 $\mu_j^{\cap}$——连接型和分离型模糊融合规则。

与其他理论相比，概率和证据理论非常适合在一个确定对象类中把不确定的目标成员模型化，而模糊集理论非常适合在一个不确定对象类中把不确定目标的模糊成员模型化。然而与概率论类似，概率论需要事先了解概率分布，模糊集理论需要事先了解不同模糊集的隶属函数。由于作为一个强大的表示模糊数据的理论，模糊集理解在人类专家以语言的方式产生的模糊数据的表示和融合中特别有用。此外,它经常被以互补的方式集成于概率和DS证据融合算法。

4.3.1.4 可能性融合

可能性理论由 Zadeh 始建而后由 Dubois 和 Prade 拓展。它基于模糊集理论,但是它主要是为了表示不完整数据而不是模糊数据。可能性理论对不完整数据的处理方式在思路上与概率和 D-S 理论相似但有着不一样的量化方式。不完整数据模型在可能性理论中是可能性分布 $\pi_B(x) \in [0,1]$,$\forall x \in X$,它以已知(确定的)B 类元素 x 的不确定成员为特征。这与模糊集理论的逐步隶属函数 $\mu_F(x)$ 有区别,逐步隶属函数是以不确定的模糊集 F 的 x 中的成员为特征。另一个重要区别是归一化约束中至少有一个值是具有完整的可能性,即 $\exists x^* \in X$ 约束条件 $\pi_B(x^*) = 1$,给定可能性分布 $\pi_B(x)$,事件 U 的可能性测量 $\prod(U)$ 和必要性测量 $\prod(U)$ 定义如下

$$\prod(U) = \max_{x \in U} \{\pi_B(x)\}, \quad \forall U \in X \tag{4-51}$$

$$\prod(U) = \min_{x \in U} \{1 - \pi_B(x)\}, \quad \forall U \in X \tag{4-52}$$

可能性程度 $\prod(U)$ 量化至事件 U 的合理程度,而必要性程度 $\prod(U)$ 量化至事件 U 的确定性,面对不完整信息时用 $\pi_B(x)$ 表达。可能性和必要性也可以被解释为在一种特殊情况下与概率理论关联的上界概率与下界概率。用于可能性融合的融合规则与用于模糊融合的类似。主要的不同是可能性融合规则经常是归一化的。选择合适的融合规则决定于数据源可接受程度以及对于它们可靠度的了解。但是模糊集理论的基础连接型和分离型融合规则只在受限的情况下才有效。有许多增强可能性的融合方法使其可以处理更加困难的融合情况,例如假设 $0 \leq \lambda_i \leq 1$,表示对于不一致可靠的集合 a 第 i 个源的认知可靠性,用收益法 $\pi'_i = \max\{\pi_i, 1 - \lambda\}$ 把可靠性融入融合处理中可以修正信息源相关可能性分布 π_i。

虽然可能性理论还没有在数据融合领域广泛使用,但一些研究人员已经研究了其与概率和证据融合方法的性能比较,而且表明了它可以产生具有相当竞争力的结果。此外可能性融合被认为在所知甚少的环境下(没有有效的统计数据)和在异质源的融合中非常合适。

4.3.1.5 基于粗糙集融合

用于不完整数据的粗糙集理论有 Pawlak 开发用于表示不完整数据,该理论忽略了在不同颗粒度级别的不确定性。确实,粗糙集理论能够处理数据力度。在一个给定框架 F_B 且满足 $B \subseteq A$ 的情况下,该理论提供了一种方法来近似一个明确的集合 T 的形式展现,通过用特定的一组已选好的属性来描述对象。这个近似以一个数组 $\langle B_*(T), B^*(T) \rangle$ 的形式展现,其中 $B_*(T)$ 和 $B^*(T)$ 分别表示在框架 F_B 下集合 T 近似的上界和下界,如下定义

$$B_*(T) = \{o | [o]_{F_B} \subseteq T\} \tag{4-53}$$

$$B^*(T) = \{o | [o]_{F_B} \cap T \neq \phi\} \tag{4-54}$$

式中 $B_*(T) \subseteq T \subseteq B^*(T)$。下界近似 $B_*(T)$ 可以解释为只包括绝对为 T 的成员的对象的保守近似值,而上界近似 $B^*(T)$ 则是更广泛包括所有可能属于 T 的对象。基于这个近似 T 的边界域定义为 $BN_B(T) = B^*(T) - B_*(T)$,这也是不能定义为属于 T 也不能定义为不属于 T 的集合。因此如果一个集合 T 被认为是粗糙集的 $BN_B(T) \neq \phi$。

在数据融合框架里,T 被认为是表示系统(而不是抽象对象)状态(目标)的不精准集合。粗糙集理论将允许根据输入数据的粒度近似系统的可能状态,即 F_B。一旦粗糙集近似,可

以分别用传统集合理论连接型或分离型融合算子融合数据碎片,即交集或合集。

为了成功进行融合,数据颗粒既不能太细致也不能太粗糙。在数据过于细致这种情况下,即$[o]_{F_B}$,将变得单一,粗糙集理论降低至传统集理论。另外,对于过于粗糙的数据颗粒,即$[o]_{F_B}$,将变成巨大的子集,数据近似下界将十分接近空集,导致完全的无知。相对于其他方法,粗糙集的主要优点是不需要初步或者额外的信息如数据分布或者隶属函数。粗糙集理论允许不精确数据融合,近似仅仅基于它的内部结构(颗粒)。

由于粗糙集理论还是一个相对新的理论而且没有得到很好的理解,它在数据融合问题上应用较少。一些研究描述了在数据融合系统上应用粗糙集理论,提供了根据融合系统目的选择最丰富的属性(传感器)集的方法,如对象分类。这个方法是用一个粗糙的整体如每个传感器相关的方法,而后过滤出低于给定阈值的传感器。

4.3.1.6 混合融合方法

发展混合融合方法背后的重要思想是不同的融合方法不应该是竞争关系,例如模糊推理、D-S 理论和可能性融合。因为它们的数据融合方法是由不同的(可能互补的)观点出发。在理论层面,为了在处理不完整数据时提供一个更加完善的框架模糊集理论和 D-S 理论的混合已经被频繁研究。在许多类似的建议中,Yen 的研究可能是最流行的方法,其拓展了D-S 理论至模糊领域同时保持它的主要理论原则。Yen 的模糊 D-S 理论已经在文献中经常被运用。例如 Zue 和 Basir 把基于一个模糊 D-S 证据推理方案的混合融合系统应用至图像分割问题上。

由 Dubois 和 Prade 提出的模糊集理论和粗糙集理论的组合(Fuzzy Rough Set Theory,FRST)是另一个在研究中重要的混合理论。尽管这是一个对于粗糙和模糊数据都很强大的表示工具,但原始 FRST 有许多限制如依赖于特殊的模糊关系。最近由 Yeung 等人尝试通过概括任意模糊关系的 FRST 解决这个问题。在数据融合应用 FRST 已经不再经常在融合文献中被研究因为粗糙集理论本身仍然是不完善的数据融合方法。

4.3.1.7 随机集理论融合

随机集理论原则是在 20 世纪 70 年代在研究积分几何时第一次提出。随机集理论的统一能力已经由一些研究人员展示,其中 Goodman 等人的研究取得最大的关注。特别地,在书中他尝试呈现随机集理论的详细阐述和关于一般单目标与多目标数据融合问题的应用。

随机集理论经常被看作是流行 Bayes 滤波器从单一目标(单一随机变量模拟)拓展到多目标(一个随机集模拟)的理想框架。因此大多数研究工作集中于应用随机集理论去追踪多目标。在随机集数据中,目标状态和测量是由有限随机集模拟而不是传统向量。为了做到这一点,构造先验和似然函数使它们能够模拟更加广泛的不同现象。例如,与动态系统相关的现象如目标消失或出现、增加或取消目标以及大量产生目标,和相关测量现象如漏检和误报这些都可以明确地表现。

明显人们不能指望随机集理论解决多目标追踪分析(因为没有单目标 Bayes 滤波器的情况),因此不同的近似技术设计用于计算新的 Bayes 等式。矩阵匹配技能已经非常成功地近似单目标 Bayes 滤波器。例如,KF 基于传播前两个时刻(均值和方差)然而 alpha-beta 滤波器只需满足第一个时刻。在多目标追踪的情况下,第一时刻就是概率假设密度(Probability Hypothesis Density,PHD),这是用于开发滤波器的共同话题即 PHD 滤波器。这个滤波器还有个高阶延伸称作 Cardinalized 概率假设密度(Cardinalized Probability Hypothesis,CPHD)滤波器,它传播的 PHD 与随机变量的全概率分布用于表示目标的数目。PHD 和 CPHD 滤波器都涉及积分,可以有效防止直接执行封闭形式的解决方法。因此两种近似方法称作混合(Gaussian Mixture,GM)和序贯蒙特卡洛(Sequential Monte Carlo,SMC),已经在文献中用于进一步缓解这些滤波器的执行阶段。两种方法都经常被评估和展示去比较替代方法如联合概率数据关联(Joint Probabilistic Data Association,JPDA)和多假设跟踪(Multiple Hypothesis Traking,MHT),然而比其中任何一种方法的计算要求都要小。CPHD 滤波器的一个重要优点是避免数据的联合问题,但也意味着保持继续追踪变成一个艰巨任务。对于 CPHD 滤波器的最近研究评论,有兴趣的读者可以参考。

随机集理论已经被展现可以有效地解决融合相关任务如目标检测、目标追踪、目标识别、传感器管理以及软/硬数据融合。尽管如此,进一步地研究在不同的应用环境通过更复杂的测试场景以证明它作为融合不完整数据的统一框架的性能。表 4-1 给出了本章节所述的不完整数据融合框架的一个比较总览。

不完整数据融合框架比较　　　　　　表 4-1

框　架	特　性	性　能	限　制
概率框架	使用概率分布于 Bayes 框架融合在一起来表现传感器数据	完善和可理解的处理不确定数据的方法	认为没有能力处理其他方面数据缺陷
证据框架	依赖于概率密度以及使用置信度和合理度去进一步表示数据,然后使用 D-S 规则融合	能够融合不确定和模糊数据	不能处理其他方面数据缺陷,在高冲突数据融合处理时效率低
模糊推理框架	允许粗糙数据表示,用模糊成员和基于模糊规则融合	处理模糊数据特别是人类产生的数据的直接方法	仅限于模糊数据融合
可能性框架	数据表示与概率和证据框架类似,用模糊框架融合	在普遍了解甚少的环境允许处理不完整数据	在融合领域使用不普遍且不能被很好理解
粗糙集理论框架	用传统集合理论算子精确近似下界和上界处理模糊数据	不需要初步和额外信息	需要核实的数据颗粒水平
混合框架	目的在于对不完整数据提供更加全面的处理	使融合框架互补而不是竞争	把一个融合框架融入另一个,造成额外的计算负担
随机集理论框架	依赖于测量或状态空间随机子集来表示不完整数据的许多方面	能够潜在提供一个统一不完整数据融合框架	在融合领域相对较新而且不是很完善

4.3.2 相关数据融合

许多数据融合算法包括流行的 KF 方法需要交叉协方差数据的独立性以及先验知识产生一致结果。不幸的是,在许多数据融合应用中是与潜在未知的交叉协方差相关联的。这可能是由于普遍噪声作用于集中式融合设置中的观察现象,或谣言传播问题,也被称作数据混乱或双计数问题,即在分布式融合设定中观测被无意地使用多次。如果不妥善处理数据关联就会出现有偏估计,如产生虚高的信心值甚至融合算法的发散。对于基于 KF 的系统,存在最优 KF 方法允许保持更新之间的交叉协方差信息。但是这通常是不希望的,因为它是更新数目的平方缩放。此外在数据混乱的情况下,确切的解决方法是保持追踪系谱信息(其中包括所有传感器测量)组成一个确定估计。这种解决方法的吸引力并不大,因此它不能很好地用融合节点数目测量。大多数提出的关于数据融合的解决方法尝试解决它要么通过消除关联的原因,要么解决融合过程中关联的影响。

4.3.2.1 消除数据相关性

数据关联性在分布式融合系统中是特别严重的问题,一般由数据混乱导致。当同一信息由不同路径从源传感器传送到融合节点或由循环路径通过信息循环从一个融合节点输出回到输入时,容易出现数据混乱。在数据融合之前,可以通过去除数据混乱或者重建测量来解决这个问题。去除数据混乱方法通常假设一个特定的拓扑网络和固定通信延迟,目前可以采用图论算法考虑有延迟变量的任意拓扑问题。重建测量方法尝试形成一个去相关测量序列,例如从最近中间状态更新到以前的中间状态,以此去除关联。然后将去相关序列当作滤波器算法的输入反馈至全局融合处理器。这个系列的拓展考虑了存在杂波、数据关联和相互作用的更复杂融合场景。

4.3.2.2 数据融合中存在未知的相关性

可以设计一个融合算法计算出数据的相关性以代替去除数据相关性的处理。协方差交集(Covariance Intersection,CI)是更普遍的处理关联数据的融合方法。CI 最初被提出是为了避免由于数据混乱矩阵协方差估计降低。这解决了一般形式下对于两个数据源(即随机变量)的问题,通过构造矩阵协方差的估计作为输入数据的均值和协方差的凸组合。CI 已经被证明是最优的,根据寻找组合协方差的上界,以及从信息论的观点来看对于任意概率分布函数,CI 在理论上都是合理和合适的。

另一方面 CI 需要一个非线性优化过程也因此需要相应的计算能力。此外,它往往高估交叉区域,这导致了消极的结果和由此产生的融合性能衰退。一些快速的变种 CI 已经被提出尝试减缓前者问题。最大椭球(Largest Ellipsoid Algorithm,LEA)算法的开发,作为 CI 的替代算法,用于解决后者问题。LE 提供了更严格的矩阵协方差估计,通过寻找在输入协方差交叉区域内满足的最大椭圆。最近被证实 LE 关于最大椭圆中心的公式推导是不适合的,而一个新的算法称为内部椭圆近似(Interior Ellipsoid Algorithm,IEA)被提出用于完成这个任务。这些方法的一个主要限制是它们没有能力在一个比基于 KF 技术更加强大的融合框架如颗粒滤波器里促进相关数据融合。最近一种基于广义 CI 近似算法融合框架称为 Chernoff 融合方法被提出,这解决了任意数量的相关概率密度函数(PDF)的通用融合问题。讨论相关数据融合方法的综述如表 4-2 所列。

相关数据融合方法总结　　　　　　　　　表 4-2

框　　架	算　　法	特　　性
去关联框架	显式去除	一般假设一个特定拓扑网络和固定通信延迟
	重建测量	适用于更复杂的融合场景
关联表现框架	交叉协方差	避免协方差低估问题,还有计算量大的问题
	快速 CI	通过代替非线性优化流程提高效率
	最大椭圆	提供更严格(更少消极)协方差估计,而且像其他算法受限于基于 KF 的融合

4.3.2.3　不一致数据融合

数据不一致的概念在一般意义上包括虚假以及无序和冲突数据类似。为了解决 3 个数据不一致的问题,笔者结合文献,探索和开发对应的各种新技术。

4.3.2.4　虚假数据

由于不希望出现永久故障、短期尖峰失效或者缓慢发展故障等情况,可能导致传感器提供的数据对于融合系统是虚假的。如果直接数据融合,这样的虚假数据能够导致严重的估计不准确。例如,如果使用异常值 KF 将很容易损坏。处理虚假数据的研究主要集中在融合过程中识别或者预测和后续清除异常值。这些技术的缺陷是需要有先验信息、并在一个特定的故障模型中。因此,一般情况下即先验信息不是有效的或者没有对故障事件建模,这些研究方案将表现不佳。最近提出了一个随机自适应建模的一般框架,它用于传感器检查虚假数据,因此不再是特定的任意,现有传感器模型。它通过在 Bayes 融合框架中增加新的自定义变量到一般表达式中出现,这个变量表示了在数据和实际数据不是虚假的条件下的概率估计。这个变量的预期效果是当从一个传感器得来的数据在某方面与其他传感器不一致时增加后验分布的方差。广泛的实验模拟展示了该技术在处理虚假数据时具有不错的性能。

4.3.2.5　脱离序列数据

融合系统的输入数据通常是由标明原始时间的离散的碎片。融合系统中的一些因素,例如对于不同数据源的可变传播时间以及不同性质的传感器在多重速率下的操作,都可能导致数据脱离序列。脱序测量可能导致在融合算法中出现冲突数据。在研究当前时间与延迟测量时间之间的相关过程噪声时,主要问题是如何使用脱离序列数据(一般是旧的)更新当前估计。脱序测量的一个常见解决方法是简单地放弃它。如果脱序测量普遍存在于输入数据中,这样的解决方法将导致数据丢失和严重的融合性能衰退。另一个直接解决方法是有序地存储所有输入数据或者一旦接收到脱序测量才进行再处理。由于有大量的计算和存储要求,所以通过这种方法得到最优性能是不现实的。在过去 10 年中,由于分布式传感器和追踪系统的日益普遍,在这个方面已做了对应的研究。

4.3.2.6　冲突数据

冲突数据的融合早就被认为是数据融合领域具有挑战性的难题,例如许多专家就对同一个现象有不同的意见。特别是在 D-S 理论中已经大量研究了这个问题。如在 Zadeh 的著名反例中,Dempster 的融合规则对于大量冲突数据的朴素应用导致不直观的结果。自从 Dempster 的融合规则由于相当反直观的特性受到大量的批评,大多数解决方法提出了代替

Dempster 的融合规则。另外,一些作者为此规则辩护,认为违反直觉的结果是由于此规则的不当应用。例如 Mabler 展示所谓 Dempster 的融合规则的不直观结果可以用一个简单正确的策略来解决,即分配任意小但不为零的置信质量去假设认为这样的结果极不可能。确实,适当运用 Dempster 的融合规则需要满足以下 3 个限制:

(1) 独立消息源提供独立证据;

(2) 同性质源在唯一识别框架上定义;

(3) 一个识别框架包括一个单独和详尽的假设列表。

这些限制太严格而且实际应用太难满足。因此 DSET 已经拓展至更灵活的理论如传统信度模型(TBM)和 Dezert-Smarandache 理论(DSmT),前者的理论通过拓宽有限的约束来扩展 DSET,即开放全局假设以及允许识别框架之外的元素由空集表示。后者驳斥了单独限制允许表示复合元素,即超幂集的元素。TBM 的理论辩护最近由 Semts 提出,在其研究中,他提供了关于现有融合规则的一个详尽评论,并尝试揭示它们的适用性和理论健全性。他认为大多数提出的融合规则是自然中的特殊情况而且缺乏相应的理论证明,大多数替代融合规则确实是幂集的一些元素之间重新分配全局(或部分)冲突信度质量的连接型融合算子。这依赖于这个概念,如果专家认可某些证据,那么它们则被认为是可靠的,否则它们中至少有一个是不可信的,因此分离型融合规则被提出。但是分离型规则通常会导致数据特性的衰退。因此有效来源的可靠性必须是已知先验或者估计的。

Bayes 概率框架下的冲突数据融合也被一些研究人员探索。例如,协方差联合(Covariance Union,CU)算法用于补充 CI 方法,而且可以进行输入数据不只是关联而且冲突的数据融合。此外一个对于不确定、不精确和冲突数据融合的新 Bayes 框架最近被提出。作者利用 TBM 和 DSmT 理论允许冲突数据的一致概率融合的类似理论特性取得 Bayes 研究领域的进展以完善 Bayes 模型。表 4-3 提供所讨论的在不一致数据融合的研究工作的总结。

不一致数据融合方法概述　　　　　　　　　　　表 4-3

不一致方面	问　题	解决方案	特　性
异常数据	如果直接融合数据,则会导致严重的不精准估计	传感器标准技术	识别/预测,随后清除异常值,一般仅限于已知的故障模型
		随机自适应传感模型	无先验知识的一般检测虚假数据的模型
混乱数据	用旧的观测更新当前估计(OOSM)	忽略、再处理或用向前/向后预测	主要假设单滞后和目标线性动态
	用旧的轨迹更新当前估计(OOST)	用增大状态框架去具体化延迟估计	文献中研究和理解得较少
冲突数据	当用 D-S 融合规则融合高度冲突数据时的不直观结果	众多替代的融合规则	大多是临时性没有正确的理论证明
		使用 Dempster 规则是应用修正后的策略	提出满足某些限制条件即可保证 Dempster 规则的有效性

4.3.3 异质数据融合

融合系统的输入数据可能由各种各样的传感器、人类甚至存档的传感数据产生。为这些异质的数据融合建立一个一致和准确的全局观察或者观察现象是十分困难的任务。尽管如此,在一些融合应用中如人机交互,多样的传感器使人们的交互变得更加自然是必要的。研究的焦点是产生的数据(软数据)融合以及软硬数据的融合,近几年来这个方面的研究已经引起了关注。这是出于电子(硬)传感器的固有限制和最近通信基础设备的有效性,这让人类的行动可以看成是软传感器。此外,虽然使用传统传感器的数据融合已经有大量的研究,但是对于由人类和非人类传感器产生的数据进行数据融合却研究得很有限。这方面的初步研究例子包括为软/硬数据融合产生一个数据集当作基础和为未来研究产生一个验证或者确认。最近一个对于软/硬数据融合的 D-S 理论框架被提出,它使用 D-S 理论基于一个创新条件方法来更新以及一个新的模型来把命题逻辑语句从文本转换成一种可接受的形式。此外,一些研究探讨语言数据的不确定表示问题,作者描述多种人类语言在自然中的固有不确定性以及一些用于消除语言歧义的工具如词汇、语法和词典。

研究的另一个新方向集中在称为以人类为中心的数据融合模式,注重人类在融合过程中的作用。这个新模式允许人类参与数据融合过程不仅仅当作软传感器,而且是作为混合计算机和特设组(蜂巢意识)。这依赖于新兴技术如虚拟世界和社交网络软件以支持人类新的融合角色。即使这些发展,硬/软数据和以人类为中心的融合仍然在起步阶段,相信在未来理论会进一步发展,也将有大量实际试验的机会。

第 5 章
智能网联汽车交通大数据挖掘技术

5.1 数据挖掘概述

5.1.1 数据挖掘简介

数据挖掘(Data Mining)是指从大量的数据中挖掘出其中隐藏信息的过程,又被译为数据采矿、资料探勘等,是数据库知识发现过程中的重要环节。

数据挖掘的发展是适应时代的,随着科技进步,人们可以获取到的数据量越来越大,如何从大量数据中提取有效信息和特征并将其加以应用是各个领域都面临的难题,例如在交通领域我们需要从海量的交通数据中获取有用的交通特征和信息,以便使其在交通管理、信号灯控制、工程设计和科学研究等各种应用中发挥更重要的作用。而数据挖掘可以很有效地通过情报检索、统计分析、专家系统、机器学习和模式识别等方法来解决从大量数据中获取有效信息的问题。此外数据挖掘涉及多个学科,是一个交叉性研究领域,内涵丰富。本章首先概述数据挖掘,介绍数据挖掘中的一些基础知识;接着介绍一些数据挖掘涉及的方法。

以往处理数据一般是使用统计汇总和分析手段,当面临大量数据时,往往通过统计抽样技术,从少量样本的特征得出全体样本的特征。例如,出行行为统计分析就不能总是采用普查这种费时费力的方法,而是通过先选定一些地区进行抽样调查,然后再将抽样数据进行放大。

目前数据库系统在录入、统计、查询等功能方面已经十分便捷高效,也可以很有效的记录数据,但仍然不能够发现数据各个属性之间潜在的规则和关系,也不能够根据已有数据预测其发展趋势。

随着数据采集设备的发展和信息量的增加,以往使用的统计手段和数据库管理系统的查询检索机制等方法在处理数据时显得捉襟见肘,数据挖掘就是在这种技术难题下迎合时代需求而产生并迅速发展起来的、用于处理数据资源提取特定信息的一种新型技术。信息是数据反映出来的客观事实,知识是由信息经过特定方法处理后得到。数据挖掘的目的是根据决策者的需求寻找数据之间的信息并进行加工得到知识,对于决策者在现有资料的基础上开展相关工作和科学研究是很有帮助的。

数据挖掘是从大量数据中寻找隐藏的信息和知识,将杂乱的数据特征整理为有用的规则或信息,其方法涉及多个领域,如数学、统计、人工智能、神经网络等。数据挖掘的过程包括定义问题、收集数据、数据预处理、生成模型、结果可视化与验证以及模型更新 6 个步骤,如图 5-1 所示。

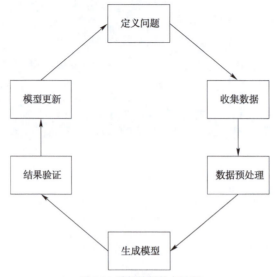

图 5-1　数据挖掘基本过程

通过数据挖掘可以从数据库相关数据集合中根据需求从不同的角度整理出有意义的规则、知识或高层次的信息，使大型数据库成为开展工作和科学研究的重要资源。另外，如今数据挖掘不仅在商业领域、工业生产领域获得了很好的应用，在交通领域中也获得了很好的表现。例如，影响驾驶的因素是多样的，依靠传统的方法进行分析，对于各种因素影响程度不能得到一个较为准确的数据，利用数据挖掘的方法进行分析则发现各因素的影响程度，找出关键因素。

数据挖掘有许多特点，这里归纳了一些较为重要的特点如下：

（1）一般用于处理规模巨大的数据，数据量较小时使用传统统计分析手段即可。

（2）查询一般是决策制定者（用户）提出的即席随机查询，往往不能形成精确的查询要求，要靠数据挖掘技术寻找可能感兴趣的东西，也就是说挖掘出来的知识不能预知。

（3）数据挖掘是要发现隐藏在数据中的知识，而不是将数据直接表达的信息进行整理。

（4）数据挖掘同时兼任发现隐藏知识和管理维护规则的任务。在一些应用中，由于数据更新迭代较快，其中隐藏的规则在不断变化，而规则只能反应旧数据的特征，不能反映出新加入数据的特征，因此要不断更新规则，这就要求数据挖掘能在新数据的基础上对原来的规则进行修改，并快速作出反应，这是"增量式"的数据挖掘。

（5）数据挖掘是根据样本的统计规律进行规则发现的，只有当规则的置信度达到设置阈值时，才能认为成立。

（6）数据挖掘与数据库、数学、人工智能、统计以及神经网络等多个领域的知识理论相结合，并且在数据挖掘中可以直接应用这些领域中的方法。例如统计中的鲁棒性、一致性、不确定性、时间序列分析、概率分布、估计、马尔可夫链、预测、相关分析、假设检验、回归分析及主成分分析，都可以在数据挖掘中使用，这些方法中部分是用于表达属性之间的相关关系，还有一些则可以直接用于表达函数关系。

5.1.2　数据挖掘分类

从不同的方面对数据挖掘进行分类，如挖掘的数据库类型、发现的知识类型、所采用的技术类型和挖掘的深度等。

5.1.2.1 按挖掘的数据库类型分类

关系数据库挖掘是从关系数据库中进行挖掘从而发现知识。同样,基于不同类型的数据库就有不同的数据挖掘。

1) 面向对象挖掘

这个对象可以是任何一个实体,比如,转向盘可以是人们开车时涉及的对象,旅客可以是景区的对象等,而具有某些共同特征的对象的集合称为对象类。面向对象数据库是基于面向对象的思想设计的一种数据库类型,它在传统数据库中引入面向对象概念(对象标识、多态性、封装、继承等)以支持复杂应用领域中的数据建模需求。

面向对象挖掘可以用来发现基于对象层次结构的知识。事实上,面向对象数据库的封装和继承机制为数据挖掘的多态性、可重用性、模块化提供了自然的支持,其类层次结构也为描述知识发现的背景知识提供了支持。

2) 交通数据库挖掘

交通数据库挖掘就是从交通数据中发现一些规律。一般来说,交通数据库由一个文件组成,其中每个记录代表一个事务,并且具有唯一的标识。交通数据库挖掘应用在交通流预测中,通过对交通数据进行挖掘,预测未来的交通流。

3) 多媒体数据库挖掘

多媒体(Multimedia)数据库存储数据、文字、音频、图像和视频等信息,因此它存储的对象占用了很大的空间,需要依赖特殊的技术(语音识别技术、图像识别技术等)才能处理。在语音信号处理中应用数据挖掘技术,能够完成对语音处理从定性到定量的转变、减少人为经验因素对语音处理产生的影响、解决部分现阶段语音处理技术中一些难以解决的问题。

4) 空间数据库挖掘

空间数据库挖掘就是挖掘空间数据库中非空间与空间数据之间的普遍关系、用户感兴趣的空间特征与模式以及数据库中隐含的其他普遍空间数据特征。空间数据库挖掘目的可以是某个区域的城市化情况、贫富分布的相关关系和住房的特征等。例如,根据 ATM 机分布在不同地理位置的情况,将居民划分到不同区域,根据这些信息,可以有效地对 ATM 机进行设置规划,以避免浪费和失掉商机。

5) 因特网挖掘

因特网挖掘有时被称为 Web 挖掘,挖掘的目的是阻止垃圾电子邮件、过滤因特网上的新闻、加快网络速度及发现用户的浏览偏好等。

Web 上的每个网站就是一个数据源,由于各数据源的信息组织方式不同,因此形成了一个庞大的异构数据库。如果要将这些数据用于数据挖掘,必须解决 Web 上的数据查询问题,因为如果不能有效地获取所需的数据,就无法对这些数据进行集成、分析和处理。还需要解决跨站点的异构数据集成问题,只有当这些站点的数据被集成并以统一的视图提供给用户时,才有可能从巨大的数据资源中获得想要的东西。

此外,比起传统数据库挖掘,因特网挖掘要复杂得多。传统数据库可以称之为完全结构化数据,具有很强的数据结构性,图像数据则是完全非结构化数据。因特网上的数据既不是完全结构化的,也不是完全非结构化旳,它的页面存在一定的结构,具有一定的描述层次,因此被称为半结构化数据。这类数据相比于结构化数据，形式更难具备容易识别的特征，因此挖掘更为困难。

6）演绎数据库挖掘

演绎数据库是逻辑程序设计与关系数据库相结合的产物，即在关系数据库中引入演绎规则，使其具备逻辑推理能力。演绎数据库通常由规则管理系统和数据库管理系统组成，存储的数据包括用于导出事实的逻辑规则和用于推理的事实数据。演绎数据库着重于逻辑规则推理的有效计算，包括规则的一致性维护和递归查询的优化等，主要用于开发大规模知识系统的环境。

7）时间/时间序列数据库挖掘

这些数据库存储与时间有关的数据，如股市交易变化的数据。通过对这类数据库的挖掘，可以发现一些对象的变化趋势，为决策提供预测结果。时间序列数据库挖掘与序列模式挖掘有着密切的关系，序列模式挖掘讲述的问题是"在所给的事务序列数据库中，每个事务序列是一组按事务时间排序的事务集，挖掘其中出现频率较高的序列"，其侧重点是分析数据间的前后序列关系。

8）数据仓库挖掘

数据仓库是数据库技术的一种新的应用。数据挖掘技术是数据仓库应用中一个非常重要且相对独立的工具。数据挖掘和数据仓库以交互与融合的方式发展。一方面，由于数据仓库中的数据是经过整理和集成的，简化了数据挖掘过程中的数据预处理和集成，提高了数据挖掘的效率和能力，保证了数据挖掘过程中数据源的完整性和广泛性。另一方面，在数据仓库中，数据挖掘超越了多维分析。例如，管理人员可以通过多维分析比较过去一年某产品在每个地区的销量情况；但如果要预测该产品在未来一年的销量，就需要利用数据挖掘工具。此外，数据仓库的特殊性也对数据挖掘算法的执行效率、知识的动态维护等提出了更高的要求。

5.1.2.2 按发现的知识类型分类

通过数据挖掘可以发现各类规则。关联规则挖掘是指为了发现关联规则的数据挖掘，同样地，还有如下所述的特征规则挖掘、分类规则挖掘、时序规则挖掘及偏差规则挖掘等。

1）关联规则挖掘

数据挖掘领域中最早研究的对象之一就是关联规则（Association Rule）。早在1993年，Agrawal等人针对顾客交易问题最早提出了关联规则问题，来研究数据库中不同项集间的关系，之后有关于这方面的研究越来越多，在实践中的应用也越来越成熟。数据挖掘的目的也不再只局限于发现项集间的关联关系，而是向不同类型的关联关系扩展。

2）特征规则挖掘

特征规则挖掘是指根据提取的一组与学习任务相关的数据的表达式对数据集的总体特征进行描述，常被应用于交通大数据中。例如，将交通流数据分成不同类，并对各类交通流数据的特征进行进一步分析。具体方法有：通过道路等级分析发现不同路段交通流的不同特征规则，并对有代表性的主干道或次干道的交通流进行分析；通过是否工作日分析来挖掘不同时期交通流特征规则；通过时段分析挖掘不同时间点交通流的特征；以道路条件、是否为工作日、一天内是否高峰时段等为依据，挖掘最有价值的交通流的特征规则。

3) 分类规则挖掘

分类是指对训练数据样本进行分析,并对类别进行精确的描述,它也是数据挖掘重要的一部分内容。分类规则就是指对数据按照一定规则进行分类,得到分类结果,基于结果可以对数据未来的变化趋势进行预测。例如,针对道路交通流数据的分析,可以根据交通流量、占有率、速度、排队时间等对交通拥堵程度进行分类,可以分为:严重拥堵、中度拥堵、轻度拥堵和畅通四类。分类规则挖掘就是指发现交通拥堵等级分类的规则,并根据得到的规则对其他时段的交通流数据进行分类。

4) 时序规则挖掘

时序规则也称为序列模式,是指数据与时间相关,会随时间发生周期性变化的规则。例如,在交通行业里,利用时序规则可以在交通流变化周期里找出交通流变化趋势和特征,能更好地作出预测。

5) 偏差规则挖掘

对偏差规则进行挖掘就是去发现存在于观测值与参照值之间的偏差。在对数据的分类别识别中,例外模式、反常实例、观察值与期望值之间的差别以及随时间发生的量值的变化都可以称为偏差。

5.1.2.3 按采用的技术类型分类

在数据挖掘的过程中,会采用不同的方法或者途径,主要可以分为以下几种:

(1) 查询驱动挖掘:查询驱动的数据挖掘是指通过数据挖掘技术针对用户提出的查询要求去发现数据的规则和模式。

(2) 发现驱动挖掘:发现驱动的数据挖掘是指通过发现每一步对数据的规则或者所包含的知识,并将每一次的发现运用到下一步的挖掘过程中,直到得出最终数据挖掘结果。

(3) 数据驱动挖掘:数据驱动的数据挖掘是指通过挖掘获得相关数据内容,并基于此来驱动系统做出下一步的决定。

(4) 基于归纳的挖掘:就是发现部分或者大多数数据所遵从的一般规律并对其归纳,实现数据挖掘。

(5) 基于模式的挖掘:模式是指对发生频率较高的事件以及该问题的解决方案的核心进行的表述,不同于具有某种确定性的模型。

(6) 集成挖掘:指集成多种数据挖掘方式并综合运用。

5.1.2.4 按挖掘的深度分类

为了得到有利于决策的数据,可以对数据进行联机分析处理(Online Analytical Processing,OLAP),即结合现有数据库管理系统的查询/检索和报表功能与多维分析及统计分析方法,这可以被看作一种较浅层次的数据挖掘形式。发现那些在数据库中隐含的、前所未知的规律或知识,可以看作一种深层次的数据挖掘形式。两种形式都是获取数据库中有用的信息,相辅相成地对决策起到支持的作用。

5.1.3 数据挖掘任务

通常,数据挖掘任务分为以下几类。

5.1.3.1 关联分析

关联规则挖掘(Association Rule Mining)最早由 Agrawal 等提出,提出的主要目的是发现事务数据库中顾客购买的不同商品之间的联系规则去分析购物篮问题,后来引申为从数据库中发现存在于项集间的关联关系,在数据挖掘领域中是很重要的方面。

5.1.3.2 分类

数据分类(Classification)是指通过分类模型对具有相同属性的一组数据进行划分类别的过程,也就是说找到数据库中每一数据与既定类别之间的映射函数的过程,在交通大数据领域应用广泛。

示例数据库,也称为训练集,是指可以由一组特征对数据库的记录进行描述,而每个记录代表一个类别。分类的过程就是指通过描述示例数据库中的每个类别的数据的特征,然后建立分类模型,并基于此对其他不确定类别的数据进行分类。

在示例数据库中,会选择两部分样本数据,分别作为训练集和测试集。首先通过对训练集进行分析,使得能精确描述每个类别,初步完成体现数据特征的模型的构建,然后基于对测试集数据的分析对模型进行扩展,完善分类模型,完成模型的构建。分类方法是一种基于监督的学习方法,比较常见的有决策树方法、遗传算法、神经网路、贝叶斯方法等。

5.1.3.3 聚类

聚类分析(Clustering Analysis)的目的是对一组对象根据属性值划分成一系列有意义的子集。一组未被标记的数据可以作为聚类的输入,然后对输入按照相似度或数据自身的距离进行划分,其中遵循使得组内相似性最大和组间相似性最小的原则划分。聚类分析可以对大型系统进行分解,从而得到较小的组成部分,有助于细分集合,实现系统设计的简化。

聚类分析与数据分类的不同之处在于,它的输入是没有分类的一组数据,且事先不知道应该把这组数据分为几类。聚类就是指通过分析输入数据之间的相似关系,进而对数据集合进行合理地划分。聚类分析包括模糊聚类法、层次聚类法、密度聚类法、划分聚类法及网格方法等多种方法。输入数据相同的前提下,如果采用的聚类方法不同,得到的聚类结果也会有所不同。因此,对于聚类分析来说进行聚类结果的评价很重要。

5.1.3.4 预测

数据挖掘预测的过程是指通过挖掘发现数据输入与输出之间的关联(也就是说数据本身的内在规律)建立预测模型,并通过模型完成数据未来趋势的预测。数据挖掘预测主要遵循黑箱子模型,就是指不考虑数据之间的复杂性,把数据输入和输出之间的关系都看作一个黑箱子,数据看作黑箱子内在规律的反映。通过黑箱子模型对输入数据完成分析,并对未来的输出数据进行预测。

5.2 数据关联分析

5.2.1 数据关联分析基本概述

关联分析(Association Analysis)起初是统计学中常用到的一个术语,它是指分析两个或两个以上变量之间可能存在的关联关系。

关联规则挖掘就是为了在数据库中发现联系规则,是数据挖掘领域一个很重要的课题,也是最早的研究课题之一。提到数据挖掘,首先就会想到关联规则挖掘,因为大多数关于数据挖掘的文章,特别是一些以前的研究工作和领域应用,都集中在不同类型关联规则的定义和挖掘算法的设计上。

关联规则挖掘是指从数据库中发现存在于数据项集间的关联关系。首先对数据项(item)和数据项集(itemset)的概念进行介绍。

设所有数据项(以下称为项)的集合为 $I = \{i_1, i_2, \cdots, i_m\}$。由数据项组成的非空集合为数据项集(以下称为项集)。设所有事务集为 D,一个事务 T 对应一个事务标识(TID, transaction identification),且 $T \subseteq I$。对项集 $X \subseteq I$,称 X 包含于 T 且仅当 $X \subseteq T$。由上述概念,延伸出以下概念:项集的长度即为项集包含的元素个数,k 阶项集($k\_$ itemset)即为长度为 k 的项集,k 阶项集 X 可以用 $X[1]X[2]\cdots X[k]$ 表示。对于项集 $X = A \cup B$,若 B 为 m 阶项集,那么称 B 是 A 的 m 阶扩展。

对数据项和数据项集有了了解后,再介绍关联规则。关联规则是描述数据库中存在于数据项间的隐含关系的规则,形式为 $A \Rightarrow B$,其中 $A \subseteq I, B \subseteq I$,且 $A \cap B = \emptyset$,A、B 分别被称为规则头(antecedent)和规则尾(consequent)。项集之间的关联表明:如果一条事务中 A 出现,那么该事务中 B 同时出现的概率更高。关联规则阐述了数据项同时出现的可能性,对于这种可能性,支持度(support)和置信度(confidence)提供了一个量化的标准,下面介绍其概念。

事务集 D 中包含项集 $X(X = A \cup B$,即规则 $A \Rightarrow B)$ 的事务数即为 D 中规则 $A \Rightarrow B$ 的支持数(support count),用 support($A \cup B$) 或 ($A \cup B$).sup 表示。规则 $A \Rightarrow B$ 的支持数比上 D 全部的事务数所得到的值,即为 D 中规则 $A \Rightarrow B$ 的支持度,表示 A、B 在 D 中同时出现的概率,记作 $Pr(A \cup B)$。规则的最低支持度即为支持阈值,记作 s。若事务数据库全部的事务数不变,支持阈值可用最小支持数(minsup = $s \cdot |D|$,$|D|$ 是全部的事务数)替代。给定一个 s(或 minsup),如果 X 的支持度 $Pr(X) \geqslant s$(或 X 的支持数 X.sup $\geqslant$ minsup),则 X 称为频繁项集(frequent itemset)或者大项集(large itemset)。

规则 $A \Rightarrow B$ 的置信度即 $Pr(A \cup B)/Pr(A)$ = support($A \cup B$)/support(A),描述 D 中包含 A 的同时也包含 B 的可能性,记作 conf($A \Rightarrow B$),也可以用符号 $Pr(B|A)$ 表示。规则的最低置信度即为置信阈值,记作 minconf。

给定一个置信阈值和支持阈值,置信度和支持度都大于对应阈值的规则称为关联规则。对关联规则进行分类时可以从不同的角度出发。

(1) 根据规则中的变量类型,有数值型和二值型(布尔型)两种关联规则。二值型关联规则目的是显示变量之间的关系,处理的都是离散和分类的数据。然而,在一些数据库中,例如交通数据库除了存储车辆的名称外,还存储有关车辆的其他信息,如行驶距离、刹车频率、载重等。在挖掘关联规则时加入量化信息,获取的是数值型关联规则,并且在挖掘此类关联规则时,需要先对量化信息属性进行离散化处理,然后再挖掘处理后的数据。此外,在挖掘数值型关联规则时延伸到关系数据库中,可以表示属性值之间的关联关系。

(2) 根据规则中数据的抽象层次,有单层和多层两种关联规则。单层关联规则中所有的数据都是细节数据,层次没有区分开来。但往往数据不止一个层次,数据间的层次关系则能通过多层关联规则体现出来,发生关联的数据可以是在同一层次或者不同的层次,分别被称为同层关联规则和层间关联规则。

(3) 根据规则所涉及的数据维数,有单维和多维两种关联规则。处理单个属性之间的关系为单维关联规则,处理多个属性之间的关系为多维关联规则。通过判断在规则中是否有同一个属性重复出现,多维关联规则又可以分为混合维关联规则(规则两侧允许属性同时出现)和维间关联规则(规则中不允许属性重复出现)。

(4) 特殊类型的关联规则。通过语义约束关联规则,限制规则左侧或者右侧必须包含某些属性,以便查找到感兴趣的特殊关联规则,这种称为有约束的关联规则。还可以对关联规则形式施加约束。此外,还可以在关联规则中限制某些属性不出现,这种称为否定关联规则。在对车辆进行关联规则挖掘时,将车辆的行驶时间或行驶距离作为权值,这种称为带权值的关联规则。

5.2.2 数据关联分析常用方法

自1993年Agrawal等人第一次提出发现事务数据库中顾客购买的不同商品之间的联系规则的问题以来,很多学者便开始深入研究关联规则的挖掘问题,主要工作包括:优化原始算法,如引入了数据划分、并行处理和随机采样,提高算法的效率;其次,延伸关联规则的类型,提出模糊关联规则、序列模式、多层次关联规则、数值型关联规则、有约束的关联规则、否定关联规则和带权值的关联规则等;增量算法(用于增量挖掘)和分布算法(处理分布数据)等。

通常地,可以通过下面两个步骤进行关联规则挖掘。

步骤1,大项集的搜索:找到支持度(或支持数)大于等于用户给定的最低支持度(或最小支持数)的大项集L。对于施加语义约束的规则,可以求得满足约束的大项集L。

步骤2,关联规则的生成:检查每一个大项集L的每一个非空子集X,生成规则"$X \Rightarrow L - X$",其支持度为$Pr(L)$,置信度为$Pr(L)/Pr(X)$,只保留大于等于用户指定的最低置信度的规则。为了使步骤更简化,利用支持度的性质,先测试L的最大子集,只有当生成规则的置信度大于等于最低置信度时才检验更小的子集。

例如,$L=\{A,B,C,D\}$,如果规则$\{A B C\} \Rightarrow \{D\}$的置信度未达到最低置信度,则$\{A B\} \Rightarrow \{C D\}$也不能达到最低置信度(因为$Pr(\{A B\}) \geqslant Pr(\{A B C\})$)。因为生成关联规则不需要对交通数据库进行扫描,其计算量也远低于步骤1,因此搜索大项集这一步骤是关联规则挖掘的关键。

根据搜索的数据格式、目标、方向和范围,可以构造不同的搜索算法。

5.2.2.1 第一个关联规则挖掘算法——AIS

AIS(Agrawal,lmielinski,Swami)是关联规则挖掘中的第一个算法,在关联规则的发展中起到了重要作用。在详细解释算法步骤之前,首先明确一些符号的含义,如表5-1所示。

符号及含义 表5-1

符号	意义	符号	意义
D	交通数据库	L_k	k阶大项集
t	D中的一条事务	L	所有大项集
C_k	k阶候选项集		

AIS 算法的基本思路是通过多次循环来计算大项集。先通过扫描交通数据库，得到一阶大项集。然后在扫描第 $k(k>1)$ 次时，找到每条事务 t 所包含的所有 $k-1$ 阶的大项集 L_{k-1}。把出现在 t 中的数据项依照指定的顺序向后扩展成 k 阶项集，并添加到 k 阶候选项集中，同时累加候选项集的支持数。例如，如果 $\{A,B,C,D\}$ 是当前正在处理的事务，$\{AB\}$ 是它所包含的 2 阶大项集，由 $\{AB\}$ 扩展得到 $\{ABC\}$、$\{ABD\}$，作为 3 阶候选项集。

第一轮扫描完成后，就能得到 k 阶候选项集的支持数，而 k 阶大项集即为支持数大于等于最小支持数的项集。之后下一轮扫描开始，一直到候选项集为空时，结束算法。

5.2.2.2 基于 SQL 的关联规则挖掘算法——SETM

通常关系数据库是事务的存储格式，关系表中的每一条记录都对应一条事务。若用 SQL(Structured Query Language) 语句转化关联规则挖掘的过程，并利用关系数据库的查询功能，能够有效地提高挖掘的效率。为了便于处理，存储的每一条记录都代表事务中与之对应的每个项，而记录集合记作 R_1。处理后，如果有 3 个项在一条事务中，那么在记录集合 R_1 中就对应 3 条记录。

存储事务中包含的 k 阶项集和事务的标识时，用到的是 SETM 算法中的中间表 R_k。k 阶项集的连接表 R'_k 是通过对 R_1 与 $k-1$ 阶项集的中间表 R_{k-1} 连接而得到的，根据 R'_k 中项集属性进行分组，每一个组代表一个项集，而每个项集的支持数就是对应组中的记录个数，大项集 L_k 就是大于等于最小支持数的项集。其次，利用大项集过滤连接表 R'_k，只保留大项集对应的事务记录，获得 k 阶项集的中间表 R_k。其余的可以类推，直到得到的中间表 R_k 为空时结束算法。

5.2.2.3 关联规则挖掘的典型算法——Apriori

上面讲到的算法 AIS 和 SETM 有一个共同的缺点：在扫描交通数据库时构造的候选项集中并不是所有的都是大项集，这样不仅占用大量的存储空间，还浪费计算时间。

因此，Agrawal 等研究者提出了更好的方法以解决此问题，新的算法将之前循环生成的大项集进行构造得到新的候选项集，然后扫描交通数据库，计算新的候选项集的支持数，扫描结束时得到大项集。

具体地说，在第一次循环中，1 阶大项集是通过扫描交通数据库而生成，在接下来的第 $k(k>1)$ 次循环中，k 阶候选项集 C_k 是由第 $k-1$ 次循环产生的 $k-1$ 阶大项集 L_{k-1} 实施 Apriori_gen 运算而生成。再次对交通数据库进行扫描，得到 k 阶候选项集 C_k 的支持数，而 k 阶大项集 L_k 则是 k 阶候选项集 C_k 中支持数大于、等于最小支持数的项集。其余的可以类推，直到某阶的大项集为空时结束算法。

Apriori 算法的核心是候选项集的生成，即利用 Apriori_gen 运算基于以下性质实现的：如果一个项集是大项集，那么它的所有子集都是大项集。相反，如果一个项集中有任何一个子集不是大项集，则该项集也不可能是大项集。例如，若一条事务包含 $\{AB\}$，那么一定也包含 $\{AB\}$ 的所有子集。因此，$\{AB\}$ 的支持数一定小于等于它的子集 $\{A\}$ 和 $\{B\}$ 的支持数。因此，如果 $\{A\}$ 或者 $\{B\}$ 不是大项集，那么 $\{AB\}$ 也不可能是大项集。

根据此原理，Apriori_gen 由 $k-1$ 阶的大项集构造 k 阶的候选项集。Apriori_gen 运算包括自连接和削减两个步骤。

5.2.2.4 内存分布的并行挖掘算法——CD

为了便于对算法的描述，表 5-2 里列出了一些常用的符号及其含义，其中下标表示项集的阶数,上标表示处理器的标识。

并行算法中的符号　　　　　　　　表 5-2

符　号	意　义	符　号	意　义
P^i	第 i 个处理器	C_k^i	P^i 的 k 阶局部候选项集
D^i	P^i 的局部数据库	C_k	k 阶全局候选项集
DR^i	重新分布后 P^i 上的局部数据（Candidate 分布算法）	L_k^i	P^i 的 k 阶局部大项集
X. sup	项集 X 的全局支持数	L_k	k 阶全局大项集
X. sup^i	项集 X 在 P^i 上的局部支持数		

Count 分布算法(Count Distribution Algorithm 简记为 CD 算法)应用于内存分布的硬件体系结构,是并行关联规则挖掘算法中最典型的算法,之后许多算法都是在此基础上改进的。CD 算法中先将交通数据分配到每个处理器,各处理器内存中的候选项集在每次循环时全部被复制,用于构建候选项集的 Hash 树结构,之后各处理器分别扫描局部数据库,计算相应的支持数,最终全局支持数则利用处理器之间的通信得到。具体地说,在第一次循环中,局部 1 阶候选项集 C_1^i 是 P^i 根据出现在 D^i 中的项生成的,并计算其支持数,全局的 1 阶大项集 L_1 则利用处理器之间的通信得到。对之后第 k 次循环($k>1$)执行以下操作:

(1) P^i 由第 $k-1$ 次循环结束时得到的 $k-1$ 阶大项集产生 k 阶候选项集: C_k = Apriori_gen (L_{k-1})。

(2) P^i 扫描局部数据库 D^i,计算 k 阶候选项集 C_k 的局部支持数。

(3) P^i 和其他处理器通信,交换局部支持数,得到全局支持数。

(4) P^i 由 C_k 得到 L_k。

(5) P^i 独立地决定算法是结束还是继续。

在上述算法中,能够并行地执行算法的(1)、(2)步,(4)、(5)步,因为每个处理器存储所有的大项集,候选项集可以独立地生成。但步骤(3)需要同步执行,因为当一次循环结束时,传递局部支持数的前提是每个处理器均完成执行后才能进行。CD 算法的最大优点是每个处理器通信量相对较低,只在循环结束时交换候选项集的支持数,其余时刻均能独立进行运算。该算法的缺点是内存利用率比较低。由于每个处理器的内存是有限的,每次循环可以处理的候选项集的数量由内存大小决定,如果有很多候选项集,则必须多次装入内存,从而导致多次扫描交通数据库。由于可处理的候选项集数取决于单个处理器的内存容量,当把处理器的个数由 1 增加到 N 时,总内存量增加了 N 倍,但一次可处理的候选项集的数量却没有改变。

5.2.2.5　共享内存的并行挖掘算法——CCPD

CCPD 算法应用于共享内存的硬件体系结构,它是一种基于 Apriori 算法的并行关联规则挖掘算法,将交通数据库划分为多个逻辑分区,每个处理器并行地生成候选项集,并构建共享的候选项集 Hash 树结构。由于是并行执行 Hash 树的插入操作,所以当一个叶结点同时被多个处理器修改时,会出现访问冲突的问题。CCPD 算法的优点是通过新的 Hash 函数构建 Hash 平衡树,缩短了搜索的时间。

5.2.2.6 同层关联规则的挖掘算法——ML_T2

可以采用以下两种支持度策略进行同层关联规则挖掘。

递减地支持阈值。为不同的概念层次指定不同的支持阈值,较低层次的支持阈值相对较小。假设指定第 l 层的最小支持数为 $\text{minsup}[l]$,如果第 l 层的项集 X 的支持数 $X.\text{sup} \geq \text{minsup}[l]$,那么称 X 是大项集。

统一的支持阈值。为不同的概念层次指定相同的支持阈值。但该方法的不足是很难找到一个在低层次上满足支持阈值的项集。

设 x 是数据项,t 是一次事务,如果 $x \in t$,或者 x 的后代属于 t,则称 x 包含于 t。如果 x 包含项集 X 的每个元素,则称 X 包含于 t。设项集 $X = \{X[1], X[2], \cdots, X[m]\}$,项集 $Y = \{Y[1], Y[2], \cdots, Y[n]\}$,如果通过把 $X[i]$ 替换为概念层次树中的祖先 $Y[j]$,可以得到 Y,则称 Y 是 X 的祖先。

如果 $X \Rightarrow Y$ 是一条关联规则,必须满足 3 个条件:

(1) $X \cup Y$ 的支持度不小于当前概念层的支持阈值;

(2) $X \cup Y$ 中的任意项的祖先概念的支持度不小于所在概念层的支持阈值;

(3) $X \Rightarrow Y$ 的置信度不小于置信阈值。

多层次的关联规则挖掘就是在每个概念层次上寻找关联规则。首先,对层次概念树进行编码,编码方法是:对每个概念层次树的根结点进行连续整数编码,然后对每个树的结点进行逐层编码,子结点的代码是将父结点的代码与子树中子结点的序号相组合,然后用编码替换交通数据库中的数据项,构成编码数据库 $T[1]$。然后,按照从高到低的顺序逐层搜索大项集,并通过上层数据挖掘得到的大项集对下层的项集进行过滤。最后,从每个层的大项集中分别生成关联规则。

ML_T2 算法采用事务削减的方法,减小了扫描数据量,提高了算法的效率。该算法在每个层次上按从高到低的概念层次,搜索每层的大项集。在最高概念层次上,函数 get_large_1_itemset 扫描 $T[1]$,得到 1 阶大项集,由函数 get_filtered_table 利用一阶大项集对 $T[1]$ 过滤,删除每条交易中祖先不属于大项集的项,如果某事务所有的项都被删除,则该事务也被删除,最后得到削减的交通数据库 $T[2]$。然后,利用 Apriori 算法通过循环得到各阶大项集。从第 2 层开始,算法扫描 $T[2]$,依次得到每层的大项集。当达到了最大层次数或者某层上的 1 阶大项集为空时,算法结束。

5.2.2.7 层间关联规则的挖掘算法——Basic

层间关联规则也称为广义关联规则,形式是 $X \Rightarrow Y$,其中 X、Y 是任意概念层次上的大项集,满足 $X \cap Y = \emptyset$,且 Y 不包括 X 中的项的祖先。

规则的冗余性是关联规则在概念层次上的泛化所引起的问题。有两种冗余规则:如果一个规则的侧是规则左侧的祖先,则该规则是冗余的。另一种冗余规则是可以从高概念层规则中推导出来的规则。如果经过计算发现实际的支持度和置信度与预期值相近,则该规则就是冗余的。

设项集 $X = \{x_1, x_2, \cdots, x_k\}$,$Y = \{y_1, y_2, \cdots, y_k\}$,其中,是 y_j 是 x_j 的祖先概念。如果知道 Y 的支持度为 $Pr(Y)$,那么 X 的期望支持度为

$$E_Y(Pr(X)) = \frac{Pr(x_1)}{Pr(y_1)} \times \frac{Pr(x_2)}{Pr(y_2)} \times \cdots \times \frac{Pr(x_k)}{Pr(y_k)} \times Pr(Y) \tag{5-1}$$

设 $X \Rightarrow Y$ 是一条规则，Z 是 X 的祖先，W 是 Y 的祖先。如果已知规则 $Z \Rightarrow W$ 的置信度为 $Pr(W|Z)$，那么规则 $X \Rightarrow Y$ 的期望置信度为

$$E_{Z \Rightarrow W}(Pr(X \Rightarrow Y)) = \frac{Pr(y_1)}{Pr(w_1)} \times \frac{Pr(y_2)}{Pr(w_2)} \times \cdots \times \frac{Pr(y_k)}{Pr(w_k)} \times Pr(W|Z) \tag{5-2}$$

如果项集 Y 是项集 X 的祖先，没有其他的项集 Z，满足 Y 是 Z 的祖先，Z 是 X 的祖先，那么 Y 是 X 的最近祖先或者父项集。要评价规则是否是冗余，首先必须根据其父项集来计算规则的期望支持度和期望置信度。

给定兴趣阈值 $R(R>0)$，如果 $X \Rightarrow Y$ 没有祖先，或者它的支持度是相对于父项集的期望支持度的 R 倍，或者置信度是期望置信度的 R 倍，则此规则是有趣的，否则它是冗余的。广义关联规则挖掘就是寻找置信度和支持度都大于相应阈值的非冗余规则。

可以通过下面 3 个步骤进行广义关联规则的挖掘：
(1) 对于由任意概念层次上的项构成的项集，找到大于最低支持度的大项集。
(2) 生成关联规则，计算其置信度，找到大于最低置信度的关联规则。
(3) 计算关联规则的期望支持度和期望置信度，删除冗余规则。

在上述 3 个步骤中，这个过程的核心是第(1)步。

Basic 算法在扫描交通数据库时扩展每个事务，函数 extend_transaction(D,H) 对 D 中的每条事务 t，搜索概念层次 H，加入每个项的所有祖先到事务中。由于一条事务中的不同项可能有共同的祖先，交易扩展后会有重复的项，因此也要删除事务中重复出现的项，并使用 Apriori 算法搜索扩展数据库的大项集。

5.2.2.8 支持阈值动态调整的增量挖掘算法——IUA

关联规则的挖掘需要指定支持阈值和置信阈值，然后搜索满足阈值的项集和规则。如果阈值发生改变，将影响到规则的正确性。这里将阈值的调整分为三类。

(1) 由于保留了原始的大项集，因此很容易解决由于调整置信阈值而引起的问题，并且在改变置信阈值后，可以很容易由大项集重新生成满足条件的规则。

(2) 当支持阈值增加时，更新规则非常简单，只要删除不满足新支持阈值的大项集和规则就可以完成更新任务。

(3) 当支持阈值降低时，原来的非大项集可能转化为新的大项集，这就需要重新计算支持度。针对这类问题，IUA（Incremental Updating Algorithm）增量式更新算法研究了在支持度阈值降低的情况下如何有效地维护关联规则。

令 minsup_new(minsup_new < minsup) 为新的最小支持数，新的 k 阶大项集记为：L'_k，新的 k 阶候选集记为 C'_k，显然 $L_k \subseteq L'_k$ 成立，所以主要问题是找到最初没有出现在 L_k 里的新产生的大项集。基本方法如下：在第一次循环中，检测 L_1 中未出现的项，得到一阶大项集 L'_1。然后在第 k 次循环时，将候选项集 C'_k 分为两部分：一部分是属于 L_k 的项集，另一部分是不属于 L_k 的项集，只需要计算后者的支持数，由前者和后者中满足最小支持数的项集形成新的 k 阶大项集。

5.2.2.9 支持数据库更新的增量挖掘算法——FUP

交通数据库更新可能产生新的关联规则或导致某些关联规则失效。由于规则的生成步骤比较简单，因此增量关联规则算法的关键步骤是对大项集进行增量修改。在交通数据库中添加一批新记录时，FUP（Fast UPdate）算法使用了一些方法来最小化对原始交通数据库的

扫描,从而提高规则的维护效率。

假设 D 是原始交通数据库,事务量为 N;d 是增量交通数据库,事务量为 n,更新后的交通数据库记为:$U_d = D \cup d$,事务量为 $N+n$。项集 X 在 D、d、U_d 里的支持数分别记作 $X.\sup_D$、$X.\sup_d$、$X.\sup_{U_d}$,满足 $X.\sup_{U_d} = X.\sup_D + X.\sup_d$,即项集的支持数等于原先的支持数加上新增交通数据中的支持数。在给定的支持阈值 s 下,L 表示 D 的大项集,L' 表示 U_d 的大项集。从大项集的定义可知,$\forall X \in L, X.\sup_D \geq s \cdot N$;$\forall X \in L', X.\sup_{U_d} \geq s \cdot (N+n)$。

根据更新前后的大项集,项集可分为以下三类(图 5-2):

(1) heavy(简记为 H):这类项集的特点是在 D 上是大项集,在 U_d 上仍然是大项集,即 $H = L \cap L'$。

(2) loser(简记为 O):这类项集的特点是在 D 中是大项集,但在 U_d 上不是大项集,即 $O = L - L'$。

(3) winner(简记为 W):这类项集的特点是它不是 D 中的大项集,而是 U_d 中的大项集,即 $W = L' - L$。

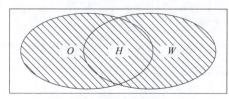

图 5-2 增量算法中的三类项集

注:左边的椭圆代表初始大项集,右边的椭圆代表更新后的大项集。

由于关联规则的挖掘结果保留了大项集的支持数,前两类项集只需扫描新增加的交通数据即可被识别,而对于第三类项集,原先支持数未知,所以有必要扫描原始交通数据库。由于增量交通数据通常比原始交通数据少得多,因此如何减少对原始交通数据库的扫描次数是增量算法的关键。

FUP 算法的主要思想是从 L 中删除属于 loser 类的项集,并且识别出属于 winner 类的项集,最后得到:$L' = (L - O) \cup W$。假设项集 $X \notin L$,如果 $X.\sup_d \leq s \cdot n$,那么 $X \notin L'$。利用该性质,在计算 W 时,只需要检测满足 d 中支持阈值的项集,从而减少候选项集的数量。FUP 算法的步骤如下:

第 1 次循环的步骤:

(1) 扫描 d,计算 $X \in L$ 的支持数 $X.\sup_d$,得到 $X.\sup_{U_d}$,令 $O_1 = \{X \in L_1 | X.\sup_{U_d} < s \cdot (N+n)\}$。对那些出现在 d 中但不属于 L_1 的项,同时计算它们在 d 中的支持数,得到 $C_1 = \{X \notin L_1 | X.\sup_d > s \cdot n\}$,显然,所有属于 W 的 1 阶项集都包含在 C_1 中。

(2) 扫描 D,计算 $X \in C_1$ 的支持数 $X.\sup_D$,得到 $X.\sup_{U_d} = X.\sup_D + X.\sup_d$。因此,$w_1 = \{X \in C_1 | X.\sup_{U_d} \geq s \cdot (N+n)\}$。

(3) 计算新的大项集:$L_1' = (L_1 - O_1) \cup W_1$。

5.2.3 数据关联分析应用算例

例 5-1

设交通数据库 D 如图 5-3 中的第一个表所示,令 minsup = 3,并使用 AIS 算法计算大项集。整个算法过程如图 5-3 所示，详细说明见计算过程。

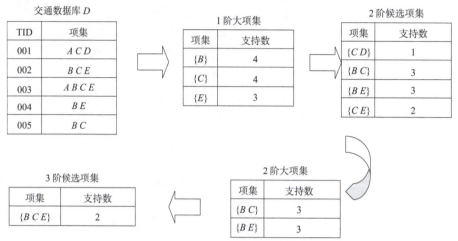

图 5-3　AIS 算法流程图

步骤(1)：首先扫描交通数据库，计算数据项的支持数，得到 1 阶大项集 $\{B\}$、$\{C\}$、$\{E\}$；

步骤(2)：第二次扫描交通数据库，事务号为 001 的事务包含 1 阶大项集 $\{C\}$，通过扩展得到 2 阶候选项集 $\{CD\}$，支持数为 1；事务号为 002 的事务包含 1 阶大项集 $\{B\}$、$\{C\}$、$\{E\}$，通过扩展得到 2 阶候选项集 $\{BC\}$、$\{BE\}$、$\{CE\}$，支持数为 1；事务号为 003 的事务包含 1 阶大项集 $\{B\}$、$\{C\}$、$\{E\}$，通过扩展得到 2 阶候选项集 $\{BC\}$、$\{BE\}$、$\{CE\}$，支持数分别增加 1；事务号为 004 的事务包含 1 阶大项集 $\{B\}$、$\{E\}$，通过扩展得到 2 阶候选项集 $\{BE\}$，支持数加 1；事务号为 005 的事务包含 1 阶大项集 $\{B\}$、$\{C\}$，通过扩展得到 2 阶候选项集 $\{BC\}$，支持数加 1；最后，2 阶候选项集 $\{BC\}$、$\{BE\}$ 的支持数不小于 3，因此它是一个 2 阶大项集；

步骤(3)：第三次扫描交通数据库，事务号为 001 的事务不含任何 2 阶大项集；事务号为 002 的事务包含 2 阶大项集 $\{BC\}$、$\{BE\}$，通过扩展得到 3 阶候选项集 $\{BCE\}$，支持数为 1；事务号为 003 的事务包含 2 阶大项集 $\{BC\}$、$\{BE\}$，通过扩展得到 3 阶候选项集 $\{BCE\}$，支持数加 1；事务号为 004 的事务包含 2 阶大项集 $\{BE\}$，无法扩展；事务号为 005 的事务包含 2 阶大项集 $\{BC\}$，无法扩展；最后，3 阶候选项集的支持数都小于 3，因此 3 阶大项集为空集。算法停止；

步骤(4)：得到大项集 $L = \{\{B\}, \{C\}, \{E\}, \{BC\}, \{BE\}\}$。

例 5-2

设交通数据库 D 如图 5-4 中的第一个表所示，令 minsup = 3，并使用 SETM 算法计算大项集。算法的过程如图 5-4 所示。

步骤(1)：将 D 转换为 1 阶项集表 R_1 的形式，每个项和事务标识 TID 形成一条记录；

步骤(2)：第一次扫描 R_1，计算支持数得到 1 阶大项集 $\{A\}$、$\{B\}$、$\{C\}$、$\{D\}$；

步骤(3)：在第二次扫描中，R_1 与 R_1 执行连接操作，并以 TID 作为连接属性来获取 2 阶项集的连接表 R_2'，分组后，根据每个组的支持数，得到 2 阶大项集 $\{AB\}$、$\{AC\}$、$\{BC\}$，然后由 R_2' 和 L_2 得到 2 阶中间表 R_2；

步骤(4):在第三次扫描中,R_2 与 R_1 执行连接操作,并以 TID 作为连接属性,获取 3 阶项集的连接表 R'_3,分组后,根据每个组的支持数,发现 3 阶大项集为空,因此 3 阶中间表 $R_3 = \varnothing$。

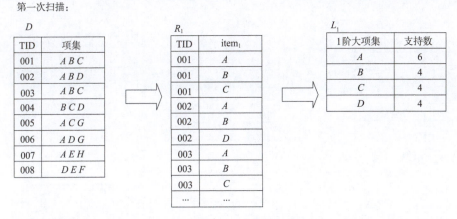

图 5-4　SETM 算法流程图

例 5-3

设交通数据库 D 如图 5-5 中的第一个表所示,令 minsup = 3,利用 Apriori 算法计算大项集。算法的过程如图 5-5 所示。

步骤(1):所有的项构成了一阶候选项集:$C_1 = \{\{A\},\{B\},\{C\},\{D\},\{E\}\}$。第一次循环扫描交通数据库,计算项集的支持数,得到一阶大项集 $L_1 = \{\{B\},\{C\},\{E\}\}$。

步骤(2):由 Apriori_gen(L_1) 生成二阶候选项集:$C_2 = \{\{B\ C\},\{B\ E\},\{C\ E\}\}$。然后,开始第二次扫描交通数据库,并将每个候选项集的支持数累积到 C_2 中,得到 $L_2 = \{\{B\ C\},\{B\ E\}\}$。

步骤(3)：由于 $C_3 = $ Apriori_gen$(L_2) = \emptyset$，算法停止。

步骤(4)：合并大项集得到 $L = \{\{B\}, \{C\}, \{E\}, \{B\,C\}, \{B\,E\}\}$。

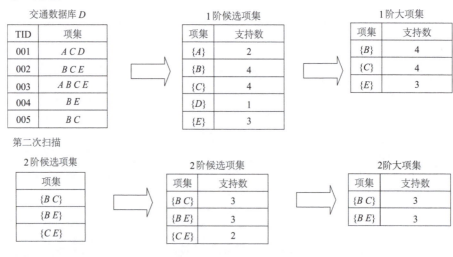

图 5-5　Apriori 算法流程图

5.3　数据聚类

5.3.1　数据聚类基本概述

交通系统优化的前提是将研究对象按类别进行划分。例如在出行行为分析中，为分析出行者出行方式选择的过程以及决定要素，需要根据出行者自身属性将他们归属不同的类别：追求性价比、追求舒适度等。

相同类别的元素通常具有更多相似属性，因此对研究对象进行分类归纳研究远比在一个杂乱集合中进行研究更加清晰、精准。最早人们通过经验法对实验样本进行类别划分，随着数据分析技术的发展以及大数据的应用，聚类分析应用范围逐渐扩大，在大数据环境中得到了很大的应用。作为统计学分支之一，早期聚类分析是以 AutoClass 这类基于距离的聚类方法为主。在识别模型中，聚类分析被划归为概念聚类或者非监督学习，这使聚类方式除了考虑元素间距离外，还需分析同类元素间的隐含信息。

故聚类分析可定义为，将一组元素分类，使得类内相似性最大和类间相似性最小，最后输出的结果为不同类的元素尽量不同，而同一类的元素尽量相似。聚类分析作为数据挖掘技术领域的重点研究方向之一，至今为止，各国研究者针对各类交通问题，提出了不同的大数据聚类算法：空间聚类、统计学聚类等。聚类分析作为相关分析和概念描述的先决条件，通过寻求数据的自然聚集结构，使数据模型从无序转换为有序。聚类分析在交通大数据挖掘中主要意义如下：

(1)数据库中的原始交通数据通常不含标签，无法依据标签对训练数据进行分类，聚类分析则能将处理大量属性众多的无标签数据。

(2) 在交通数据挖掘过程中, 聚类可作为其他挖掘任务的前提, 利用聚类将交通数据集划分为不同子集后, 其他挖掘工具能够更容易从聚类结果基础上寻找交通数据集背后隐藏的规律和不明显的运行模式。

在聚类分析中, 储存在数据库中的交通数据依据类型属性分为名义型和等级型两类。名义型的属性值域为有限域, 且属性值间相互独立、无法进行加、减以及排列等常规运算。当 X、Y 为名义型的属性值时, 可以描述 $X=Y$、$X \neq Y$、但 $X>Y$、$Y>X$ 等描述均无实际意义。例如, 车辆 ID、列车型号、信号灯颜色等都属于名义型属性。等级属性的属性值可以定性排序, 但无法定量描述属性值之间的大小差异, 当 X、Y、Z 为等级型属性值时, 可以描述 $X>Y>Z$, 但 $(X-Y)>(Y-Z)$ 或 $(X-Y)<(Y-Z)$ 等描述不成立。例如, 信号灯周期(长>短)、设计速度(高>低)、道路横截面宽度(宽>窄)等都属于等级型属性。

不同名义型属性值含义各不相同, 且数值的量纲不同, 因此在进行聚类分析前, 需进行去量纲化运算, 将不同名义型属性值得数值量纲进行统一, 通常是借助标准化(又称正规化)处理, 将不同名义型属性值得数值映射到同一区间内, 标准化处理之后, 计算属性值距离时, 每个属性对距离的度量有着等同的作用。

交通数据集 D 包含 n 个数据, $x_i \in D$, x_{ij} 为 x_i 的第 j 个属性值, 为使 x_{ij} 转化为无量纲数值 x'_{ij}, 可使用以下标准化方法:

(1) Z-Score 标准化: $x'_{ij} = \frac{1}{t_j}(x_{ij} - \bar{x}_j)$, 其中第 j 个属性的期望值 $\bar{x}_j = \frac{1}{n}\sum_{i=1}^{n} x_{ij}$、标准方差 $t_j = \sqrt{\frac{1}{n}\sum_{i=1}^{n}(x_{ij} - \bar{x}_j)^2}$, 该方法使得标准化后数据均值为 0、标准方差为 1;

(2) $x'_{ij} = \frac{1}{s_j}(x_{ij} - \bar{x}_j)$, 式中 $s_j = \frac{1}{n}\sum_{i=1}^{n}|x_{ij} - \bar{x}_j|$;

(3) 最小—最大标准化: $x'_{ij} = \frac{x_{ij} - a_j}{b_j - a_j}$, 其中 $a_j = \min_{i=1}^{n} x_{ij}$、$a_j$ 标准化值为 0, $b_j = \max_{i=1}^{n} x_{ij}$, b_j 标准化值为 1, 该方法能够将属性数值 x_{ij} 映射到任意的区间;

(4) $x'_{ij} = \frac{x_{ij}}{\bar{x}_j}$, 式中第 j 个属性的期望值 $\bar{x}_j = \frac{1}{n}\sum_{i=1}^{n} x_{ij}$;

(5) $x'_{ij} = \frac{x_{ij}}{b_j}$, 式中 $b_j = \max_{i=1}^{n} x_{ij}$, b_j 标准化值为 1;

(6) 小数定标法: $x'_{ij} = \frac{x_{ij}}{10^k}$, 其中 k 为满足 $\max(x'_{ij}) \leq 1$ 最小的正整数。

聚类分析的核心问题为寻找属性数值间的相似性, 基础手段便是对聚类对象进行相似性度量, 传统相似性度量方式主要为距离度量与相似系数度量两类。针对包含数值的聚类对象通常使用距离度量, 对象距离越靠近 0, 则对象相似性越高, 使用距离度量主要为 Q 型聚类等; 针对含分类的聚类对象, 对象相似系数越靠近 0, 则对象相似性越高, 使用相似系数主要为 R 型聚类等。随着聚类分析研究的深入, 针对不同交通数据可使用不同聚类度量方式, 因此如何选择合适的相似性的度量方法是聚类分析的前提, 下面将介绍 3 类常见的相似性度量方式。

5.3.1.1 距离度量

假设原始交通数据集 $D = \{x_1, x_2, \cdots, x_n\}$ 中任意数据 x_i 具有 m 个属性, 在 m 维空间, x_i

可视为空间中的一个点,则原始交通数据集 D 为 m 维空间的 n 个点。令 x_i、$x_j \in D$,d_{ij} 为 x_i、x_j 在空间中的距离,当 x_i、x_j 属于同一类时在空间中应该尽量接近,反正则应该尽量远离,即距离 d_{ij} 越小,数据的相似性越高,更容易被归为一类,距离 d_{ij} 通常满足的性质有:

(1) $d_{ij}=0 \Leftrightarrow x_i = x_j$;

(2) $\forall x_i, x_j, d_{ij} \geq 0$;

(3) $\forall x_i, x_j, d_{ij} = d_{ji}$;

(4) $\forall x_i, x_j, x_k, d_{ij} \leq d_{ik} + d_{kj}$。

常用的距离公式如下:

(1) 欧氏(Euclidean)距离, $d_{ij} = (\sum_{k=1}^{m}|x_{ik}-x_{jk}|^2)^{\frac{1}{2}}$ 为属性值之差的平方和的平方根,聚类分析中为简化运算,通常以 $d_{ij} = \sum_{k=1}^{m}|x_{ik}-x_{jk}|^2$ 替代,作为最常用的距离度量函数,即使空间坐标系发生平移旋转变化时,距离度量计算结果仍然不变;

(2) 曼哈顿(Manhattan)距离, $d_{ij} = \sum_{k=1}^{m}|x_{ik}-x_{jk}|$ 为属性值之差的绝对值之和;

(3) 切比雪夫(Chebyshev)距离, $d_{ij} = \max_{1 \leq k \leq m}|x_{ik}-x_{jk}|$ 为属性值之差的最大值;

(4) 闵科夫斯基(Minkowski)距离, $d_{ij} = (\sum_{k=1}^{m}|x_{ik}-x_{jk}|^p)^{\frac{1}{p}}$,式中 $p = 1、2、3 \cdots \infty$,由于闵科夫斯基距离适用于量纲相同的属性值的计算,因此使用该距离函数时,需提前进行标准化,同时需考虑属性间多重相关性,避免部分属性对聚类分析影响过大;

(5) 自定义距离: $d_{ij} = (\sum_{k=1}^{m}|x_{ik}-x_{jk}|^p)^{\frac{1}{r}}$ 为闵科夫斯基距离的衍生函数,式中 r、p 为自定义参数;

(6) 方差加权距离: $d_{ij} = \left(\sum_{k=1}^{m}\frac{|x_{ik}-x_{jk}|^2}{\sigma_k^2}\right)^{\frac{1}{2}}$,式中 σ_k^2 为方差矩阵;

(7) 兰氏距离: $d_{ij} = \sum_{k=1}^{m}\left|\frac{x_{ik}-x_{jk}}{x_{ik}+x_{jk}}\right|$ 该距离函数克服了闵科夫斯基距离函数的缺陷,无需标准化,但却未考虑属性间多重相关性;

(8) 马氏距离: $d_{ij} = [(x_i-x_j)V^{-1}(x_i-x_j)']^{\frac{1}{2}}$,式中 V 为协方差矩阵,马氏距离同时克服了属性值量纲与多重相关性影响计算的缺陷,但由于计算复杂度、计算量过大,因此难以在大数据领域应用。

5.3.1.2 相似系数

相似系数描述的是属性值间的相似度,假设原始交通数据集 $D = \{x_1, x_2, \cdots, x_n\}$ 中任意数据 x_i 具有 m 个属性,令 x_i、$x_j \in D$,r_{ij} 为 x_i、x_j 间的相似系数,随着相似系数 r_{ij} 增大,则 x_i、x_j 之间的相似性也越高,r_{ij} 通常满足以下条件:

(1) $r_{ij}=1 \Leftrightarrow x_i = x_j$;

(2) $\forall x_i, x_j, r_{ij} \in [0,1]$;

(3) $\forall x_i, x_j, r_{ij} = r_{ji}$。

常用的相似系数度量,包含计算方法如下:

(1) 数量积法，$r_{ij} = \begin{cases} 1 & i = j \\ \dfrac{1}{M}\sum\limits_{k=1}^{m} x_{ik} x_{jk} & i \neq j \end{cases}$，式中 M 为满足 $M \geq \max\limits_{i,j}(\sum\limits_{k=1}^{m} x_{ik} x_{jk})$ 的正数；

(2) 夹角余弦法，$r_{ij} = \dfrac{\left|\sum\limits_{k=1}^{m} x_{ik} x_{jk}\right|}{\sqrt{(\sum\limits_{k=1}^{m} x_{ik}^2)(\sum\limits_{k=1}^{m} x_{jk}^2)}}$，式中 $r_{ij} \in [-1, 1]$，r_{ij} 表示属性值构成的向量之间的夹角余弦，当相似系数 r_{ij} 为 0 时，表示属性值之间完全不相似；

(3) 相关系数法：$r_{ij} = \dfrac{\sum\limits_{k=1}^{m}(x_{ik} - \overline{x_i})(x_{jk} - \overline{x_j})}{\sqrt{\sum\limits_{k=1}^{m}(x_{ik} - \overline{x_i})^2} \times \sqrt{\sum\limits_{k=1}^{m}(x_{jk} - \overline{x_j})^2}}$，式中，$r_{ij} \in [-1, 1]$，$\overline{x_i} = \dfrac{1}{m}\sum\limits_{k=1}^{m} x_{ik}$，$\overline{x_j} = \dfrac{1}{m}\sum\limits_{k=1}^{m} x_{jk}$，$r_{ij}$ 表示属性值间的相关度，r_{ij} 为 0 表示属性值之间不相关，r_{ij} 为 1 表示属性值之间正相关，r_{ij} 为 -1 表示属性值之间负相关；

(4) 指数相似法：$r_{ij} = \dfrac{1}{m}\sum\limits_{k=1}^{m}\left(e^{-\frac{3}{4}\frac{(x_{ik} - x_{jk})^2}{s_k^2}}\right)$；

(5) 最大最小法：$r_{ij} = \dfrac{\sum\limits_{k=1}^{m} \min(x_{ik}, x_{jk})}{\sum\limits_{k=1}^{m} \max(x_{ik}, x_{jk})}$；

(6) 算术平均最小法：$r_{ij} = \dfrac{\sum\limits_{k=1}^{m} \min(x_{ik}, x_{jk})}{\dfrac{1}{2}\sum\limits_{k=1}^{m}(x_{ik} + x_{jk})}$；

(7) 几何平均最小法：$r_{ij} = \dfrac{\sum\limits_{k=1}^{m} \min(x_{ik}, x_{jk})}{\sum\limits_{k=1}^{m} \sqrt{x_{ik} x_{jk}}}$；

(8) 绝对值指数法：$r_{ij} = e^{-\sum\limits_{k=1}^{m}|x_{ik} - x_{jk}|}$；

(9) 绝对值倒数法：$r_{ij} = \begin{cases} 1 & i = j \\ \dfrac{M}{\sum\limits_{k=1}^{m}|x_{ik} - x_{jk}|} & i \neq j \end{cases}$，式中参数 M 使 $0 \leq r_{ij} \leq 1$；

(10) 非参数法：令 $x'_{ik} = x_{ik} - \overline{x_i}$，$x'_{jk} = x_{jk} - \overline{x_j}$，其中参数 a 为集合 $\{x'_{i1} x'_{j1}, x'_{i2} x'_{j2}, \cdots, x'_{im} x'_{jm}\}$ 中大于 0 的个数，b 为集合 $\{x'_{i1} x'_{j1}, x'_{i2} x'_{j2}, \cdots, x'_{im} x'_{jm}\}$ 中小于 0 的个数，则相似系数 $r_{ij} = \dfrac{|a - b|}{a + b}$。

聚类分析结果与相似性的度量方式的选择息息相关，由于以上度量方式优缺点各不相同，因此选择哪种度量方式需结合具体交通数据特点讨论而定，慎重选择度量方式有利于取得满意的聚类结果。在不同交通数据聚类任务中，相似性的含义也不相同，例如，空间数据库中交通数据的相似性表现为数据在空间内的距离；在布尔型数据库中交通数据的相似性表现为事件出现的概率。另外，相似性度量的值域也不相同，距离值域范围通常为 0 到正无穷,距离值与相似性成反比;相似系数的值域范围通常为0到1,系数值与相似性成反比。

5.3.2 数据聚类常用方法

在详细介绍聚类相似性度量方式以及各名词概念后,可将交通聚类任务描述如下:将交通数据集 D 划分为若干类或簇(Cluster) $\{C_1, C_2, \cdots, C_k | C_i \subseteq D\}$,使同一类中的数据尽量相似,不同类的数据尽量不相似。当全部数据都归属同一类 $k=1$ 或 $k=|D|$ 时,则可称为平凡聚类;当数据可划分为若干类 $k>1$ 时,则称为非平凡聚类。至今为止,可依据聚类对象类型、聚类原理等不同标准对聚类算法进行分类。

依据聚类算法的原理可将聚类方式分为,常见的划分聚类(Partitional Clustering)以及层次聚类(Hierarchical Clustering),除此之外还有基于密度的聚类(Densily-Bared Clustering)及网格聚类(Rid Clustering)等。为提高算法效率以及增加考虑因素,研究者还提出了因素分析、基于图的聚类及神经网络聚类等,下面将对常用的几类主要聚类算法进行介绍:

5.3.2.1 划分聚类算法——K-means

假设交通数据集 $\chi = \{X_1, X_2, \cdots, X_n\}$ 包含 n 个样本,需将数据集划分为 k 个簇($k \leq n$),且满足每个簇的样本数不小于1,单个样本仅能划分给一个簇。K-means算法关键在于寻找质心,即计算每个簇的样本的平均值(簇的质心),目标为寻找 k 个簇的质心使准则函数收敛。具体步骤如下,其中聚类数 k 是需在K-means算法运行前确定:

(1)将随机样本划分为 k 个簇,并计算每个簇的初始质心;
(2)依据欧式距离函数将剩余样本划分到与其最近簇质心的簇内;
(3)重新计算各簇质心,并更新簇质心;
(4)判断准则函数是否收敛,收敛则算法停止,否则返回步骤(2)。

5.3.2.2 模糊划分算法——模糊K-prototype

由于交通系统不可避免将产生噪声数据,为避免噪声数据对聚类分析的影响,基于模糊集合的理论提出模糊划分算法。模糊划分算法将交通数据集 D 划分为 k 个簇,因此每个簇都可视为数据集 D 的模糊子集,且每个簇都对应 $n \times k$ 阶的隶属矩阵 $W = \{w_{ij}, 1 \leq i \leq n, 1 \leq j \leq k\}$,$M_{jk} = \{W | w_{ij} \in [0,1], \sum_{j=1}^{k} w_{ij} = 1, \sum_{i=1}^{n} w_{ij} > 0, \forall i \in [1,n]、\forall j \in [1,k]\}$ 则可称为交通数据集 D 的模糊聚类空间。任意簇都对应一个隶属矩阵,反之矩阵如满足以下条件也对应交通数据集 D 上的模糊聚类结果:

(1)隶属度 $w_{ij} \in [0,1]$,每个样本都对应不同的隶属度值;
(2)$\sum_{j=1}^{k} w_{ij} = 1$,每个样本相对各簇的隶属度值之和为1;
(3)$\sum_{i=1}^{n} w_{ij} > 0$,保证模糊子集非空。

划分聚类算法的结果为输出样本标签,而模糊聚类输出的隶属度矩阵,能够揭示更多数据背后的信息,为用户决策提供更多支持。模糊划分聚类目标为找到最优的簇质心与隶属度矩阵,目标函数如下,其中 α 为模糊算子(Fuzzifier),当聚类模糊度与模糊算子大小成正比,当 $\alpha = 1$ 时,该聚类为确定型聚类:

$$\min F(W, Z) = \sum_{j=1}^{k} \sum_{i=1}^{n} w_{ij}^{\alpha} d(x_i, z_j) \quad \alpha > 1 \tag{5-3}$$

约束为:

$$w_{ij} \in [0,1], 1 \leq j \leq k, 1 \leq i \leq n \tag{5-4}$$

$$\sum_{j=1}^{k} w_{ij} = 1, 1 \leq i \leq n \tag{5-5}$$

$$0 < \sum_{i=1}^{n} w_{ij} \leq n, 1 \leq j \leq k \tag{5-6}$$

式中,$n \times k$ 阶的隶属矩阵 $W = \{w_{ij}\}$ 表示聚类对象对每个簇的隶属程度,$Z = \{z_1, z_2, \cdots, z_k\}$ 则是 k 个 m 维的簇质心向量,其中 $z_j = \{z_{jl}, 1 \leq l \leq m\}$。约束(0,4)保证一个簇至少含有隶属度非 0 的样本,当且仅当 $k=1$ 时,$\sum_{i=1}^{n} w_{ij} = n$ 成立。

模糊划分聚类的目的是发现使目标函数 $F(W,Z)$ 最小的隶属矩阵 W 和中心矩阵 Z 的值。如果存在一个解使得目标函数最小,则它是一个最优解。对这类多约束的优化问题,常用的求解方法是分别对 W 和 Z 进行偏优化。主要思想是先选择 Z 的一个初始值,找到使 F 最小的 W 值,然后固定 W 找到使 F 最小的 Z。在每一次迭代中,交替计算 Z 和 W 的最优值,直到目标函数不再减小时算法结束。算法的步骤如下:

(1)初始化簇质心 Z;
(2)固定 Z,求取使 $F(W,Z)$ 最小化的隶属矩阵 W;
(3)固定 W,求取使 $F(W,Z)$ 最小化的隶属矩阵;
(4)求取 $F(W,Z)$ 值,如果 $F(W,Z)$ 收敛,则算法迭代结束,否则返回步骤(2)。

隶属矩阵 W 计算方法如下:

若 $\alpha = 1$,

$$w_{ij} = \begin{cases} 1 & \text{如果 } d(x_i, z_j) \leq d(x_i, z_p), 1 \leq p \leq k \\ 0 & \text{其他} \end{cases} \tag{5-7}$$

若 $\alpha > 1$,

$$w_{ij} = \begin{cases} 1 & \text{如果 } x_i = z_j \\ 0 & \text{如果 } x_i = z_p, j \neq p \\ \left\{ \sum_{p=1}^{k} \left[\dfrac{d(x_i, z_j)}{d(x_i, z_p)} \right]^{\frac{1}{\alpha-1}} \right\}^{-1} & \text{其他} \end{cases} \tag{5-8}$$

聚类中心 Z 计算方法如下:

当 A_l 为数值型,

$$Z_{jl} = \frac{\sum_{i=1}^{n} w_{ij}^{\alpha} x_{il}}{\sum_{i=1}^{n} w_{ij}^{\alpha}} \tag{5-9}$$

当 A_l 为分类型,

$$z_{jl} = a_l^{(r)} \in \text{Dom}(A_l) \tag{5-10}$$

$$\sum_{i=1}^{n} (w_{ij}^{\alpha} | x_{il} = a_l^{(r)}) \geq \sum_{i=1}^{n} (w_{ij}^{\alpha} | x_{il} = a_l^{(t)}), 1 \leq t \leq n_l \tag{5-11}$$

模糊聚类完毕后,需对结果进行分析处理,即将模糊集合转化为经典集合,基于最大划分(Nearest Maximal Membership Hard Partition)的原则将样本划分给隶属度最大的簇中。

$$w_{ij}' = \begin{cases} 1 & \text{如果 } w_{ij} = \max_{1 \leq p \leq k} \{w_{ip}\} \\ 0 & \text{其他} \end{cases} \tag{5-12}$$

当样本最大隶属度不唯一时,则可将样本划分给第一个最大隶属度的簇中。

5.3.2.3 划分聚类算法—K-medoids

K-means 算法的簇质心并非确实存在的数据样本而是虚拟点,K-medoids 算法则用中心对象(medoid)代替簇质心,K-medoids 算法的目标函数为 $\sum_{i=1}^{n}\min_{j=i}^{k}d(x_i,z_j)$,式中 z_j 是簇 C_j 的中心对象。PAM(Partitioning Around Medoids)是典型的 K-medoids 算法之一,由于 PAM 算法迭代时需要测试所有样本为中心对象的结果,因此其不适用于大数据聚类,算法步骤如下:

(1) 随机选取 k 个样本作为初始化中心对象;

(2) 依据欧式距离函数将剩余样本划分到与其最近中心对象的簇内;

(3) 计算目标函数是否收敛;

(4) 替换中心对象,直至全部样本被替换完一遍;

(5) 输出使目标函数最小的中心对象。

5.3.2.4 层次聚类算法—CURE

部分交通数据存在一定实时性常储存在对响应及时性要求极高的交易数据库中,例如,车辆瞬时速度、加速度等运行参数,为提高此类数据聚类分析时的运算效率,可通过数据分区,即将数据储存在合适大小内存中,并使聚类分析在内存中进行。CURE(Clustering Using Representatives)层次聚类算法便结合了抽样与分区技术,保证了处理交通实时大数据的效率,CURE 层次聚类算法采用的抽样方式通常有以下几种:

(1) 随机抽样,以相同概率选择抽样对象;

(2) 等距抽样,以相同距离选择抽样对象;

(3) 分层抽样,先将全部对象分为若干层次,每个层次内以相同概率选择抽样对象,为提高聚类模型拟合度,不同层次间抽取概率不相同;

(4) 起始顺序抽样,从输入对象的起始处抽取预先规定数目的样本;

(5) 分类抽样:先将全部对象以某种属性分类,之后以类为单位进行抽样。

针对交易数据库的 CURE 算法思想为,首先将储存交通数据集的交易数据库进行分区,并保证数据储存在内存中,接着依次读取分区进行局部聚类,在分区内部运行层次聚类算法将交易划分为子聚类,不同交易间包含的相同样本越多,表示交易相似性越高,即项之间的距离越短,故可用不同样本在全部样本的比例表示交易间的距离。由于各分区内数据分布特点不同,因此,以簇最大距离而非个数作为算法结束条件,使得各分区内的子簇数量不同。分区内的样本相似度与该分区的最终子簇数成反比,随着分区样本相似度的提高,分区获得的子簇数将减小,局部聚类以交易作为一个单聚类对象,并逐渐合并形成更大的聚类,直至任意两个簇间的距离都大于预定的距离阈值。为使得合并时信息修改得更加容易,常使用堆栈存储每个聚类的最近邻居、最小距离、交易个数及支持向量等信息,并使用单连距离,将堆栈中的元素按照最小距离的升序从栈顶到栈底排列。

在层级聚类算法运行时,假设簇 u、簇 v 正合并成为一个新簇 w,对于未被合并的簇 x 而言,合并前簇 u、簇 v 均非它的最近邻居,则簇 u、簇 v 合并对其没有影响;反之,更新簇 x 的最近邻居为新簇 w,其他信息不变。可通过计算簇 w 与其他簇的距离得知簇 w 的最近邻居和最小距离。局部聚类结束时,全部样本的支持度构成该簇的支持向量,而簇中的样本支持度与交易数的比值则称为该数据项的支持度,全局聚类便依据子聚类的距离(支持向量的距离），对全部子聚类进行二次聚类。由于交易聚类算法同时采用了分区技术与支持向量表示法，使聚类分析在内存中运行，且仅需扫描一次数据库，因此交易聚类算法适用于实时交通大数据聚类分析。图5-6为交易聚类算法流程图，具体步骤如下：

（1）数据划分，将交通数据集D划分为p个分区$\{D_1, D_2, \cdots, D_p\}$，其中分区数量过少将影响内存中聚类算法运行的效果，分区数量过大，则会导致数据读入耗费算力过多，故交易量越大则包含的样本越多，所需分区数量也越多；

（2）局部聚类，依次对分区$D_i(i=1,\cdots,p)$内的数据进行读取，并进行局部聚类，计算相应子簇的支持向量；

（3）数据转换：读取完全部分区后，对各子簇进行合并，用支持向量表示各子簇，最终形成一个适量集合；

（4）全局聚类：两个子簇间的距离定义作为它们的支持向量的距离，从而对各子簇进行二次聚类，最终得到层次聚类结果。

5.3.2.5 基于密度的聚类算法——DBSCAN

以空间内某一点为中心，点的密度定义为单位体积内点的个数。基于密度的聚类（Density-Based Clustering）依据空间密度的差别，将相似密度的相邻点作为划分为一个簇，最终簇内部点的密度较大，而簇边界的点的密度较小。由于密度属于局部概念，可将基于密度的聚类算法称为局部聚类（local Clustering），同时由于基于密度的聚类算法通常仅读取一次原始数据库，故也可将该算法称为单次扫描聚类（Single Scan Clustering）。

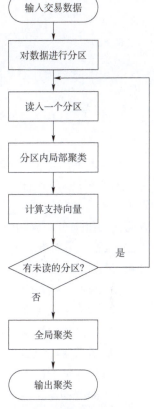

图5-6 交易聚类算法流程图

以空间内任意一点为中心，如果在以该点为中心，半径为Eps的领域中的点的个数大于预先设定的密度阈值MinPts时，该点将被称为核心对象（Core Point），反之则称为边界对象（Border Point）。假设p为空间内的核心对象，q在p的邻域内（即p和q间的距离小于半径Eps），则可称p直接密度可达（Directly Density-Reachable）q，当某条链$<p_1,p_2,\cdots,p_k>$满足$p_1=p$、$p_k=q$，p_i直接密度可达$p_{i+1}(i=1,2,\cdots,k-1)$，则可称$p$密度可达（Density-Reachable）$q$。如果存在$o$，$o$直接密度可达$p$，$o$直接密度可达$q$，则$p$与$q$是密度连通（Density-Connected）的。故由一个核心对象密度可达的所有点划为相同簇，相同簇内的点必定是密度连通的。基于密度的聚类算法的原理如图5-7所示。

DBSCAN（Density Based Spatial Clustering of Applications with Noise）首选选择空间内任意一点p，基于半径Eps和阈值MinPts搜索所有从p直接密度可达的点，形成初始簇，此过程可通过广度优先搜索实现。当点p是核心对象，则可将p直接密度可达的点标记为当前类，并从它们进一步扩展；当点p是边界对象，则p被视为噪声点，算法提取下一个点进行运算，直至形成一个完整的簇后，算法便会重新选择点开始扩展，形成新一个簇，直至全部点被搜寻完毕。DBSCAN算法的显著优势为聚类效率快，对噪声数据不敏感，能发现空间中任意形状的簇。

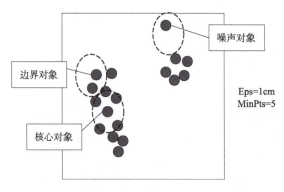

图5-7 基于密度的聚类算法的原理

5.3.2.6 网格聚类算法——STING

网格文件(Grid File)将1维空间内的哈希方法(Hashing)扩展到d维空间,用于组织和管理多维空间的数据。网格文件利用贯穿整个空间的分割线将数据空间分割为若干单元,并将每一维上分割点的位置信息存储在数组中,因此Schikuta提出了基于网格的层次聚类算法,该算法可将聚类信息用于查询搜索,同时可依据网络文件中数据储存为位置进行聚类分析,过程如下:

(1)网格结构构建;
(2)网格单元密度计算;
(3)网格数据页排序;
(4)聚类质心识别;
(5)相邻页的搜索与合并。

STING(Statistical Information Grid)读取数据库内数据,并将数据空间分割为矩形网格单元,形成层次结构,层次结构的形成能够便于算法快速地完成空间区域查询。每个矩形网格单元都含有4个子单元,用于储存矩形网格单元内样本的个数、中心、方差、最大值、最小值、数据分布类型等统计信息,上层单元的信息可由下层单元信息计算获得。STING中层次结构的构造复杂度为$O(n)$,查询的响应时间为$O(k)$,其中k为最底层网格单元的数量。STING运行时,将从上至下过滤无关网格单元,直达过滤至最底层网格单元。例如,图5-8首先分析第一层的单元,把聚类限制在3个单元内部,然后再对下层单元逐层细分,使得聚类的边界越来越精确。

图5-8 STING的逐层聚类过程

5.3.2.7 基于图的聚类算法

图论作为地理空间信息的重要研究方向,随着交通大数据的发展,图论的应用范围也迅速扩展,针对时空交通信息聚类时,结合完善的图论理论,不仅能对聚类问题具体地数学描述,而且能提升聚类结果的准确度。基于图的聚类 Chameleon 算法包括 3 个步骤:稀疏化、图划分和子图合并,如图 5-9 所示。

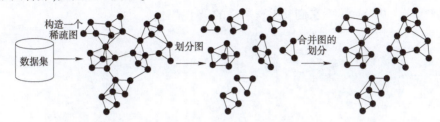

图 5-9　Chameleon 算法聚类步骤

Chameleon 算法具体步骤如下:

(1) 构建稀疏图,依据数据集构成 k-最近邻图集合 G_k;

(2) 多层图划分,利用多层图划分算法将 k-最近邻图集合 G_k 划分为若干的子图,每个子图都可作为一个初始子簇;

(3) 合并子图,基于相对互连度和相对紧密度进行子簇合并,并保持簇的自相似性;

(4) 重复步骤③,直至不存在可继续合并的簇或达到预先设定的簇个数。

5.3.2.8　基于模型的方法

基于模型的聚类算法重要点在于确定聚类对象的组成以及对象自身特性,AutoClass 以贝叶斯统计学上的概率混合模型为基础,基于样本的概率分布进行聚类,聚类对象包含数据值或非数值型对象,输出的结果为模糊集合,模糊集合包含了每个对象属于不同簇的概率,然后 AutoClass 概率模型使用的前提为对象间相互对立,因此使用范围比较窄。交通数据中时序数据占了很大比重,隐含马尔可夫模型(Hidden Markov Model,HMM)在对时序数据聚类有很大便捷性,HMM 能够动态改变自身模型结构使得能够更加完整读取样本分布,并通过四层嵌套搜索(最优聚类个数搜索、最优聚类结构搜索、最优 HMM 结构搜索、HMM 最优参数值搜索)给出最有簇数目。

5.3.2.9　高维空间的聚类

随着采集的交通数据属性的增加,数据类型多样化的提升,交通数据的维度也越来越高,例如 CAD、地理信息、视频检测等通常包含文本、图片以及图像等多媒体数据。它们通常包含几十甚至几百个属性(维度),在高位空间内,交通数据特征难以捕捉,呈现奇怪或反常规的特点,例如噪声的比例增加将导致网格单元个数呈指数增长、数据空间变得稀疏以及聚类的密度降低等,这个现象可称为"维数祸根"(Curse Of Dimension)。

由于数据在高维空间内分布较为分散,直接对数据进行整体聚类难度较高,因此可以将高维空间划分为若干子空间,并在子空间内进行聚类。CLIQUE(Clustering in Quest)从低维至高维的顺序对空间进行搜索,并用 DNF 表达式描述聚类过程。首先可将高维空间划分为多个相同大小的网格单元,并计算网格单元内点的个数(单元密度),如果单元密度超出阈值,则称为密集单元,最终由所有连通的密集单元构成的区域就是一个簇。

图 5-10 为搜索聚类的覆盖,假设阴影部分为 2 维数据,从网格单元 u_1 沿着两个坐标轴

开始搜索最大区域,并向外扩展,获得图中覆盖了 8 个单元的矩形区域;之后重新选择开始单元,以网格单元 u_2 向外扩展,获得覆盖了 12 个单元的矩形区域;之后再从网格单元 u_3 开始扩展,得到一个新的区域,至此所有网格单元均被覆盖。由于这 3 个区域中删除任何一个都不能覆盖所有的单元,因此它们就是这个簇的最小描述。

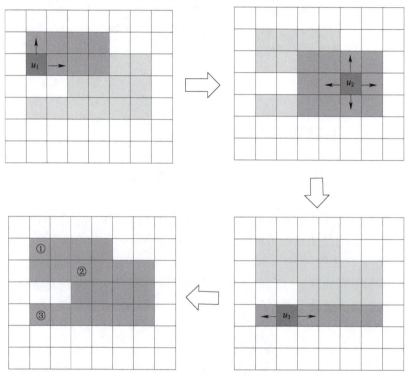

图 5-10 搜索聚类的覆盖

CLIQUE 具体包括以下 3 个主要步骤。

1) 搜索每个子空间中的密集单元

存在定理:如果网格单元 u 在 k 维空间里是密集的,那么网格单元 u 在任意 $k-1$ 维空间里也是密集的。基于上述定理,CLIQUE 从最低维(1 维)空间开始搜索,直至遍历全部数据库,找出全部 1 维的密集单元 D_1;将 1 维单元格看作数据项,可依据关联规则由 k 阶频繁项集生成 $k+1$ 阶候选频繁项集,因此在 k 维空间内的密集单元集合 D_k 可生成 $k+1$ 维空间的候选密集单元集合 C_{k+1};当候选密集单元集合 C_{k+1} 为空集时,搜索结束;否则对数据库空间进行重新搜索,计算候选单元的密度,得到 $k+1$ 维的密集单元集合 D_{k+1},直到搜寻得到各子空间内全部的密集单元。

2) 聚类子空间的矩形单元

当网格单元 u_1、u_2 为 k 维空间内的坐标相邻的单元格,且 $k-1$ 维空间内的坐标相同,那么称 u_1、u_2 是相邻。当网格单元 u_1、u_2 或同时与另一个网格单元连通,则可称单元格 u_1、u_2 相互连通。簇便是由相互连通的网格单元构成的连通分支。聚类过程可简化为寻找图的连通分支,网格单元则作为图的顶点,相邻网格单元存在一条边线。利用图的深度优先搜索或者广度优先搜索就可以得到相应的连通分支。

3）描述聚类

CLIQUE 采用 DNF 表达式描述得到的簇，每个簇都是由若干与坐标轴平行的矩形区域构成，矩形区域可用数据属性的交集形式表示。假设区域 R 属于簇 C，且不存在区域 $Q(Q \supset R)$ 也属于簇 C，那么区域 R 便是簇 C 的最大区域；当区域集合 $\{R_1, R_2, \cdots, R_k\}$ 是簇 C 的一组最大区域，除去集合内任何区域，集合便无法覆盖簇 C 内的全部单元，那么集合 $\{R_1, R_2, \cdots, R_k\}$ 便是簇 C 的最小描述。CLIQUE 目标为最少的区域描述、最大区域的最小描述。CLIQUE 目标属于 NP 问题，可用粒子群优化等寻优算法求解。从任意一个未被覆盖的单元沿着一个维的方向扩展直至簇的边缘；之后重新选择另一个维度方向进行扩展，直至全部维度被遍历完毕，该方法能够获得一个最大区域。之后重新选择一个未被覆盖的单元，重复上述步骤，直至找出覆盖簇中所有单元的一组最大区域。最后为使得最大区域的数量最小化，需将区域覆盖的单元个数从小到大排序，并判断删除该区域是否还能覆盖簇中的所有单元，如果可以便将该区域删除，直至最大区域的数量最小化，聚类算法结束。

5.3.3 数据聚类应用算例

例 5-4

假设 5 种车辆定位坐标样本可视为二维数据点集 $X \in \{X_1, X_2, X_3, X_4, X_5\}$，其中 $X_1 = (0,2)$，$X_2 = (0,0)$，$X_3 = (1.5,0)$，$X_4 = (5,0)$，$X_5 = (5,2)$。要求运用 K-means 进行聚类分析，从而方便管理调度，并选用平方误差作为衡量聚类划分指标，预先设定聚类簇数据 $k = 2$。

步骤（1）：随机选择样本形成两个簇，$C_1 = \{X_1, X_2, X_4\}$ 和 $C_2 = \{X_3, X_5\}$，簇 C_1、C_2 质心分别为 M_1、M_2：

$$M_1 = \{(0+0+5)/3, (2+0+0)/3\} = \{1.66, 0.66\}$$
$$M_2 = \{(1.5+5)/2, (0+2)/2\} = \{3.25, 1.00\}$$

步骤（2）：计算各样本与簇质心的方差 e_1^2、e_2^2 以及误差平方和 E：

$$e_1^2 = [(0-1.66)^2 + (2-0.66)^2] + [(0-1.66)^2 + (0-0.66)^2] +$$
$$[(5-1.66)^2 + (0-0.66)^2]$$
$$= 19.36$$
$$e_2^2 = [(1.5-3.25)^2 + (0-1)^2] + [(5-3.25)^2 + (2-1)^2] = 8.12$$
$$E = e_1^2 + e_2^2 = 19.36 + 8.12 = 27.48$$

步骤（3）：更新样本分配，以距离其中一个簇质心（M_1 或 M_2）的最短距离分配全部样本，更新后的簇为 $C_1 = \{X_1, X_2, X_3\}$、$C_2 = \{X_4, X_5\}$。

$$d(M_1, X_1) = (1.66^2 + 1.34^2)^{1/2} = 2.14 \& d(M_2, X_1) = 3.40 \Rightarrow X_1 \in C_1$$
$$d(M_1, X_2) = 1.79 \& d(M_2, X_2) = 3.40 \Rightarrow X_2 \in C_1$$
$$d(M_1, X_3) = 0.83 \& d(M_2, X_3) = 2.01 \Rightarrow X_3 \in C_1$$
$$d(M_1, X_4) = 3.41 \& d(M_2, X_4) = 2.01 \Rightarrow X_4 \in C_2$$
$$d(M_1, X_5) = 3.60 \& d(M_2, X_5) = 2.01 \Rightarrow X_5 \in C_2$$

步骤（4）：更新簇质心，$M_1 = \{0.5, 0.67\}$、$M_2 = \{5.0, 1.0\}$；簇内方差及误差平方和 E 更新结果分别是，$e_1^2 = 4.17$、$e_2^2 = 2.00$、$E = 6.17$。

K-means 通过一次迭代后，所计算的误差平方和由 27.48 明显减小至 6.17，在该算例中,由于样本数量较小,K-means 迭代一次后便能结束,当继续进行迭代时,全部样本将会划分给相同的簇,不再重新分配。

例 5-5

表 5-3 数据集所示为 12 辆车辆的位置坐标,属性 1、2 分别为定位的横纵坐标,12 辆车辆位置信息在二维空间中的分布情况如图 5-11 所示。为方便车辆管理调度,故采用 DBSCAN 算法进行聚类,其中 $\varepsilon=1$、MinPts $=4$。

数 据 集 表 5-3

序 号	属 性 1	属 性 2	序 号	属 性 1	属 性 2
1	1	0	7	4	1
2	4	0	8	5	1
3	0	1	9	0	2
4	1	1	10	1	2
5	2	1	11	4	2
6	3	1	12	1	3

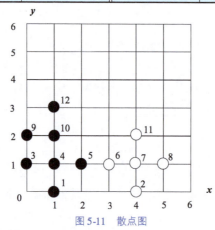

图 5-11 散点图

DBSCAN 算法聚类过程如表 5-4 所示。

DBSCAN 算法过程 表 5-4

步 骤	选择的点	在 ε 邻域中点的个数	通过迭代计算而得到的新簇
1	1	2	无
2	2	2	无
3	3	3	无
4	4	5	簇 C_1:{1,3,4,5,9,10,12}
5	5	3	已在簇 C_1 中
6	6	3	无
7	7	5	簇 C_2:{2,6,7,8,11}
8	8	2	已在簇 C_2 中
9	9	3	已在簇 C_1 中
10	10	4	已在簇 C_1 中
11	11	2	已在簇 C_2 中
12	12	2	已在簇 C_1 中

5.4 数据分类

5.4.1 数据分类基本概述

在日常生活中,我们能够从很多车辆中发现自己的车辆,这个过程就是一个分类学习的过程。当分类学习的对象到达一定数量,就会被称为基于数据挖掘的学习。

机器学习的方法有很多。一般而言,根据学习过程中是否存在监督,将基于数据挖掘的学习方法分为两大类,即监督学习和无监督学习。监督学习中需要被学习的知识是已知的,其通过已知的知识指导模型的构造,希望构造出最优的模型,使模型与学习知识之间的差异最小,这是一个寻找最优解的过程。无监督学习的知识则是未知的,因此通过学习得到的模型很难去验证它的正确性。

在之前的章节已经讨论过一种无监督的学习方法——聚类分析。本节将对于典型监督学习方法——数据分类展开详细描述。数据分类的目的是从一组已知分类的数据中通过学习构造一个分类模型,然后用于预测新数据的未知类别。预测则是另一种监督学习方法,一般认为,数据预测是用于预测数值,这是它与数据分类的不同。

数据分类技术在交通领域、医疗诊断、有效性分析、故障检测等各个领域都有着广泛的应用。下面看看分类在交通标志检测中的应用情况。交通标志检测,特指在普通街景图像上通过自动化手段检测出各种类型的交通标志,如限速、禁止掉头、人行横道和电子眼等。当进行交通标志检测时,首先要看交通标志的图像特征,再判断交通标志的类型。虽然现在自动驾驶领域已经能通过各种方式让车辆在道路上行驶,但车辆直接识别交通标志仍是一个复杂的问题,它需要综合分析所有的交通标志类型甚至道路条件才能确定标志所属类别。尤其是当交通标志被部分遮挡或者颜色淡化导致拥有相似的特征,这种情况下人脑都可能会做出错误的判断,这对车辆来说意味着会违反交通规则。将分类方法应用于交通标志检测,可以从大量的标志图像中发现标志的关键特征,从而帮助车辆做出更准确的判断,以更好地遵守交通规则。

除了应用于专业领域,数据分类方法在日常生活中也是常用手段。例如,根据日常生活经验,综合考虑风向、湿度、温度及日照等气象指标对每天是否适合出行进行分类。

进行数据分类使用的样本其类别是已知的,样本具有相同的属性。根据属性在分类中发挥的作用,将其分为目标属性和条件属性。样本以 $(X_1, X_2, \cdots, X_m, Y)$ 的形式表现,其中 X_i 是条件属性,Y 是目标属性。数据分类便是发现 $X_1, X_2, \cdots, X_m$ 和 Y 之间的特定关系,这种关系又被称为分类器或分类模型。

当使用的数据分类方法不同,最终构造模型的表现形式也大不相同。例如使用决策树方法构造模型时,一般表现形式为分类规则或者树状结构;当使用神经网络构造分类模型时,一般表现形式为单元和系数构成的网络模型;当使用贝叶斯分类构造模型,模型表现形式呈现为数学形式。

图 5-12 展示了分类的 3 个步骤:模型构造、模型测试、模型应用。这 3 个步骤组成一个完整的数据分类。每个步骤的具体功能描述如下:

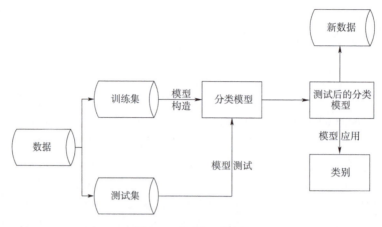

图 5-12 分类的 3 个步骤

5.4.1.1 模型构造

模型构造是分析样本类别和样本特征之间的特殊关系,并使用特定的模型表示这种关系的过程。例如,对大量的交通标志图像分析,并根据人工分类结果,得到交通标志分类模型。在模型构造过程中用到的数据集被称为训练样本集,又被称作训练数据集,简称训练集(Training Set)。

5.4.1.2 模型测试

模型测试是指检测模型的准确度,观察模型是否符合预期的准确率或误差,以评估模型的好坏。用于测试模型的数据集被称作测试数据集,又被称作测试样本集,简称测试集(Test Set)。测试的过程是使用构造的模型对测试数据进行分类,再将分类的结果与实际类别相比较,如果准确率高,则是一个好的模型;否则说明模型性能较差。模型的准确率是指测试集中结果正确的样本比例。一般情况下,根据客观性原则,要求测试集中的样本与训练集中的样本不同。例如在得到交通标志分类模型后,用另一种交通标志图片测试模型的准确度。

5.4.1.3 模型应用

模型应用是指将最终得到的分类模型用于预测未知类别新样本的类别,这个过程与模型测试相同,但不能够确定分类结果的准确度。例如利用已经得到的交通标志分类模型,对新的图像做出分类。

5.4.2 数据分类常用方法

数据分类问题很早就引起了人们的重视,如统计学、机器学习、人工智能等各种领域的专业人员将专业知识与数据分类问题结合讨论研究,形成了许多现如今常用的分类方法。例如统计学理论,这是人们面对大量数据而又缺乏模型时最基本的分析手段。统计学理论中最传统的分类理论是渐进理论,这个理论假设样本数目无穷大。但是在实际问题中,样本数目是有限的,因此基于渐进理论的学习算法应用到实际问题中往往不能得到较好的结果。机器学习中包含了目前常用的分类方法,其基本思想是对样本进行训练并寻找规律,利用找到的规律对未知规律的数据或无法观测的数据进行预测。

数据挖掘从知识发现和应用两个方向对数据分类理论进行更深入的研究,不仅对原有分类方法进行更进一步的研究,还提出了新的数据分类方法。下面对决策树、粗糙集理论、K-近邻算法、贝叶斯方法、简单距离分类这几种数据分类方法进行介绍。

5.4.2.1 决策树

决策树作为常用的数据分类方法之一,具备直观快速的特点。顾名思义,决策树是一个树状结构,并且根据层次的不同,树状结构中的节点分为根结点、内部结点和叶结点3种类型。3种结点的实际意义各不相同。其中根结点代表整个样本集,内部结点代表样本子集。根结点和内部结点又分别表示对样本属性的测试和测试输出,这个测试的输出结果是样本集划分为两个或多个子集的依据,每个子集都是一个新的分支,分支使用测试的属性值进行标识。叶结点代表类标志,表示对应样本集的类别。决策树分类的过程是自上而下的,其通过特征属性划分规则进行数据分类,把整个样本空间处理为若干子空间,并把相应叶结点的类别作为子空间中的所有样本标识。

决策树构造过程分为两步:一是利用训练集生成决策树,即特征选择;二是对决策树进行剪枝。在特征选择中常用的方法有信息增益理论、数据分布、统计分析和多属性分裂;在剪枝中常用的方法有最小描述长度、统计测试、先剪枝、后剪枝。除了特征选择和剪枝这两个基础步骤之外,还有一些提高决策树分类准确度的方法和加快决策树构造的方法。提高准确度的方法有交叉测试、Bagging 和 Boosting 算法;加快构造速度的方法有预排序和 AVC 结构,如图 5-13 所示。

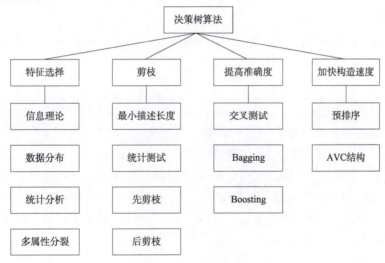

图 5-13 决策树算法

Quinlan 提出来的 C4.5 算法是决策树算法中最典型最普遍使用的算法,是 ID3 算法的一种延伸和优化。下面结合 C4.5 算法介绍一下决策树的生成过程。

假设训练集 T 中的样本总共有 m 个类别。利用训练集 T 构造决策树,会有 3 种可能的情况:

(1)当 T 为空集,此时其类为父节点中最高频率的类。

(2)当 T 的样本属于一个类别,此时决策树只有一个叶结点。

(3)当 T 的样本分别属于不同的类别,则需根据特征选择策略选取最佳属性和分裂方式,将 T 分割,形成新的子节点。

对于每个子结点重复上述步骤,继续构造决策树,直到满足决策树的终止条件,此终止条件可以是结点对应的所有样本属于同一类;也可以是不存在可以再分割的属性。

以下是一个典型的决策树生成算法的主要过程。

决策树生成算法:

Function Tree = Decision_Tree_Create (T, A, Y)

输入:训练集 T,条件属性 A,目标属性 Y。

输出:决策树 Tree。

方法:

Tree = Create_Node(T);   //建立结点 Tree

当训练集 T 中样本目标属性值相同,此时当前节点用该属性值进行标识,返回 Tree。

当属性不可分时,选择训练集 T 中最高频率的目标属性值为当前结点的标识,返回 Tree。

(X, values) = Attribute_selection(T, A, Y);   //选择最佳属性 X 和分裂点 values

for each V in values do   //根据测试(X, vales)划分样本集,生成子结点

Sub$T$ = 满足 X 的测试条件 V 的样本子集;

Node = Decision_Tree_Create(Sub$T$, $A - \{X\}, Y$);//对子结点进行递归操作,通常 X 在子树的生成中不再作为分裂属性。

Create_Branch(Tree, Node);   //生成 T 的一个分支

end for

返回 Tree;

5.4.2.2 粗糙集理论

粗糙集(Rough Set)理论是由波兰科学家 Z. Pawlak 在 1982 年提出的一种用于处理不确定性概念的数学工具。其主要思想是利用精确概念来近似刻画不精确或者不确定的目标概念。精确概念是确定的集合,即已知的信息或者知识。不精确概念是指没有确定边界的集合。在粗糙集理论中,把个体分为肯定属于、肯定不属于和无法确定 3 类,再通过上近似(Upper Approximation)和下近似(Lower Approximation)理论,最终使用精确概念表示不精确概念,如图 5-14 所示。

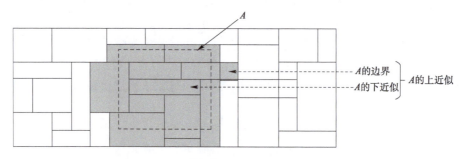

图 5-14 概念的上近似、下近似及边界

用 A 表示一个不精确的概念,用 $A_1, A_2, \cdots, A_m$ 表示精确的概念,有以下性质:

(1) A 的上近似可能属于 A 的元素集合,即 $\cup\{A_i | A_i \cap A \neq \emptyset\}$;

(2) A 的下近似肯定属于 A 的元素集合,即 $\cup\{A_i | A_i \subseteq A\}$;

(3) A 的边界为上近似与下近似的差集。

粗糙集理论是一种简单的分类方法,首先这种方法除数据集外,无需任何先验知识或信息;其次粗糙集理论对不确定性的处理过程和描述结果相对客观。其缺点是难以处理连续型的属性,产生的规则还需要再进行合并,并且对于含糊概念的刻画过于简单。以下是一个典型的粗糙集算法的主要步骤。

(1) 根据条件属性划分样本为等价类组,即 $X_1, X_2, \cdots, X_n$,再根据目标属性划分样本为新的等价类组,即 $Y_1, Y_2, \cdots, Y_m$。其中等价类是指具有完全相同条件属性值的样本集合。

(2) 对 $X_i(1 \leq i \leq n)$ 和 $Y_j(1 \leq j \leq m)$ 进行判断:

当 Y_j 的下近似包含 X_i 时,有 $X_i \Rightarrow Y_j$,为确定性规则,可信度为 100%;

当 Y_j 的上近似包含 X_i 时,有 $X_i \Rightarrow Y_j$,为非确定性规则,可信度为 X_i 中属于 Y_j 的样本的百分比;

当 X_i 和 Y_j 无交集时,此时不生成规则。

(3) 将规则表示规范化,格式为:条件是属性值的"与",结论是类别的形式。

(4) 将相关的规则进行合并。

5.4.2.3 K-近邻算法

K-近邻算法(K-nearest neighbors, KNN)是一种最简单和经典的监督学习方法。其基本思想如下:首先计算测试样本与训练样本之间的距离,找到与该测试样本距离最近的 K 个训练样本;然后根据训练样本的类别来判定测试样本的类别,如果训练样本都属于一个类别,那么测试样本也属于这个类别;需要按照一定规则如加权评分来确定测试样本的类别。

K-近邻算法是最简单的分类器,没有显示的学习过程或训练过程,在分类时通过已知类别的样本对测试样本进行分类,是一种基于实例的推理方法。当 K 趋近于 ∞ 时,KNN 算法的分类误差收敛于最优贝叶斯误差。当取 K 等于 1 时,便直接得到了测试样本的类别,称为 NN(Nearest Neighbor)算法。当训练样本足够多时,使用 NN 算法能达到较好的分类效果。当训练样本数趋近于 ∞ 时,NN 算法的分类误差是最优贝叶斯误差的两倍。以下是对 K-近邻算法的描述:

K-近邻算法

输入:训练数据集为 $D = \{(X_i, Y_j), 1 \leq i \leq N\}$,$X_i$ 表示第 i 个样本的条件属性,Y_i 表示样本类别,X 表示新样本。

输出:X 的类别 Y。

for $i = 1$ to N do

　　计算 X 和 X_i 之间的距离 $d(X_i, X)$;d 为距离函数。

end for

根据距离大小进行排序,得到 $d(X, X_{i1}) \leq d(X, X_{i2}) \leq \cdots \leq d(X, X_{iN})$;

取距离较小 K 个样本建立新的集合:$S = \{(X_{i1}, Y_{i1}), \cdots, (X_{ik}, Y_{ik})\}$;

K-近邻算法具有简单、直观、容易实现、应用范围广等优点,具体体现在 4 个方面:一是

可以直接把新数据加入数据集而不必进行重新训练;二是理论简单,容易实现,维护方便;三是准确性高,对异常值和噪声有较高的容忍度;四是支持多分类、逻辑回归、感知机和SVM等。

K-近邻算法最大的缺点是每次对样本进行分类时都要进行一次全局运算,对样本容量大的数据集计算量大、时间代价高。此处,K-邻近算法还有其他缺点如K的值越大,模型偏差越大,会造成模型欠拟合;K的值越小,模型方差会越大,造成模型过拟合。

5.4.2.4 贝叶斯分类

贝叶斯分类是统计学中典型的分类方法,是利用概率知识预测样本属于某类概率的算法。常用的贝叶斯分类方法有朴素贝叶斯(Naive Bayes,NB)分类和贝叶斯分类网络(Bayes network)。

朴素贝叶斯分类是最广泛使用的分类模型之一,是基于贝叶斯公式和对贝叶斯算法进行简化假设,将后验概率(Posterior Probability),即条件概率作为理论基础。朴素贝叶斯分类假定目标值属性之间相互条件独立,通过计算后验概率的方法确定样本属于某类的概率。其中条件概率定义为设H是假设,X是样本,$P(H|X)$表示在X的条件下H成立的概率。

贝叶斯公式:假设$A_1,A_2,\cdots,A_n$是一组两两不相容的事件,事件B能且只能与一个事件A同时发生,则有公式(5-13):

$$P(A_i|B) = \frac{P(B|A_i)P(A_i)}{P(B)} = \frac{P(B|A_i)P(A_i)}{\sum_{i=1}^{n}P(B|A_i)P(A_i)} \tag{5-13}$$

简化假设:对于给定的样本集,已知各类别的概率分布,并且属性对类别的影响相互独立。

当样本集有n个属性,用$A_1,A_2,\cdots,A_n$表示,使用属性值构成样本的特征向量,类别有m个,表示为$\{C_1,C_2,\cdots,C_m\}$。假设待分类样本X的特征向量为$\{x_1,x_2,\cdots,x_n\}$,求X的预测类别,首先要计算X分别属于每个类别的概率$P(C_i|X)$,然后选择最大概率值所对应的类别。其中,$P(C_i|X)$的贝叶斯公式为:

$$P(C_i|X) = \frac{P(X|C_i)P(C_i)}{P(X)} \tag{5-14}$$

由于$P(X)$在$P(C_i|X)$中相同,因此,比较$P(C_i|X)$可转化为比较$P(X|C_i)*P(C_i)$大小。而$P(C_i)$是由训练集得到,该值为训练集中类别为C_i的样本所占的比例。在属性独立的假设下有

$$P(X|C_i) = \prod_{j=1}^{n}P(x_j|C_i) \tag{5-16}$$

式中,$P(x_j|C_i)$由训练集估计得到:若A_j为分类型属性,$P(x_j|C_i)$值为属性A_j值等于X_j的属性量在类别为C_i的样本中的比例。若A_j为数值型属性,则假定该属性服从高斯分布:

$$P(x_j|C_i) = \frac{1}{\sqrt{2\pi}\sigma_{C_i}}\exp\left(-\frac{(x_j-\mu C_i)^2}{2\sigma_{C_i}^2}\right) \tag{5-16}$$

式中:μC_i、σ_{C_i}——分别是属性A_j取值的平均值和标准差。

朴素贝叶斯分类算法具有逻辑简单,容易实现,对于不同类型的数据集效果稳定。如果数据集的属性之间相对独立,朴素贝叶斯分类算法会有很好的分类效果,否则,分类效果

较差。

5.4.2.5 简单距离分类

简单距离分类是一种最基本的分类方法,它是通过求出新样本到已知的各类别的距离来确定新样本的类别。具体地说,首先计算各已知类别的中心(如该类别中所有样本的算术平均值),用中心值表示类别;接着计算新样本与各中心的距离(如欧氏距离、曼哈顿距离等);最后选取最小距离对应的类别作为新样本的类别。以下是简单距离分类算法的过程描述。

分类器构造过程:

输入:训练数据集 $D = \{(X_i, Y_i), 1 \leq i \leq N\}$,类别集合 $C = \{C_i, 1 \leq i \leq m\}$。

输出:中心点集合 $S = \{S_i, 1 \leq i \leq m\}$。

for i = 1 to m do

$$S_i = \frac{\sum_{j=1}^{N} X_j E(Y_j, C_i)}{\sum_{j=1}^{N} E(Y_j, C_i)};$$
式中 $E(Y_j, C_i)$ 函数表示样本 X_j 的类别 Y_j 是否为 C_i

end for

分类过程:

输入:新样本 X,距离函数 d。

输出:X 的类别 Y。

for i = 1 to m do

计算 X 和 S_i 之间的距离 $d(X, S_i)$;

end for

根据距离大小排序,得到 S_j,满足 $d(X, S_j) \leq d(X, S_i), 1 \leq i \leq m$;

新样本 X 的类别 Y 为 S_j 的类别。

简单距离分类原理简单,容易理解,模型构造速度快。但由于用中心代表类别中的所有样本,不考虑类别内部样本方差,也不考虑类别之间相关关系,因此分类精度较低。一般只在快速浏览分类概况中使用。

5.4.3 数据分类应用算例

例 5-6

表 5-5 是用于构造分类模型的训练集,其中有 14 个样本和 5 个属性,分别为 outlook(天气)、temperature(温度)、humidity(湿度)、windy(风)、result(结果表示是否出行)。分类目的是根据天气情况和以前的出行结果,建立是否出行的模型。各个属性的值如下:

属性 outlook:sunny(晴天)、overcast(阴天)、rain(雨天);

属性 temperature:hot(炎热)、mild(适中)、cool(凉爽);

属性 humidity:high(潮湿)、normal(一般);

属性 windy:false(无)、true(有);

属性 result:yes(是)、no(否)。

训练样本集　　　　　　　　　　　　　　　　表 5-5

outlook	temperature	humidity	windy	result
sunny	hot	high	false	no
sunny	hot	high	true	no
overcast	hot	high	false	yes
rain	mild	high	false	yes
rain	cool	normal	false	yes
rain	cool	normal	true	no
overcast	cool	normal	true	yes
sunny	mild	high	false	no
sunny	cool	normal	false	yes
rain	mild	normal	false	yes
overcast	mild	normal	true	yes
overcast	mild	high	true	yes
overcast	hot	normal	false	yes
rain	mild	high	true	no

使用 C4.5 算法，最终得到如图 5-15 所示的决策树模型。决策树反映出决策属性对目标属性的影响程度，观察此决策树模型，其中与决策有关的是天气（outlook）和风向（windy）属性，而其他属性对目标属性无影响。

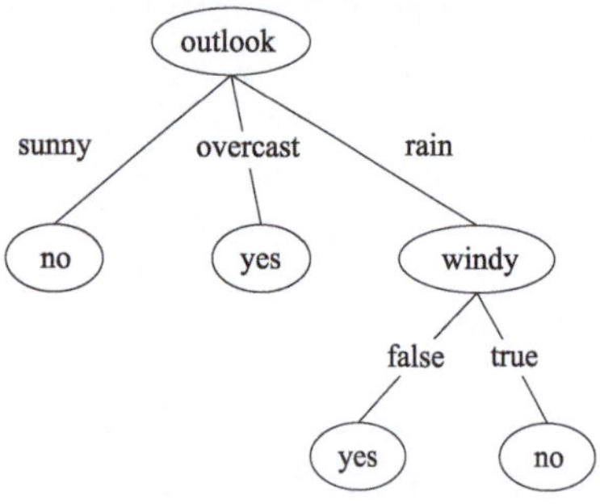

分析模型的结构，得出天气（outlook）为关键决策属性。当天气取值为多云（overcast）或晴天（sunny）时，便确定了 result 的值；否则，还需根据属性风（windy）做进一步分析。再观察训练样本，我们发现决策树模型是有错误分类的，如"sunny,cool,normal,false"的分类结果是"no"，但实际的类别却是"yes"，这是因为 C4.5 算法中的消减策略，使得模型有一定的误差。

图 5-15　决策树模型

使用建立的决策树模型，可以很快对新样本进行判断。如"rain,hot,high,true"（下雨、炎热、潮湿、有风），根据模型得到 result 值为"no"，即不出行。

例 5-7

使用粗糙集方法对表 5-6 中的数据进行训练建立模型，把"result"作为目标属性，其他属性为条件属性。

训　练　数　据　　　　　　　　　　　　　　表 5-6

样　本	outlook	windy	result
1	sunny	false	no
2	sunny	true	no
3	overcast	false	yes

续上表

样 本	outlook	windy	result
4	rain	false	yes
5	rain	false	yes
6	rain	true	no
7	overcast	true	yes
8	sunny	false	no
9	sunny	false	yes
10	rain	false	yes
11	overcast	true	yes
12	overcast	true	yes
13	overcast	false	yes
14	rain	true	no

建立模型过程如下：

(1) 划分等价类。根据条件属性"outlook"和"windy"，将样本集分为6个等价类：$X_1, X_2, \cdots, X_6$。如表5-7所示。

划分等价类1   表5-7

等 价 类	outlook	windy	样 本
X_1	sunny	false	1,8,9
X_2	sunny	true	2
X_3	overcast	false	3,13
X_4	rain	false	4,5,10
X_5	rain	true	6,14
X_6	overcast	true	7,11,12

接着根据目标属性"result"，把样本集分成两个等价类：Y_1, Y_2。如表5-8所示。

划分等价类2   表5-8

等 价 类	result	样 本
Y_1	yes	3,4,5,7,9,10,11,12,13
Y_2	no	1,2,6,8,14

(2) 根据划分的等价类 X 和 Y 产生分类规则并计算规则的可信度。

$$X_1 \Rightarrow Y_1 (33\%)$$

$$X_1 \Rightarrow Y_2 (66\%)$$

$$X_2 \Rightarrow Y_2 (100\%)$$

$$X_3 \Rightarrow Y_1 (100\%)$$

$$X_4 \Rightarrow Y_1 (100\%)$$

$$X_5 \Rightarrow Y_2 (100\%)$$

$$X_6 \Rightarrow Y_1 (100\%)$$

(3) 分类规则用属性值表示。

　　a. outlook = "sunny" and windy = "false" ⇒ result = "yes"（33%）
　　b. outlook = "sunny" and windy = "false" ⇒ result = "no"（66%）
　　c. outlook = "sunny" and windy = "true" ⇒ result = "no"（100%）
　　d. outlook = "overcast" and windy = "false" ⇒ result = "yes"（100%）
　　e. outlook = "rain" and windy = "false" ⇒ result = "yes"（100%）
　　f. outlook = "rain" and windy = "true" ⇒ result = "no"（100%）
　　g. outlook = "overcast" and windy = "true" ⇒ result = "yes"（100%）

(4) 合并相关规则。

将规则 d 和规则 g 合并为一条规则，最后得到 4 条确定性规则和两条不确定性规则。

①确定性规则：

　　outlook = "overcast" ⇒ result = "yes"
　　outlook = "sunny" and windy = "true" ⇒ result = "no"
　　outlook = "rain" and windy = "false" ⇒ result = "yes"
　　outlook = "rain" and windy = "true" ⇒ result = "no"

②不确定规则：

　　outlook = "sunny" and windy = "false" ⇒ result = "yes"（33%）
　　outlook = "sunny" and windy = "false" ⇒ result = "no"（66%）

例 5-8

在表 5-9 中的训练集中，条件属性为 outlook、temperature、humidity、windy，目标属性 result，使用贝叶斯方法建立分类规则并预测新样本 X = 'rain, hot, high, true' 的类别。

表 5-9　训 练 样 本 集

outlook	temperature	humidity	windy	result
sunny	hot	high	false	no
sunny	hot	high	true	no
overcast	hot	high	false	yes
rain	mild	high	false	yes
rain	cool	normal	false	yes
rain	cool	normal	true	no
overcast	cool	normal	true	yes
sunny	mild	high	false	no
sunny	cool	normal	false	yes
rain	mild	normal	false	yes
overcast	mild	normal	true	yes
overcast	mild	high	true	yes
overcast	hot	normal	false	yes
rain	mild	high	true	no

(1) 分别计算两个类，即"yes""no"的概率。

$$P(\text{result} = \text{'yes'}) = 9/14 = 0.643$$

$$P(\text{result} = \text{'no'}) = 5/14 = 0.357$$

(2) 计算各属性的取值相对于每个类别的概率。

属性 outlook 的取值有 "sunny" "overcast" "rain"，条件概率分别为：
$$P(\text{outlook} = \text{'sunny'} | \text{result} = \text{'yes'}) = 1/9 = 0.111$$
$$P(\text{outlook} = \text{'sunny'} | \text{result} = \text{'no'}) = 3/5 = 0.6$$
$$P(\text{outlook} = \text{'overcast'} | \text{result} = \text{'yes'}) = 5/9 = 0.556$$
$$P(\text{outlook} = \text{'overcast'} | \text{result} = \text{'no'}) = 0$$
$$P(\text{outlook} = \text{'rain'} | \text{result} = \text{'yes'}) = 3/9 = 0.333$$
$$P(\text{outlook} = \text{'rain'} | \text{result} = \text{'no'}) = 2/5 = 0.4$$

属性 temperature 的取值有 "hot" "mild" "cool"，条件概率分别为：
$$P(\text{temperature} = \text{'hot'} | \text{result} = \text{'yes'}) = 2/9 = 0.222$$
$$P(\text{temperature} = \text{'hot'} | \text{result} = \text{'no'}) = 2/5 = 0.4$$
$$P(\text{temperature} = \text{'mild'} | \text{result} = \text{'yes'}) = 4/9 = 0.444$$
$$P(\text{temperature} = \text{'mild'} | \text{result} = \text{'no'}) = 2/5 = 0.4$$
$$P(\text{temperature} = \text{'cool'} | \text{result} = \text{'yes'}) = 3/9 = 0.333$$
$$P(\text{temperature} = \text{'cool'} | \text{result} = \text{'no'}) = 1/5 = 0.2$$

属性 humidity 的取值有 "high" "normal"，条件概率分别为：
$$P(\text{humidity} = \text{'high'} | \text{result} = \text{'yes'}) = 3/9 = 0.333$$
$$P(\text{humidity} = \text{'high'} | \text{result} = \text{'no'}) = 4/5 = 0.8$$
$$P(\text{humidity} = \text{'normal'} | \text{result} = \text{'yes'}) = 6/9 = 0.667$$
$$P(\text{humidity} = \text{'normal'} | \text{result} = \text{'no'}) = 1/5 = 0.2$$

属性 windy 的取值有 "true" "false"，分别计算它们的条件概率：
$$P(\text{windy} = \text{'true'} | \text{result} = \text{'yes'}) = 3/9 = 0.333$$
$$P(\text{windy} = \text{'true'} | \text{result} = \text{'no'}) = 3/5 = 0.6$$
$$P(\text{windy} = \text{'false'} | \text{result} = \text{'yes'}) = 6/9 = 0.667$$
$$P(\text{windy} = \text{'false'} | \text{result} = \text{'no'}) = 2/5 = 0.4$$

(3) 计算新样本对两种类别的概率。

$P(\text{'rain,hot,high,true'} | \text{'yes'}) \times P(\text{'yes'}) = 0.333 \times 0.222 \times 0.333 \times 0.333 \times 0.643 = 0.0053$

$P(\text{'rain,hot,high,true'} | \text{'no'}) \times P(\text{'no'}) = 0.4 \times 0.4 \times 0.8 \times 0.6 \times 0.357 = 0.0274$

(4) 选择最大概率对应的类别作为预测类别。

由于 $P(\text{'no'} | \text{'rain,hot,high,true'}) > P(\text{'yes'} | \text{'rain,hot,high,true'})$，确定新样本 'rain,hot,high,true' 所属的类别是 "no"。

5.5 数据预测

5.5.1 数据预测基本概述

在交通大数据领域中，通过按照时间的先后顺序对某一个或一组变量 $x(t)$ 进行观测，得到在不同观测时刻 $t_1, t_2, \cdots, t_n$（其中 t 为自变量，且 $t_1 < t_2 < \cdots < t_n$）的一些离散值，按照时间

先后顺序对这些数值进行排序,形成一个序列集合$\{x(t_1),x(t_2),\cdots,x(t_n)\}$,也可以称为时间序列或动态数据。时间序列在交通流、货运量、客流量等很多方面都很常见。比如,道路交通流参数随小时或每天的变化过程、轨道交通每天的客流量等。

针对交通大数据中时序数据的建模步骤主要包括:

(1)获取数据。通过对观测系统进行观察、记录、统计和抽样,可以获取一系列动态的时序数据。

(2)分析时序数据的相关性,作相关图,并计算自相关系数。可以根据相关图看出动态数据的变化趋势和变化周期,以及跳点和拐点。与图上其他观测值不一致的点被称为跳点,若该跳点的观察值是合理的,则后续应保留该点;若不属于正常值,则应该将其值改为期望值。拐点则是图上数据观测值趋势发生变化的转折点,拐点左右两侧数据变化趋势相反。如果序列中有拐点的存在,在拟合数据时应该使用不一样的模型对每一段分别进行拟合,也可以使用三次曲线模型等本身具有拐点的模型进行拟合。

(3)选择恰当的模型拟合时间序列的观测值,实现曲线拟合。若时间序列数据是平稳的,一般情况下,拟合方法选用自回归移动平均(ARMA)模型、自回归(AR)模型、移动平均(MA)模型等。如果时间序列比较短或简单,拟合方法可以直接用包含误差项的趋势模型;如果时间序列观测值在50个以上时,拟合方法一般为ARMA模型,如果时序数据的变动有季节性的影响,则需要选用季节性自回归移动平均模型(SARIMA)。

时序数据分析的应用方向主要包括:

(1)系统描述:对系统进行观测,得到一系列时序数据,通过对所得序列进行曲线拟合,可以客观描述系统的特征。

(2)系统分析:对于有两个或以上的观察变量的系统,时间序列的变化可以由其中一个解释另一个,进而了解所要研究的时间序列的发生机制,进而对系统进行分析。

(3)预测:对观测时序数据进行拟合,根据拟合曲线可以预测未来趋势,得到预测值。

(4)决策和控制:由于时间序列模型具有预测的功能,所以可以通过调整输入变量来改变系统的预见性发展,使其保持在目标值上,在必要时可以加以控制避免系统的发展偏离目标,从而起到决策和控制的作用。

目前,统计领域中,已经有很多成熟的算法或方法可以用于时序数据的描述或分析,而在数据挖掘领域中,由于数据的数量级相差很大,所以统计学中的时间序列模型不再适用,分析方法也会有所差异。比如,在交通大数据挖掘中,预测的目的常常是要找到置信度以及支持度在临界阈值之外的序列,这种序列看为有规律、有潜在价值的序列,这种规律也被称为序列模式(Sequential Patterns),换言之,如果一种模式在某一时间段内频繁出现,那么,这种模式就是序列模式。

具体在智能交通的发展过程中,交通大数据的规模在变得越来越大,要发现对于交通管理和控制有意义的数据信息也越来越难。不过在交通数据库中,大多是时间序列数据库,所以为了发现对道路交叉口交通流、轨道交通客运量、船舶航运量等有启发意义的模式,需要重视对时序数据的建模分析。

目前,关于时间序列挖掘的研究重点包括相似性问题和序列模式发现两方面。相似性问题的研究主要是进行时间序列的索引、聚类、分析,进而满足查询的需要,研究热点主要集中在相似性搜索算法的研究、时间序列的重新表示等。序列模式发现主要是寻找和挖掘时序包含的规则模式，进而实现预测。

时间序列数据是指可以用来描述某个变量的变化与时间相关的数据，这种数据一般可以作为原始数据，对其进行预测。当前，已经有很多关于时间序列模式的预测研究成果，常用到的用于预测的方法主要包括经典的统计方法、机器学习模型以及神经网络模型等。

5.5.2 数据预测常用方法

时序数据的预测通常是通过建模的方法对历史数据分析进而预测未来趋势，本文所关注的时序数据预测模型可表示为：

$$x \Rightarrow S \Rightarrow \hat{x} \tag{5-17}$$

式中：$x = \{x_1, x_2, \cdots, x_t\}$——历史数据；
S——预测系统；
$\hat{x}$——预测结果。预测可分为短期预测和长期预测。短期预测，也称单步预测，可表示为式(5-18)。

$$\hat{x}_{t+1} = f(x_1, x_2, \cdots, x_t) \tag{5-18}$$

式中：$\hat{x}_{t+1}$——$t+1$ 时刻的预测结果；
f——预测模型的函数。

而长期预测是指多步预测，可表示为：

$$(\hat{x}_{t+1}, \hat{x}_{t+2}, \cdots, \hat{x}_{t+m}) = f(x_1, x_2, \cdots, x_t) \tag{5-19}$$

式中：$\hat{x}_{t+1}, \hat{x}_{t+2}, \cdots, \hat{x}_{t+m}$——其对应时刻的预测值。

预测方法按照预测模型的类型的不同可以分为线性预测和非线性预测两种方法，本章节将围绕这两类预测方法，对几种经典算法的原理、特点及改进方法展开介绍。

5.5.2.1 基于指数平滑的预测方法

早期时序数据预测领域较常用的方法就包括指数平滑预测法，该方法用权值联系当前时刻的预测值与真实值，通过加权算术平均数的方法进行预测，可表示为：

$$\hat{x}_{t+1} = ax_t + (1-a)\hat{x}_t \tag{5-20}$$

式中：$a(0 < a < 1)$——平滑系数；
$\hat{x}_{t+1}$——$t+1$ 时刻的预测值；
$\hat{x}_t$——t 时刻的预测值；
x_t——t 时刻的真实值。

式(5-20)可展开为：

$$\hat{x}_{t+1} = ax_t + a(1-a)x_{t-1} + a(1-a)^2 x_{t-2} + a(1-a)^3 x_{t-3} + \cdots + a(1-a)^{t-1} x_1 \tag{5-21}$$

式中：$a, a(1-a), \cdots, a(1-a)^{t-1}$——各时刻的权值，与预测时刻的距离按指数由近到远排序，即 $a > a(1-a) > \cdots > a(1-a)^{t-1}$。

一次指数平滑法能够有效克服移动平均模型的缺点，但当数据序列的变化趋势为直线时，如仍使用一次指数平滑法这种预测方法，结果相对于观察值就会有显著的滞后误差，因此必须对该方法加以修正。针对一次指数平滑法,可以采用与移动平均模型的修正方法类似的方法,通过观察滞后偏差发现其规律,并基于此规律建立模型,通过该方法再作二次平滑。就可以得到二次指数平滑法,其计算公式为:

$$S_t^{(1)} = ay_t + (1-a)S_{t-1}^{(1)}$$
$$S_t^{(2)} = aS_t^{(1)} + (1-a)S_{t-1}^{(2)}$$
(5-22)

式中:$S_t^{(1)}$——一次平滑指数;

$S_t^{(2)}$——二次指数的平滑值。

当序列数据$\{y_t\}$的变化趋势为直线时,可类比趋势移动平均法,通过直线趋势模型实现预测。

$$\hat{y}_{t+T} = a_t + b_t T$$
(5-23)

$$\begin{cases} a_t = 2S_t^{(1)} - S_t^{(2)} \\ b_t = \dfrac{a}{1-a}(S_t^{(1)} - S_t^{(2)}) \end{cases}$$
(5-24)

式中,$T = 1,2,3,\cdots$

三次指数平滑法是基于二次指数平滑法的再一次平滑,主要应用于变化趋势为二次曲线的序列数据的分析。其计算公式为:

$$S_t^{(1)} = ay_t + (1-a)S_{t-1}^{(1)}$$
$$S_t^{(2)} = aS_t^{(1)} + (1-a)S_{t-1}^{(2)}$$
$$S_t^{(3)} = aS_t^{(2)} + (1-a)S_{t-1}^{(3)}$$
(5-25)

式中:$S_t^{(3)}$——三次指数平滑值。

三次指数平滑法的预测模型为:

$$\hat{y}_{t+T} = a_t + b_t T + c_t T^2$$
(5-26)

式中,

$$\begin{cases} a_t = 3S_t^{(1)} - 3S_t^{(2)} + S_t^{(3)} \\ b_t = \dfrac{a}{2(1-a)^2}[(6-5a)S_t^{(1)} - 2(5-4a)S_t^{(2)} + (4-3a)S_t^{(3)}] \\ c_t = \dfrac{a}{2(1-a)^2}[S_t^{(1)} - 2S_t^{(2)} + S_t^{(3)}] \end{cases}$$
(5-27)

指数平滑法的优点在于能够较为简单地实现,对于数据信息的需求较少,只需对历史数据进行加权就能够对于下一时刻的数据进行预测。但这种线性的预测方法同时也存在一定的局限性:首先,该方法对于平滑系数较为敏感,平滑系数的不同会直接导致预测结果的不同,预测精度也会受到相应的影响;另外,该方法只适合应用于较短期数据的预测,将该方法应用于长期或不稳定的数据预测时,则难以保证其预测的精度。

5.5.2.2 基于自回归积分移动平均的预测方法

"博克思-詹金斯"法是在1968年由博克思(Box)和詹金斯(Jenkins)两人提出的方法,该方法主要针对时序数据的模型构建理论问题,是一套相对完善的分析方法,后来就以他们的名字命名了这套方法。它用来预测时间序列主要是基于数学理论进行建模实现的,比如自回归模型、自回归移动平均模型、季节调整模型等随机模型。

随着时间的推移,时序数据的模式变得复杂,参数及分布形式等也都会不一样,出现非平稳性,所以只搭建单一的模型对交通大数据进行训练和预测,得到的预测结果往往是不准确的。为了提高预测精度,提出可以对模型进行再训练,即用当前数据训练现有预测模型时,若发现模型不再能满足目标时序数据,就对模型的参数不断进行调整和优化,并建立新的模型。

并行算法可以考虑用来处理数据量较大且规模不同的问题。自回归模型可以用来对自相关性较强的时序数据进行拟合和预测,而移动平均模型和自回归移动平均模型还可以用来处理没有回归关系的时序数据预测问题。虽然不同模型面向不同类型关系的交通数据,但这些模型的拟合与预测都可以用博克思-詹金斯法的基本逻辑解释。

博克思-詹金斯模型又称为自回归积分移动平均模型(Autoreg Ressive Integrated Moving Average Model,ARIMA),解决了自回归移动平均模型(Autoreg Ressive Moving Average Model,ARMA)不能处理非平稳性时序数据的问题,是 ARMA 模型的一种扩展。ARIMA 模型首先通过差分法对时间序列进行 d 次差分使其平稳化,再确定参数 p、q,然后进行预测,并对预测结果进行反平稳化,输出最终预测结果,整个过程就是自回归模型(AR)、移动平均模型(MA)和差分法的结合,可用 ARIMA(p,d,q) 表示。其中,p 是自回归项,d 是数据平稳化过程中总差分次数,q 是移动平均项数。模型的方程表示为:

$$\hat{x}_t = \varphi_1 x_{t-1} + \cdots + \varphi_p x_{t-p} + \varepsilon_t - \theta_1 \varepsilon_{t-1} - \cdots - \theta_q \varepsilon_{t-q} \tag{5-28}$$

式中:$\hat{x}_t$——时间序列数据预测值;

$\varphi_1,\cdots,\varphi_p$ 和 $\theta_1,\cdots,\theta_q$——AR 和 MA 的系数;

$x_{t-1},\cdots,x_{t-p}$——历史数据;

ε_t——符合零均值的白噪声序列。

博克思-詹金斯模型进行预测的一般过程如下:

步骤1:交通大数据序列的识别以及模型的确定,对于平稳性时间序列和非平稳性时间序列与博克思-詹金斯法的处理方法不同,分别选择相对应的 ARMA(p,q) 模型和 ARIMA(p,d,q) 模型,后者较于前者多了通过差分使时间序列平稳化的过程。如果非平稳时间序列又有了季节性特征,则会采用 SARIMA(p,d,q) 模型进行处理。因此,对时间序列进行预测之前应先识别时间序列的特征(识别过程如下),而后才能选择合理恰当的模型。

(1)在直角坐标系中绘制动态折线图。动态折线图能够直观地描述数据的变化趋势,从图上可以直接看出时间序列的趋势特征,初步识别该序列的变动情况,比如季节变动、随机变动、长期趋势等。

(2)判别时间序列的平稳性。通过计算时序数据的自相关系数,并判断自相关系数与零的显著差异程度,来判断时间序列是否平稳,若没有显著差异,则是平稳序列,可按(4)寻求合适的模型;否则,反之。

(3)如果步骤(2)判断出时间序列不平稳,则做差分处理,重复步骤(2)、(3),直至序列呈平稳化。

(4)对平稳时间序列选择合适的模型。通过计算自相关系数和偏自相关系数,并绘图,可以确定合适的 p、d、q 值。如果自相关函数图上有明显不等于零的数,且它的出现呈现周期性,则说明该序列为季节性变动序列。

步骤2:模型参数估计。选用合适的方法估计参数 φ 和 θ,比如:矩阵估计法、非线性最小二乘法、逆函数法等,进而对 ARIMA(p,d,q) 模型(p、d、q 值已选定)实现拟合。

步骤3:模型拟合度检验。检验方法有很多,比如,可以通过模型 ARIMA 对误差时间序列进行预测,计算误差自相关系数并判断显著程度,进而确认拟合模型是否适用。如果系数与零无明显的偏差,模型通过检验。还可以通过判断模型参数的显著性来确认选用的拟合模型是否合适。若差异不显著且标准偏差不大,说明所选模型是合适的。如果拟合模型没有通过检验,应该改变模型级别,即 p、d、q 的阶次,重新估计模型参数。

步骤4:预测。完成模型的选择和参数的确定之后,给出置信区间,就可以采用已定模型对时间序列数据进行逐期预测。

虽然 ARIMA 模型在时间序列短期预测方面有了很不错的表现,但由于该模型在根本上只局限于对平稳数据的处理,所以对于长期预测或者波动较大的交通时序数据,预测效果并不理想,因此针对以上存在的问题,可以考虑与非线性模型结合来改善模型的性能。

5.5.2.3 基于回归的预测方法

回归分析的目的就是进行因果分析,用数学表达式描述变量之间的依赖关系,所以回归模型就是只取决于变量与变量之间的关系,通过数学表达式将变量间的因果关系表示出来。例如,基于回归预测的方法,构建一个能反映广告支出和汽车销量之间关系的模型,如果给出下一阶段的广告支出费用,就可以根据模型得到汽车销量的预测值。基于回归的分析方法建立模型时,常常会预设序列的分布趋势,然后基于实测值确定模型的参数。回归模型中的变量包括两种:自变量、因变量。一般,为了保证回归方法的预测精度,在建模时,会研究自变量之间能组成的很多不同的组合。回归模型与自变量和因变量之间的分布的符合程度决定了模型预测的合理性。自变量的个数决定了回归的分类,可以分为一元和多元回归;除此之外,自变量和因变量之间的关系也决定了不同的回归类型,包括线性和非线性回归(具体见图 5-16)。

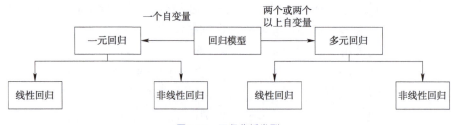

图 5-16 回归分析类型

线性回归模型只适用于变量之间呈线性关系的数据拟合,模型参数确定后就能得到回归方程。考虑自变量的个数不同,线性回归可以分成不同类,主要包括一元线性回归、二元线性回归和多元线性回归等。

假设因变量 y 和自变量 x 线性相关。在线性模型中,因变量 y 由自变量 x 的线性函数和误差项共同组成。线性函数反映因变量 y 随自变量 x 的变化而发生的变化值;误差项也称随机变量,表示随机因素对 y 产生的影响,不能用线性函数解释的部分。

一元线性回归的图像形式为一条直线,可表示为:

$$y = b_0 + b_1 x + e \tag{5-29}$$

式中：b_0、b_1——待定系数，其中 b_0 称为常数项，表现为直线的截距；

b_1——回归系数（regression coefficient），在图像上可以理解为斜率；在统计学中，可以理解为当自变量发生单位变化后，因变量随之发生的平均变化量；

e——随机误差，也可以称为残差。

可以通过散点图法、奇异点法、最小二乘法及残差平方和法等方法确定模型参数，建立回归方程，基于成功构建的模型，在自变量 x 已知的前提下，可以计算得出因变量 y 对应的值，实现函数值的预测或估计。其中，计算回归方程参数的方法中，应用最广泛的就是最小二乘法，它的原理是最小化 y 的估计值和实际值之间的残差平方和来确定方程参数的取值，所以通过最小二乘法确定的回归模型直线拟合效果最好。

最小二乘法可以描述成一个数学问题：求回归系数 b_0、b_1，目标是最小化残差平方和 $\sum(y_i - \hat{y})^2$。其中，y_i 是观察值，$\hat{y}$ 是预估值。回归系数的求解公式如下：

$$b_1 = \frac{\sum(y_i - \bar{y})(x_i - \bar{x})}{\sum(x_i - \bar{x})^2} \tag{5-30}$$

$$b_0 = \bar{y} - b_1 \bar{x} \tag{5-31}$$

式中：$\bar{x}$——自变量平均值；

$\bar{y}$——因变量平均值。

图 5-17 为线性回归的最小二乘法示意图。

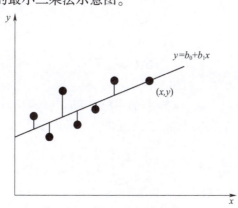

图 5-17 最小二乘法示意图

二元线性回归的数学表达式为：

$$y = b_0 + b_1 x_1 + b_2 x_2 + e \tag{5-32}$$

多元线性回归的数学表达式为：

$$y = b_0 + b_1 x_1 + b_2 x_2 + \cdots + b_n x_n + e \tag{5-33}$$

式中： b_0——常数项，相当于当自变量都等于 0 时因变量的估计值；

b_1、b_2、$\cdots$、b_n——偏回归系数（Partial Regression Cofficient），在统计学上，该系数的意义表示当只有一个自变量发生变动的情况下，且每当发生单位变化时，导致的平均因变量的改变量，e 代表残差。

线性回归满足以下假设：

(1) 线性相关性：自变量与因变量之间存在线性关系；
(2) 正态性：残差 e 服从均值为零，方差为 δ^2 的正态分布；
(3) 等方差：对于所有的自变量，残差 e 的条件方差为 δ^2，且 δ 为常数；
(4) 独立性：在给定自变量的条件下，残差 e 的条件期望值为零（又称零均值假设）；
(5) 无自相关性：各随机误差项 e 互不相关，且残差与自变量不相关；
(6) 无共线性：各自变量之间相互独立。

如果自变量和因变量之间非线性相关，可以选择合适的变量代换将非线性转换为线性关系，接着继续用最小二乘法来计算模型的参数。对于一些不能转换成线性回归模型的非线性回归，分析方法可以选择常用的二次回归。

一元二次回归表示因变量只与一个自变量之间存在线性相关关系，且为二次关系，可用一元二次回归模型进行拟合，并通过确定模型参数得到回归方程。相应地，多元二次回归是指因变量与多个自变量存在二次关系。一元二次回归模型的表达式为：

$$y = b_0 + b_1 x + b_2 x^2 + e \tag{5-34}$$

式中：b_1、b_2——待定系数，分别称为一次和二次回归系数；
b_0——常数项。

类似地，可以写出多元二次或多次回归模型的表达式。在回归分析中，时间可以作为自变量，此时格式应表示为时间序列的格式，自变量也可以是其他普通变量。常用到的一些曲线方程的表达式如下：

直线方程：
$$y = b_0 + b_1 x_1 \tag{5-35}$$

二次方程：
$$y = b_0 + b_1 x + b_2 x^2 \tag{5-36}$$

复合曲线模型：
$$y = b_0 b_1^x \tag{5-37}$$

等比级数模型：
$$y = e^{b_0 + b_1/x} \tag{5-38}$$

对数方程：
$$y = b_0 + b_1 \ln x \tag{5-39}$$

三次方程：
$$y = b_0 + b_1 x + b_e x^2 + b_3 x^3 \tag{5-40}$$

指数方程：
$$y = b_0 e^{b_1 x} \tag{5-41}$$

反比模型：
$$y = b_0 + \frac{b_1}{x} \tag{5-42}$$

幂曲线模型：
$$y = b_0 x^{b_1} \tag{5-43}$$

逻辑斯蒂曲线模型：
$$y = \left(\frac{1}{u} + b_0 b_1^x \right)^{-1} \tag{5-44}$$

5.5.2.4 基于 BP 神经网络的预测方法

神经网络（Artificial Neural Network，ANN）是一种用于信息处理的数学模型，它模拟了人类大脑神经元的连接结构，可以根据训练数据对于内部节点间的关系学习数据进行不断调整。对比于传统的线性模型，神经网络表达能力更强，是一种非线性模型，其优势表现在适应性强、泛化能力强以及容错性高等方面，这些优势使得它非常适合用于处理交通大数据。

在预测时序数据时，反向传播（Back Propagation，BP）神经网络是使用最为广泛的一种神经网络。输入层、隐藏层和输出层共同组成了 BP 神经网络，其数据训练可分两个过程：一是正向传播,即数据由输入层进入,经过隐藏层,最后从输出层输出;二是反向传播过程,当输出层输出的数据与预期效果不符时,误差将会从反方向调整权值。

应用 BP 神经网络进行时序数据预测的原理是:时序数据输入 BP 神经网络后,对交通时序数据以及参数的规律进行分析,通过该神经网络的函数逼近功能开展预测,具体模型如图 5-18 所示。

其中:$x_1, x_2, \cdots, x_t$ 表示各个时刻的真实值;$h_1, h_2, \cdots, h_t$ 表示各时刻隐藏层的状态;$\hat{x}_{t+1}$ 为 $t+1$ 时刻的预测值。该预测模型应用正向传播开展预测,为了达到使实际值 x_{t+1} 与输出的预测值 $\hat{x}_{t+1}$ 尽量一致的目的,该过程的权值调整通过反向传播实现,从而能够达到误差最小的目的。误差(E)可表示为:

$$E = \frac{1}{2}\sum_{t=1}^{m}(x_{t+1} - \hat{x}_{t+1})^2 \tag{5-45}$$

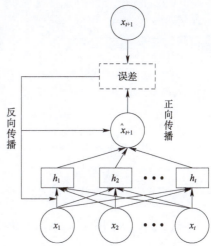

图 5-18 基于 BP 神经网络的预测模型

但 BP 神经网络仍存在一些劣势:首先 BP 神经网络较容易陷入局部极小值,这可能导致该模型的预测结果较差;除此之外收敛速度较慢、训练时间较长也是 BP 神经网络较为明显的劣势。对输入数据进行降维是解决训练时间较长这一问题的有效方法,数据降维能够简化网络的输入,从而加快训练的速度。对于容易陷入局部极小值以及收敛速度较慢这两点缺陷,可尝试将动量项加入权值调整公式,从而对其进行改进,这样可以避免在训练过程中发生震荡,从而加快收敛的速度。除此之外,在训练时将遗传算法应用于 BP 神经网络中也能够进一步缓解上述问题。

5.5.2.5 基于循环神经网络的预测方法

循环神经网络(Recurrent Neural Network,RNN)是一种在交通数据的预测中应用比较多的神经网络。RNN 具有时序特性,并基于此特性能够关联每一时刻的输出和历史数据的输入,对未来数据进行预测时能够很好地利用到历史数据。基于 RNN 的交通数据预测机制是:正向传播用来作出预测,反向传播用来优化模型参数,这点与 BP 神经网络的预测原理相同。但是 RNN 容易出现梯度消失等问题,所以在反向传播中没有长期依赖,也就是说它没有长期记忆,所以长期预测效果不理想。

长短期记忆(Long Short-Term Memory,LSTM)是对 RNN 模型的改进,它的组成部分主要包括:输入门(Input Gate)、遗忘门(Forget Gate)、输出门(Output Gate)和细胞单元(Cell),具体如图 5-19 所示。其中,遗忘门的功能是当数据通过遗忘门时对于其所包含的历史信息决定是否选择遗忘。可表达为:

$$f_t = \sigma(W_{xf}x_t + W_{hf}h_{t-1} + W_{cf}c_{t-1} + b_f) \tag{5-46}$$

式中: f_t——遗忘门在 t 时刻的输出;

σ——激活函数;

x_t——t 时刻的输入;

h_{t-1} 和 c_{t-1}——分别为 $t-1$ 时刻的隐藏层状态和细胞单元信息;

W_{xf}、W_{hf}、W_{cf}——权值矩阵；

b_f——遗忘门的偏差矩阵。

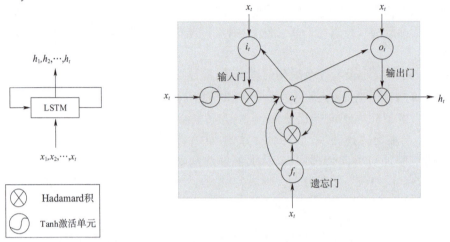

图 5-19　LSTM 结构图

然后由输入门执行遗忘门的决定，并更新 c_{t-1} 的信息，计算公式为：

$$i_t = \sigma(W_{xi}x_t + W_{hi}h_{t-1} + W_{ci}c_{t-1} + b_i) \tag{5-47}$$

$$c_t = f_t c_{t-1} + i_t \tanh(W_{xc}x_t + W_{hc}h_{t-1} + b_c) \tag{5-48}$$

式中：　i_t 和 c_t——分别为输入门和细胞单元在 t 时刻的输出；

W_{xi}、W_{hi}、W_{ci}、W_{xc}、W_{hc}——权值矩阵；

b_i 和 b_c——分别为输入门和细胞单元的偏差矩阵。

最后由输出门决定最后的输出，可表达为：

$$o_t = \sigma(W_{xo}x_t + W_{ho}x_{t-1} + W_{co}x_{t-1} + b_o) \tag{5-49}$$

$$h_t = o_t \tanh(c_t) \tag{5-50}$$

式中：　o_t——输出门在 t 时刻的输出；

W_{xo}、W_{ho}、W_{co}——权值矩阵；

b_o——输出门的偏差矩阵；

h_t——t 时刻的隐藏层状态。

因为 LSTM 具有特殊的门结构，所以能够巧妙地结合短期记忆和长期记忆，能够学习到长期依赖，一定程度上解决了 RNN 存在的梯度消失的问题，在交通数据的预测方面有不错的表现。图 5-20 所示为 LSTM 进行时序数据预测的机制原理图，时序数据在 t 时刻输入到输入层，然后将输入层的输出结果、$t-1$ 时刻的隐藏层状态 h_{t-1} 和 $t-1$ 时刻的细胞单元信息 c_{t-1} 输入到 LSTM 单元中，输出数据再经过各个门及细胞单元的处理，然后作为下一隐藏层或输出层的输入，最终在输出层输出预测结果。过程中通过反向传播来更新权值。

5.5.3　数据预测应用算例

例 5-9

某 4S 店 2009—2020 年某款汽车销售额如表 5-10 所示。试用一次指数平滑法预测 2021 年该车辆销售额。

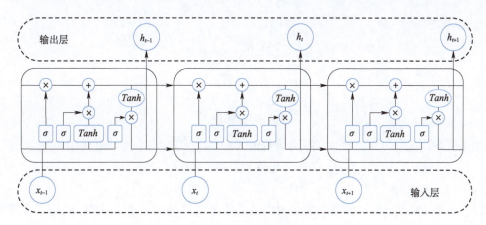

图 5-20 LSTM 链式结构

解：采用一次指数平滑法，并分别取 $a=0.2,0.5$ 和 0.8 进行计算，初始值

$$S_0^{(1)} = \frac{y_1+y_2}{2} = 51$$

即

$$\hat{y}_1 = S_0^{(1)} = 51$$

按预测模型

$$\hat{y}_{t+1} = ay_t + (1-a)\hat{y}_t$$

某款汽车销售额及指数平滑预测值计算表（单位：千万元）　　　　表 5-10

年份	t	实际销售额 y_t	预测值 $\hat{y}_t(a=0.2)$	预测值 $\hat{y}_t(a=0.5)$	预测值 $\hat{y}_t(a=0.8)$
2009	1	50	51	51	51
2010	2	52	50.8	50.5	50.2
2011	3	47	51.04	51.25	51.64
2012	4	51	50.23	49.13	47.93
2013	5	49	50.39	50.07	50.39
2014	6	48	50.10	49.54	49.28
2015	7	51	49.68	48.77	48.26
2016	8	40	49.94	49.89	50.45
2017	9	48	47.95	44.95	42.09
2018	10	52	47.96	46.48	46.82
2019	11	51	48.77	49.24	50.93
2020	12	59	49.22	50.12	50.99

计算各期预测值，列于表 5-10 中。

从表 5-10 可以看出，$a=0.2$、0.5 和 0.8 时，预测值是很不相同的。究竟 a 取何值为好，可通过计算它们的均方误差 S，选取使 S 较小的那个 a 值。

当 $a=0.2$ 时，

$$S = \frac{1}{12}\sum_{t=1}^{12}(y_t-\hat{y}_t)^2 = \frac{243.14}{12} = 20.26$$

当 $a = 0.5$ 时,
$$S = \frac{252.82}{12} = 21.07$$

当 $a = 0.8$ 时,
$$S = \frac{281.4}{12} = 23.45$$

计算结果表明: $a = 0.2$ 时, S 较小, 故选取 $a = 0.2$, 预测 2021 年该电器销售额为
$$\hat{y}_{2021} = 0.2 \times 59 + 0.8 \times 49.22 = 51.176$$

例 5-10

以北京市 1965～1985 年某路段区间的道路年平均日交通量资料为例,试用二次指数平滑法预测 1986 年和 1987 年的年平均日交通量。

解: 取 $a = 0.3$,初始值 $S_0^{(1)}$ 和 $S_0^{(2)}$ 都取序列首项数值,即 $S_0^{(1)} = S_0^{(2)} = 676$。计算 $S_t^{(1)}$, $S_t^{(2)}$,列于表 5-11。得到
$$S_{21}^{(1)} = 3523.1; S_{21}^{(2)} = 3032.6$$

由公式 $\begin{cases} a_t = 2S_t^{(1)} - S_t^{(2)} \\ b_t = \dfrac{a}{1-a}(S_t^{(1)} - S_t^{(2)}) \end{cases}$ 可得 $t = 21$ 时

$$a_{21} = 2S_{21}^{(1)} - S_{21}^{(2)} = 2 \times 3523.1 - 3032.6 = 4013.6$$

$$b_{21} = \frac{0.3}{1-0.3}(S_{21}^{(1)} - S_{21}^{(2)}) = \frac{0.3}{0.7}(3523.1 - 3032.6) = 210.21$$

于是,得 $t = 21$ 时直线趋势方程为
$$\hat{y}_{21+T} = 4013.6 + 210.21T$$

预测 2017 年和 2018 年的年平均日交通量 (veh)
$$\hat{y}_{2017} = \hat{y}_{22} = \hat{y}_{21+1} = 4013.6 + 210.21 = 4223.81$$
$$\hat{y}_{2018} = \hat{y}_{23} = \hat{y}_{21+2} = 4013.6 + 210.21 \times 2 = 4434.02$$

为了求各期的模拟值。可将 $\begin{cases} a_t = 2S_t^{(1)} - S_t^{(2)} \\ b_t = \dfrac{a}{1-a}(S_t^{(1)} - S_t^{(2)}) \end{cases}$ 代入直线趋势模型 $\hat{y}_{t+T} = a_t + b_t T$,并令 $t = 1$,则得:
$$\hat{y}_{t+1} = (2S_t^{(1)} - S_t^{(2)}) + \frac{a}{1-a}(S_t^{(1)} - S_t^{(2)})$$

即
$$\hat{y}_{t+1} = \left(1 + \frac{1}{1-a}\right)S_t^{(1)} - \frac{1}{1-a}S_t^{(2)}$$

令 $t = 1, 2, \cdots, 21$,由 $\hat{y}_{t+1} = (1 + \dfrac{1}{1-a})S_t^{(1)} - \dfrac{1}{1-a}S_t^{(2)}$ 可求出各期模拟值。

例如 $t = 20$:

$$\hat{y}_{21} = \hat{y}_{20+1} = \left(1 + \frac{1}{1-0.3}\right)S_{20}^{(1)} - \frac{1}{1-0.3}S_{20}^{(2)} = \left(1 + \frac{1}{1-0.3}\right) \times 3272.9 - \frac{1}{1-0.3} \times 2822.4 = 3916.5$$

其余类推。见表5-11。

年平均日交通量及一次、二次指数平滑值计算表（单位：veh）　　　表5-11

年　　份	t	年平均日交通量 y_t	一次平滑值	二次平滑值	y_{t+1}估计值
1996	1	676	676	676	
1997	2	825	720.7	689.4	676
1998	3	774	736.7	703.6	765.4
1999	4	716	730.5	711.7	784.0
2000	5	740	739.4	736.2	757.4
2001	6	1159	903.1	786.3	875.1
2002	7	1384	1047.4	864.6	1070.0
2003	8	1524	1190.4	962.3	1308.5
2004	9	1668	1333.7	1073.7	1516.3
2005	10	1688	1440.0	1183.6	1705.1
2006	11	1958	1595.4	1307.1	1806.3
2007	12	2031	1726.1	1432.8	2007.3
2008	13	2234	1878.5	1566.5	2145.1
2009	14	2566	2084.5	1722.0	2324.2
2010	15	2820	2305.4	1897.0	2603.4
2011	16	3006	2515.6	2082.6	2888.8
2012	17	3093	2688.8	2264.5	3134.2
2013	18	3277	2865.6	2244.7	3294.9
2014	19	3514	3059.9	2629.3	3466.2
2015	20	3770	3272.9	2822.4	3675.0
2016	21	4107	3523.1	3032.6	3916.5

例 5-11

我国2008—2019年进出口总额和航空建设投资完成额资料如表5-12：试配合适当的回归模型并进行显著性检验；若2020年航空建设投资完成额为249亿元，当显著性水平 $a = 0.05$ 时试估计2020年进出口总额的预测区间。

一元线性回归模型计算表　　　表5-12

年　　份	进出口总额 y(亿元)	航空建设投资完成额 x(亿元)	xy	x^2	y^2
2008	195	20	3900	400	38025
2009	210	20	4200	400	44100
2010	244	26	6344	676	59536
2011	264	35	9240	1225	69696

续上表

年 份	进出口总额 y(亿元)	航空建设投资完成额 x(亿元)	xy	x^2	y^2
2012	294	52	15288	2704	86436
2013	314	56	17584	3136	98596
2014	360	81	29160	6561	129600
2015	432	131	56592	17161	186624
2016	481	149	71699	22201	231361
2017	567	163	92421	26569	321489
2018	655	232	151960	53824	429025
2019	704	202	142208	40804	495616
合计	4720	1167	600566	175661	2190104

解：步骤1：绘制散点图。设进出口总额为 y，航空建设投资完成额为 x，绘制散点图（图略），由散点图可以看出两者呈线性关系，可以建立一元线性回归模型。

步骤2：设一元线性回归模型为

$$\hat{y} = a + bx$$

步骤3：计算回归系数，列表计算有关数据（见表5-12），并计算出回归系数估计值

$$b = \frac{n\sum xy - \sum x \sum y}{n\sum x^2 - (\sum x)^2} = \frac{12 \times 600566 - 1167 \times 4720}{12 \times 175661 - 1167^2} = 2.2767$$

$$\hat{a} = \frac{\sum y}{n} - b\frac{\sum x}{n} = \frac{4720}{12} - 2.2767 \times \frac{1167}{12} = 171.9243$$

所求回归预测模型为

$$\hat{y} = 171.9243 + 2.2767x$$

步骤4：检验线性关系显著性，由于在一元线性回归情形，相关系数检验、F 检验、t 检验的结果一致，此处仅给出相关系数检验。

$$R = \frac{n\sum xy - \sum x \sum y}{\sqrt{n\sum x^2 - (\sum x)^2}\sqrt{n\sum y^2 - (\sum y)^2}}$$

$$= \frac{12 \times 600556 - 1167 \times 4720}{\sqrt{12 \times 175661 - 1167^2} \times \sqrt{12 \times 2190104 - 4720^2}} = 0.9829$$

当显著性水平 $a = 0.05$，自由度 $= n - m = 12 - 2 = 10$ 时，查阅相关系数临界值表，得 $R_{0.05}(10) = 0.576$ 因 $R = 0.9829 > 0.576 = R_{0.05}(10)$，故在 $a = 0.05$ 的显著性水平上，检验通过，说明两变量之间线性相关关系显著。

步骤5：预测，计算估计值标准误差

$$S_y = \sqrt{\frac{\sum y^2 - \hat{a}\sum y - b\sum xy}{n - 2}}$$

$$= \sqrt{\frac{2190104 - 171.9243 \times 4720 - 2.2767 \times 600566}{12 - 2}} = 33.6343$$

当显著性水平 $a = 0.05$，自由度 $= n - m = 12 - 2 = 10$ 时，查 t 分布表得

$$t_{0.025}(10) = 2.228$$

当 $x_0 = 249$ 亿元时,代入回归模型得 y 的点估计值为

$$\hat{y}_0 = 171.9243 + 2.2767 \times 249 = 738.8226(亿元)$$

预测区间为

$$\hat{y}_0 \mp t_{a/2}(n-m) \cdot S_y \sqrt{1 + \frac{1}{n} + \frac{n(x_0-\bar{x})^2}{n\sum x^2 - (\sum x)^2}}$$

$$= 738.8226 \mp 2.228 \times 33.6343 \times \sqrt{1 + \frac{1}{12} + \frac{12 \times 151.75^2}{746043}} = 738.8226 \mp 90.3518$$

即当 2020 年航空建设投资完成额为 249 亿元时,在 $a = 0.05$ 的显著水平上,进出口总额的预测区间为 648.4708 亿 ~ 829.1744 亿元。

第 6 章 智能网联汽车交通大数据可视化技术

6.1 数据可视化与交通大数据概述

数据爆炸是信息科学领域的一大挑战。它不仅需要处理越来越多的高维、多源和多态数据,还要兼顾数据采集的动态性、噪声和矛盾、异构性和异质性等。它综合利用计算机等技术,将采集的模拟数据映射成可识别的图形、图像或视频,并允许用户交互分析。

数据可视化将容易描述的抽象现象转化为可见的图形,发现规律且获取知识。在当今的大数据时代,数据可视化避免了隐藏数据的真实结构,更助于显示数据的全局和局部细节。数据可视化是一种传递信息与思想,最终达到结构与功能相统一的真善美相结合的艺术。

交通大数据可视化平台有利于交通出行人员实时了解路况,为交通管理部门制定切实可行的决策和规划提供依据。

6.1.1 数据可视化定义

数据可视化是一门与数据和视觉相关的学科,它利用较为高级的技术方法将数据转化为易于人们辨识和理解的视觉表现形式,随着科技的不断进步,数据可视化的边界也在不断扩大。

交通大数据可视化技术用通俗易懂的形式将抽象的交通运行数据转换为各种形象生动的图表,构建业务场景深度应用,从而打通数据到决策的最短路径。出行者和交通管理部门可以利用各类图表、趋势图、视觉效果深度挖掘内在数据规律,助力城市交通健康的发展。

6.1.2 数据可视化分类

数据可视化按照其数据形式可以分为一维数据可视化、二维数据可视化和多维数据可视化。

(1)一维数据可视化。

一维数据可视化分为直方图、条形图、核密度估计和累积分布函数等。

(2)二维数据可视化。

二维数据可视化分为矢量数据可视化技术和栅格数据可视化技术。

(3)多维数据可视化。

多维数据可视化又分为基于几何的技术、基于降维映射的技术、基于层次的技术、基于像素的技术、基于图标的技术和基于图形的技术。

交通大数据可视化可以分为交通政务数据可视化、交通运营数据可视化、物联网数据可视化和互联网数据可视化等。

6.1.3　数据可视化特点

数据可视化具有：

(1) 直观性。

数据可视化技术利用条形图、直方图、折线图、饼图、散点图和雷达图等数据图表形式直观地给人们展现数据的内在结构特征与关联。

(2) 交互性。

用户可以利用数据可视化交互的方式来对数据进行有效的开发和管理。

交通大数据可视化通过前端感知系统，实时获取城市交通动态信息，为城市交通的管理和调控提供指导依据，其特点是：

(1) 强大的数据源整合能力。

数据接入灵活多变，满足庞大、繁杂、多样数据的集中汇聚展示，通过清洗杂乱数据，优化数据结构来进行深层次的信息挖掘。

(2) 丰富的图表组件搭建工具。

用户可以根据自己的实际情况，选择合适的交通大数据组件工具，把原本抽象、不易于理解的数字用生动的图表描述，协助用户挖掘数据的隐含规律。

(3) 多样化的场景模板。

交通数据可视化平台已经提前为用户设定好了智能化的交通应用模板，其中具备了与交通有关的布局组件，用户只需简单学习即可上手使用。

6.1.4　数据可视化功能

数据可视化包含多重含义：发现、决策、解释、分析、探索和学习。

从信息加工的角度看，人类执行高效视觉搜索时海量信息消耗了大量的注意力，可视化作为外部的增强信息补充和强化人脑有限记忆，有助于解决人脑的记忆内存和注意力的有限性的问题。

从生活和工作的角度来看，可视化有两个重要的目标：帮助那些无法观察的人解决信息不对称问题，帮助企业领导层归纳总结以提高决策效率。

数据可视化有 2 个主要的功能：

(1) 信息记录。

信息传播和记录的方式多种多样，包括文字、语音、图表、视频录像等，数据可视化形象且生动地将人们所关注的信息记录下来以帮助人们更好地理解蕴含在数据中的规律。

(2) 信息推理和分析。

数据可视化引导用户从可视化结果分析和推理出有效信息，提升信息认知效率。这种直观的信息感知机制突破了常规分析方法的局限性，极大地降低了数据理解的复杂度。

交通大数据可视化技术主要从多个角度进行日常路网运行监测与协调管理，满足交通行业各个场景的应用需求，交通大数据可视化具有以下 3 个功能：

(1)交通态势可视化。

通过交通信息透明化,以可视化的形式向交通管理部门提供实时交通运行状态和拥堵分析,为交通规划、交通优化提供量化指标依据。

(2)设施运维管理。

交通大数据可视化能够及时判断交通故障点具体方位、故障类型和故障发生的原因,让运维由繁化简,更加有效的保障智能交通系统的顺畅运行。

(3)交通事件研判分析。

通过交通大数据可视化对发生过的交通事件进行细化描述和定期总结,并制定切实可行的优化解决方案。利用先进的深度学习等智能交通算法对未来短期或长期的交通流进行预测,有利于交通信息服务系统的发展。

6.2 一维数据可视化

6.2.1 直方图和条形图

6.2.1.1 直方图和条形图基础

1)直方图的定义、特点与作图程序

定义:直方图由一系列高度不等的纵向条纹或线段表示数据分布的情况,直方图不同组之间无空隙。

优点:直方图能直观形象地表示海量数据的分布情况,能够辅助人类看到在分布表中看不清的数据模式,样本的总体分布情况可以由样本的频率分布情况大致判断得出。

缺点:部分最初的数据信息没有被直方图显示,造成基本信息的丢失。

作图程序:频数分布直方图的作图程序分为9个步骤。

(1)收集数据。一般情况下,50<样本量<100,视情况不同不能一概而论。

(2)求最大值 L,最小值 S 和极差 R。

极差计算公式如式(6-1)所示。

$$R = L - S \tag{6-1}$$

(3)确定数据的大致分组数,建议分组数参照表6-1,通常取 $k=10$。

建议分组数参考表　　　　表6-1

总　数 n	分组数 k
50~100	6~10
100~250	7~12
250 以上	10~20

经验证明,组数不宜太少也不宜太多。

(4)确定各组组距 h,各组组距计算方法如式(6-2)所示,计算 h 时,取测量单位的整数倍,一般取一位有效数字。

$$h = \frac{R}{k} = \frac{L-S}{k} \tag{6-2}$$

(5)计算各组上、下界限值,首先确定第一组的最小值。应注意第一组中一定要出现最小值 S,数据观测值不能落在上、下界限值。然后依次加入组距 h,即可得到各组上、下界限值。第二组的下界值与第一组的上界值相等,第二组的上界值 = 其下界值 + h,后面的每一组以此类推,最后一组应包含最大值 L。

(6)计算各组中心值 b_i,中心值可按下式计算:

$$b_i = \frac{第 i 组下界限值 + 第 i 组上界限值}{2} \tag{6-3}$$

(7)做频数分布表,这里以频数为例做频数分布表,频数就是在 n 次试验中,数据落在该组中的次数 t_i。

(8)做频数分布直方图,把频数当作纵坐标,数据观测值当作横坐标,数据观测值落入各组的频数 t_i 为高,以组距为底边,画出一系列矩形,这样得到的图形称为频数直方图,简称频数分布直方图。

在统计数据时,按照频数分布表,在平面直角坐标系中,横轴标出每个组的端点,纵轴表示频数,每个矩形的高代表对应的频数,称这样的统计图为频数分布直方图。

2)条形图的定义、特点与作图程序

定义:用宽度相同的条形的高度或长短来表示数据多少的图形是条形图,分为纵置条形图和横置条形图。描绘条形图的要素有:组数、组宽度、组限,一般可以将数据划分为 5～10 组,近似组宽度 =(最大值 - 最小值)/组数,且每一组的宽度是一致或固定的,一般先确定组数再确定组宽。组限分成组下限(组内的最小数据)和组上限(组内的最大数据),并且一个数据只能在一个组限内。值得注意的是,不像直方图,条形图相邻组之间有空隙。

优点:条形统计图便于直观地了解数据绝对数量的大小及不同数据的差异,直观明了。

缺点:不利于几种量的比较以及观察数据的增减变化情况。

作图程序:

绘制条形图的具体步骤与直方图类似,在此不再重复叙述。

6.2.1.2　直方图和条形图可视化示例

(1)直方图示例。直方图又细分为等分直方图、自定义分组直方图、累积分布直方图、概率密度直方图、累积概率密度直方图等,其示例如图 6-1～图 6-5 所示。

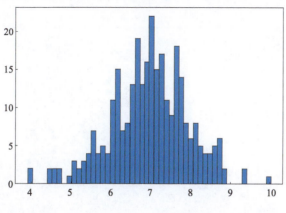

图 6-1　等分直方图

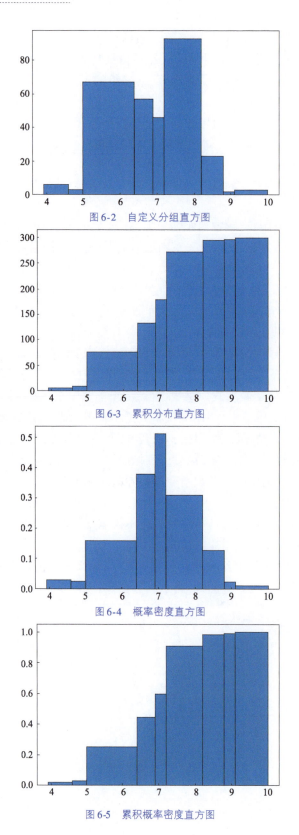

图 6-2 自定义分组直方图

图 6-3 累积分布直方图

图 6-4 概率密度直方图

图 6-5 累积概率密度直方图

（2）条形图示例。条形图又细分为简单条形图、堆积条形图、横向堆积条形图、横向条形图、项目进度图、带误差的条形图等，其示例如图6-6~图6-11所示。

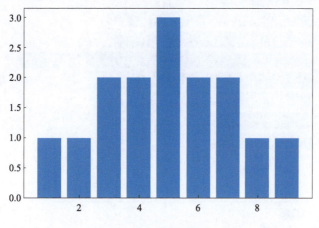

图6-6　简单条形图

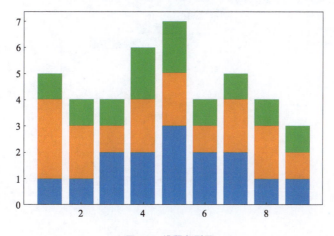

图6-7　堆积条形图

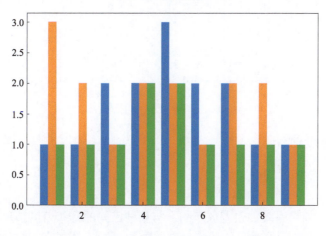

图6-8　横向堆积条形图

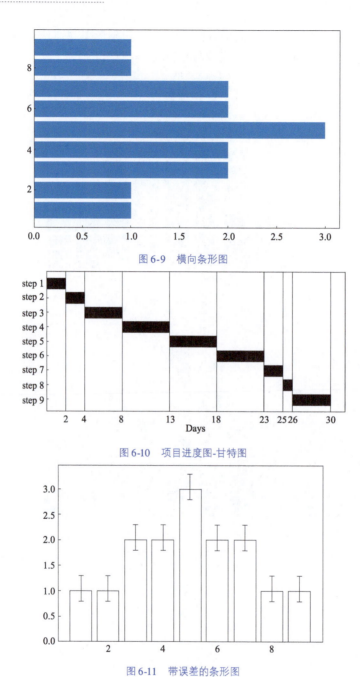

图 6-9　横向条形图

图 6-10　项目进度图-甘特图

图 6-11　带误差的条形图

6.2.2　核密度估计

6.2.2.1　核密度估计的定义与特点

分布函数密度的估计通常有两种方法。

(1)参数估计。如果系统的残差分布图形与某种已知的分布密度图形类似,那么就假设残差服从该分布,剩下的问题就是估计该分布的参数(均值、方差等)。在实际使用过程中,最常用的分布就是正态分布,因为系统数据在多数情况下都近似服从正态分布。

（2）非参数估计。与参数估计方法不同的是，非参数估计无需假设系统分布符合某种已知的分布。常用的非参数估计方法主要有核密度法、直方图法、样条函数法等。

定义：核密度估计是概率论中用于估计概率密度函数的非参数方法，它将核函数放在每一个数据点位置上，而后将核函数的作用效果叠加起来，从而对真实的概率分布曲线进行拟合。

它可以很方便地处理任意的概率分布，为寻找大量数据的分布规律提供了一种简单有效的方法。从样本本身研究分布特征，在统计学理论和应用领域均受到高度的重视。

核密度函数$f(x)$的通式为$f(x)=\frac{1}{nh}\sum_{i=1}^{n}K\left(\frac{x-x_i}{h}\right)$，其中$n$为样本数，$h$为带宽或窗口宽度，$K(x)$为内核函数，核密度函数$f(x)$需要满足以下3个基本条件：

$$f(x) \geq 0 \tag{6-4}$$

$$\int_{-\infty}^{+\infty} f(x)\mathrm{d}x = 1 \tag{6-5}$$

$$f(-x) = f(x) \tag{6-6}$$

有以下几种内核函数：均匀内核函数、高斯内核函数（正态分布内核函数）、Epanechnikov核函数等。它们具有结构简单、计算方便的优点，但也有一些缺点，如Epanechnikov核具有有限支集，却在边界上不可微，而高斯核处处可微，却不具有有限支集。核密度估计的好坏取决于内核函数$K(x)$和带宽或窗口宽度h的选取。

窗口宽度h对于核密度估计是一个至关重要的参数，窗口宽度h对核函数的影响程度要远大于核函数的选择。如果h太小，那么结果就会不稳定；反之，如果h太大，则会导致结果的分辨率太低。一般来说，h会随着样本数n的增大而减小。

6.2.2.2 核密度估计可视化示例

1）直方图核密度估计

直方图核密度估计的特点是简单易懂，但缺点在于密度函数是不平滑的；其受子区间宽度影响很大，且直方图核密度函数不是唯一的。总体来看带宽越大，观测的数据点在最终形成的曲线形状中所占比重越小，整体曲线越平坦；反之亦然。图6-12为典型的直方图核密度估计示例。

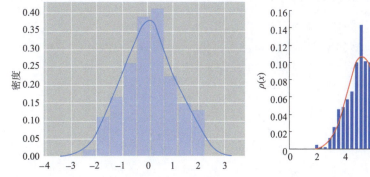
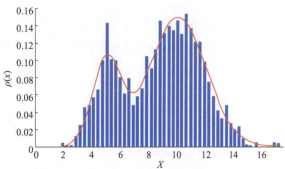

图6-12 直方图核密度估计示例

2）高斯核密度估计

高斯核密度估计的内核函数是$K(t)=\frac{1}{\sqrt{2\pi}}e^{-\frac{1}{2}t^2}$，密度函数是平滑的，密度函数受相邻区间宽度影响很小,且高斯核密度估计是唯一的。高斯核密度估计如图 6-13 所示。

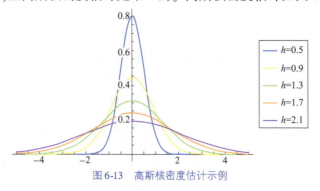

图 6-13 高斯核密度估计示例

6.2.3 累积分布函数

6.2.3.1 累积分布函数的定义与特点

定义:累积分布函数可以看作是密度函数在其定义域范围内的积分。

对于所有实数 X,累积分布函数定义如下:

$$F_X(x) = P(X \leq x) \tag{6-7}$$

特点:有界性、单调性、右连续性。

有界性:

$$\lim_{x \to -\infty} F_X(x) = 0, \lim_{x \to +\infty} F_X(x) = 1 \tag{6-8}$$

单调性:

$$\text{若} x_1 \leq x_2, \text{则} F_X(x_1) \leq F_X(x_2) \tag{6-9}$$

右连续性:

$$\lim_{x \to x_0^+} F_X(x) = F_X(x_0) \tag{6-10}$$

X 之值落在某一区间 $(a, b]$ 之内的概率为: $P(a < X \leq b) = F_X(b) - F_X(a)$,随机变量 X 的累积分布函数 $F_X(x)$ 与其概率密度函数 $f_X(t)$ 的关系为:

$$F_X(x) = \int_{-\infty}^{t} f_X(t) \mathrm{d}t \tag{6-11}$$

6.2.3.2 累积分布函数可视化示例

图 6-14 分别展示了几种典型的累积分布函数。

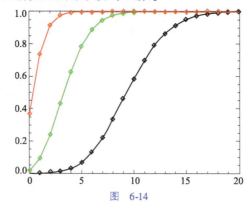

图 6-14

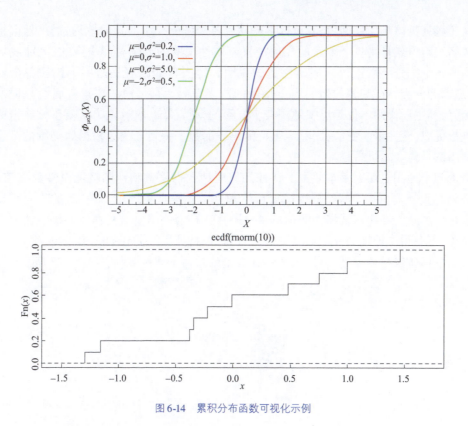

图 6-14 累积分布函数可视化示例

6.3 二维数据可视化技术

6.3.1 矢量数据可视化技术

6.3.1.1 矢量数据定义与特点

矢量数据是用 X、Y、Z 3 个坐标表示地图图形或地理空间实体所在位置的数据。矢量数据结构对应的矢量数据模型可以进行矢量数据的分析组织,通过记录地理空间矢量对象的坐标及地理空间属性关系来准确表达地理空间矢量对象的地理位置,具有定位较明显,属性信息隐含的特点。在矢量对象数据中,点表示为地理空间的一个实体点坐标,线表示为多个点坐标组成的一个弧线段,面则表示为多个弧线段所组成的封闭多边形。矢量图通常是通过使用向量线与矢量曲线结合的形式用以直接描绘各种形状的,而其中直接描绘形状的主要元素一般可指出的是一些点、直线、椭圆、弧、矩形和多边形等,而这些都是通过直接使用数学概念运算得到的。也因为矢量图像通常能够使用数学概念运算得到,所以矢量图形文件的体积通常都相当小。矢量图像的最大好处是,不管进行放大、压缩或翻转等均不产生图象畸变;但最大弊端则是无法显示色彩清晰且层次丰富的逼真效果。

6.3.1.2 基于 GIS 软件的矢量数据可视化示例

矢量数据可通过以下几种方法获取:(1)通过全站仪、GPS、常规测量等定位设备,获取空间坐标点;(2)将已存在的纸质地图通过计算机图形图像系统,转化为矢量地图文件;(3)通过栅格数据转换或者空间数据分析产生新的矢量图形数据文件。

在获得其具体几何数据后,就可以准确得到各个细分要素的几何地理位置,然而地图要素的数字编码方式是受各个要素的几何位置与属性说明的影响共同决定的,因此我们需要对地图的各个细分要素进行一些属性上的说明。地图特征码表是指用于描述各个要素类别、级别等的分类特征和其他地图质量特征的数字编码。它是地图要素各属性数据的主要组成部分,其主要作用不仅是反映地图各个要素的分类系统,同时也为了便于按特定的地图内容进行提取、合并以及更新,因此地图特征码表的数字编制方法应根据原图纸的内容和新编制地图的具体要求进行设计。

当得到了地图上所有基本要素的特征几何属性数据信息和地图特征属性数据信息(地图特征码)后,就需要把这些特征数据直接注入到地图信息系统中,其特点的代码可以用鼠标键盘和地图几何结构特征属性数据信息一同直接存入地图要素资料库。事先需要设定好特性清单,当获得了地理的几何数据之后,可以选取特征码。而在 GIS 中,为了选择对象,会弹出一组几何学属性数据框,可以选取各种类型的几何学属性数据,如图 6-15 所示。

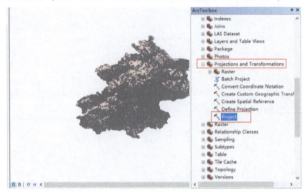

图 6-15 GIS 软件的矢量数据可视化

当地图上所有要素的几何基本属性数据信息和其他几何基本属性数据信息注入计算机中后,就需要对它们基本属性资料数据实行信息存储、接入、删减、检索、分类、重复、归并,以及分隔。其中的存取数据处理操作也是最常见于地图中,指在地图系统内存数据信息之间的打交道中(如读、写)的一种处理操作。它同时也是目前用来实现图形处理工具数据采集显示、对数据结果的分析,以及更复杂的地图分析和系统绘图的关键理论技术基础。从地图绘制的任务或作业管理角度来分析,插入和删除主要是为了在编制流程中用于调整和更改地图内容的。而搜索则在绘制的流程中变得尤为重要,比如可以从全要素地图数据库中搜索某一类道路数据。分类则能重新建立在内存数据中的节点集或更大的实体上,使其更加易于管理,并且还能够作出对地图用户有特定重要性的分类排列。复制可以使地理数据被广泛传播,进而使其更有实用价值。归并则可以将较低层次的数据重新集成到更实际的国家或区域等这些更高层次的内容上。分隔可以得到较小的资料集,从而对原始数据作出更为细致或更为直接的处理。

6.3.2 栅格数据可视化技术

6.3.2.1 栅格数据定义与特点

栅格统计是把各个空间结构单位加以划分成有规律的方格,每一条方格就成为了某个单元(cell),并通过在各单位上赋一定的特征值,来表达空间结构实体数据的一种数字形式。栅极结构通过一种规范的阵列形式,来描述空间结构地物或现状位置的数据信息组织,组合中的各个数据可以表达空间结构地物或现状的非几何性质特征,并具有性质明确,或位置上隐含的显著特点。数字可以直接记录属性,所在位置由行列号的对应位置得到,其定位也是通过数字在数据集合中的定位进行的。在栅极结构中,点基本要素可以表现为一组单位,线要素可以表现为带有方向性的几个连续相邻单位的集合体,而基本要素则通过集合在一起的邻近单位表现。栅极图像(又称位图)通常用作图像质量的图像处理工具,是由多个栅极单元所构成的图像,以其位置和色彩值表现,可以显示出色彩阴影的变化。栅极结构用数量有限的网格逼近每一组图像,而光栅数据结果所显示的地表特征是不连续的,是接近离散的数据结果。

栅极图所描述的内容的详尽程度,往往决定于栅极的单位尺寸以及空间分辨率。也因此,单元需要足够小才能捕获必要的详尽资料;但同时单元也需要够大,这样才能够大大提高计算机存储能力与大数据分析的执行效果。栅格能够通过更小的单位尺寸,在要素的区域内显示更多的要素、更小的要素或更详细的内容。但这会使光栅数据集较大从而要求更大的保存空间,同时所需的处理时间也更长。空间分辨率是指单位尺寸所代表的物质在地球表面上覆盖面积的平均长度,如假设一单位的覆盖面积是 1×1 亩地,其物理分辨率即为 $1m$。栅格的分辨率越高,单元面积就越小,细化程度也便越高。

6.3.2.2　基于 GIS 软件的栅格数据可视化示例

栅格数据来源一般包括以下几种:(1)通过遥感手段获得;(2)利用扫描机对图片进行扫描获得;(3)在计算机系统中与矢量数据转换而来;(4)通过在平面上行距、列距固定的点内插或抽样获取。

将获得的栅格数据输入计算机系统中对栅格图像的处理中常用到下述的基本运算:(1)灰度值变换;(2)栅格图像的平移;(3)栅格图像的算术组合;(4)两个栅格图像的逻辑组合。除了这些基本的运算以外,还有比基本运算复杂但在制图中比基本运算更加直接的作用的宏运算。在制图中常用的宏运算有扩张、侵蚀、加粗、减细、填充等。图 6-16 是 GIS 软件的栅格数据可视化示例。

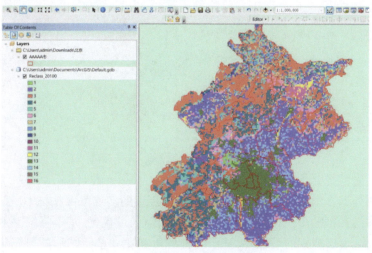

图 6-16　GIS 软件的栅格数据可视化

6.4 多维数据可视化技术

6.4.1 多维数据基础

6.4.1.1 多维数据概述、定义与特点

数据按照维度的不同,通常可分为低维数据和多维数据。其中低维数据包括一维数据、二维数据,而多维数据是指维度大于等于三的数据。多维数据与多维空间密不可分,多维数据基于多维空间产生。一维空间是由一条线内的点组成的空间,它只有长度,没有高度和宽度。二维空间在一维空间的基础上增加了宽度,三维空间在二维空间的基础上又增加了高度,以此类推,形成了多维空间,每一个空间的维度与几何属性成正比。

鉴于几何属性的复杂程度,对多维数据进行分析是数据研究领域一项具有挑战性的工作。多维数据可视化是信息可视化领域的重要研究内容之一,是将多维的原始数据进行排序和分类后直观展现出结果的技术。面对错综复杂的多维抽象事物,人类的直观感知能力是有限的,因此,研究人员如何利用多样的方法,将多维数据转变成为人类易于理解的低维度图像或图形,是目前多维数据可视化技术的主要研究内容。

6.4.1.2 多维数据示例

目前,多维数据可视化技术在大数据分析及人工智能决策等领域被广泛应用。针对多维数据如何呈现,在多数情况下会以在不增加第三个维度的情况下通过 2D 图像反应多维数据(图 6-17)。多维数据可视化是信息可视化下的子研究领域,是将多维的原始数据或处理后的数据进行直观呈现的技术。

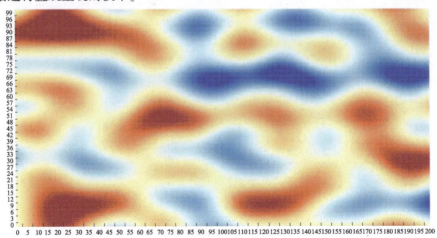

图 6-17 多维数据

6.4.1.3 多维数据可视化分类

目前,国内外诸多学者已经提出了很多具有实用性的多维可视化技术,根据可视化采用的技术不同,多维数据的可视化方法可分为基于几何的可视化、基于降维映射的可视化、基于层次的可视化、基于像素的可视化、基于图标的可视化和基于图形的可视化等,这些方法提高了人们对多维数据的认知能力。

基于几何的可视化方法就是几何元素来表示数据,常见的有散点图和平行坐标法等,尤其是平行坐标可视化,其应用最为广泛。

基于降维映射的技术是通过特征选择的方式,将数据的维度降低到二维或者三维,同时尽可能在低维空间中保持高维数据的流行,主要包括 SOM(自组织映射)、PCA(主成分分析)技术等,如图 6-18 所示。

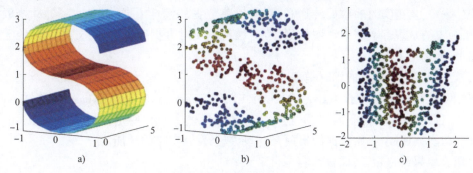

图 6-18　基于降维映射的技术

基于层次的技术,是将具有层次的多维数据划分成多个子空间,在子空间中也会以同样的方式进行划分,最终以图形进行展示。

基于像素的可视化,可将获得的数据在不同的维度以不同的像素颜色进行表示。

基于图标的技术,是将不同纬度的数据以图标的方式描述,如星形图、脸谱图等。

基于图形的技术是将数据分布在点、线、面等图形中,主要针对结构关系较强的数据。

在这些可视化技术中,基于几何的可视化方法最为常用,将数据映射为几何元素,更便于人们获取信息。

6.4.2　数据可视化平台

6.4.2.1　Tableau

Tableau 成立于 2003 年,是斯坦福大学一个计算机科学项目的成果,该项目旨在改善分析流程并让人们能够通过可视化更轻松地使用数据。共同创始人 Chris Stolte、Pat Hanrahan 和 Christian Chabot 开发出了 Tableau 的基础技术 VizQL 并获得专利,该技术通过直观的界面将拖放操作转化为数据查询,从而对数据进行可视化呈现。自成立以来,Tableau 团队一直以高效的速度不断进行研发投资,开发各种解决方案来帮助所有需要使用数据的人更快地找到答案,发现意想不到的见解。这包括提供更实用的机器学习、统计、自然语言和智能数据准备功能,从而增强人类在分析中的创造力。Tableau 不但提供完整的集成式分析平台,还提供行之有效的能力提升资源来帮助客户建立和扩展数据驱动文化,这种文化能提高适应能力和价值,实现显著的成效。

Tableau 在 2019 年被 Salesforce 收购,但 Tableau 的旨意不变:帮助人们查看并理解自己的数据。如今,从非营利组织到全球化企业,各行各业的组织都在通过 Tableau 增强员工的能力,利用数据推动变革。

6.4.2.2　Datawatch

Datawatch 可以处理多种多样类型的数据,既包括结构化、半结构化,又包括非结构化的,具有实时的处理速度,可理实时的、高延时的和低延时的;具备可视化的处理环境,可以产生富有冲击力的图表、动态导航以及时间序列的数据。具体表现在:

1)金融领域打造的数据呈现解决方案

Datawatch 支持 OHLC 图,子弹图,分布图,树形图,点阵图等图形展示。支持自定义时间线回放数据,支持数据过滤;支持数据行转列和列转行;支持自定义数据采样频率,可动态更改采样频率;支持实时的数据传达和毁掉,可将数据转发至 R 或 Python 服务并获取处理结果;新版支持从缓存数据中读取数据,可对缓存的实时数据今夕回放;支持图标的无损放大和缩小,无精度丢失。

2)基于流式实时数据的即时呈现

图标可以实时获取基于 ActiveMQ、Qpid、KDB +、Excel streaming、Sybase 的数据源;可用于监控节点数据,结合地图、网络图背景或 SVG 图像做出动态变化;集合 Datawatch 的基本数据处理功能,可基于原始数据做出预警,提示或触发预定义的功能。

3)图表效果可自定义,面板内容可自定义

可按字段进行数据分类,用户可自由地对分类精度做出调整。图表内容同步变化,对分类字段可自动完成求和、标差、中值、平均值等统计工作;可增加对话框和按钮并自定义功能(数据过滤、执行 JavaScript、打开网页等);可增加参照线,定义坐标轴范围,可自定义个图标元素的大小,粗细和颜色等。

6.4.2.3 Platfora

初创公司 Platfora 于 2011 年成立于美国加州,它致力于为企业提供大数据分析服务。该公司认为只有把冗杂的数据进行有效处理、视觉化,让数据展现成大众用户都能看得懂的形式,"数据"才有价值。Platfora 是一个允许用户收集原始数据并将其转化为有价值的分析结果的系统。它是业界首个基于 Hadoop 并可向外扩展的内存大数据分析平台,利用潜在的 Hadoop 技术,Platfora 可以比市场上其他商业智能(BI,Business Intelligence)平台更快、更便宜地将原始数据转化为有意义的信息,也就是说任何使用 Platfora 解决方案的企业都可以收集大数据,以发现、参与并从中获得启发。企业可以在极短的时间内轻松访问大数据,并将在其中发现的问题和分析结果可视化,这个过程可能只需要几分钟甚至是几秒钟。由于 Platfora 是建立在 HTML 5(HyperText Markup Language 5)基础上的,用户可以在任何地方使用任何移动和具有互联网功能的设备轻松访问该系统。对分析师来说,Platfora 高度的自我服务,使其不需要专业数据团队来支撑这个过程,因为 Platfora 能自己发现并处理大量原始数据,并实现分析结果的可视化,而不用顾虑 IT 和编码知识不足的问题。由于 Platfora 是为分析员和发现者设计的,因此复杂的数据许可模型可能不像 Microtrategy、OBIE 等重型软件那样细化。而在 Hadoop 数据湖有一个基本的数据前提,因此如果一个公司刚刚拥有数据湖,就需要一些包括数据清洗在内的准备工作。虽然在 Platfora 中整合数据是很容易的并可以使用,但要将 Platfora 整合到外部系统,例如将其可视化的结果嵌入到用户选择的组织中,或者显示在 Salesforce 用户的首页,嵌入到自定义的内部网络门户中等仍需做一些工作,而不能直接使用。

6.4.2.4 Echarts

ECharts(enterprisecharts)是一种商业类的数据图形,这是一种纯 JavaScript 的图示库,相容于大多数的 web 网页,底层依靠轻量级的 canvas 类库 ZRender,以创造直接、生动、可互动、可高度人性化订制的数据可视化图形。创新性的拖拽重运算、数据视图、值域漫游等新特性极大提升了应用体验,也赋予了应用者对数据分析进行挖掘、整理的能力。

Echarts 给出了最常见的折线图、柱状图、散点图形、饼图、K 曲线图示,用作统计分析的盒状图,用作地域数据分析可视化的版图、热力图、线图,用作关联数据分析可视化的关系图像、treemap、旭日图像,多维数据可视化的平行坐标图,以及用作 BI 的漏斗图像,汽车仪表盘,并同时支持了形状和表格中间的混搭。除了已有内置的具有了更丰富多彩功用的绘图,Echarsi 还推出了自定义系统功能,只要求引入一项 rendertem 函数,就能够直接将数据映射到某个自己所需求的绘图中,更棒的是它们都可以直接与现有的交互组件整合使用,而不必须操心其他事务。使用者可在下载页面下载包含全部图纸的搭建文档,若仅仅需其中一两个绘图,或嫌包含全部绘图的搭建文档过大,也可在在线建设中选定需的绘图类别后自定义搭建。

Echarts 内部的 dataset 属性提供支持直接导入包含二维表,key-vaue 等各种格式的数据信息源,而通过简单地设定 encode 属性就能够实现从数值到图像之间的映射,这个方法也更适合可视化的直觉,省去了在很多情景下数据信息切换的复杂过程,同时各个组件之间可以共用同一个数据信息而不是克隆。为搭配更大资料量的显示,Echarts 还支援直接输入 TypedArray 格式的数据结果,TypedArray 在大资料容量的内存中能够占据更少的存储器空间,对 GC 友好等特点也能够大幅增强科学计算可视化应用的特性。

Echarts 支持以 Canvas、SVG(4.0+)、VML 等的各种形式渲染图表。VML 可以兼容性较低版本的 IE,而 SVG 导致移动客户端不再为内存问题担心,而 Canvas 可以轻易适应更大数据量和特效的表现不同的渲染方法也提供了许多选项,让 Echarts 在不同场合下都有更良好的效果表现。除去 PC 和移动端的浏览器,Echarts 还可以在 node 上结合 nodecanvas 实现更有效的服务端渲染(SSR)。

6.4.2.5 ArcGIS

ArcGIS 是一种全面的信息系统,用户可用它来获取、组织、管理、分类、交换和发布地理信息。作为世界领先的地理信息系统(GIS)技术建设与使用的平台,ArcGIS 可供世界各地的人们把地理知识运用于政府部门、公司、科学、教育领域,以及新媒体领域。ArcGIS 系统能够开发地理信息,使得任何人都能够浏览并利用。本系统也能够在任意地方使用网页浏览器、移动电子产品(例如智能手机和台式计算机)来使用。

ArcGIS,是一个集空间数据显示、编制、查询搜索、统计分析、报告制作、空间数据分析和先进制图等诸多功用于一身的桌面使用式地理信息系统网络平台,由以下 3 个主要部分构成:

ArcGIS 桌面软件,一个一体化的高级的 GIS 应用;

ArcSDE,一种专门用作资料信息管理的 RDBMS 管理空间数据库系统;

ArcIMS 软件,基于 Internet 的 WebGlS。

ArcGIS 桌面指 ArcView、ArcEditor 和 ArcInfo。它们可以共享通用性的系统架构,通用性的代码基础,通用性的扩展模式以及统一的设计环境条件。从 ArcView 功能到 JArcEditor 功能到 JArcInfo 功能,从简到繁。

ArcGIS 桌面应用管理软件由一个功能相似的应用环境所构成:ArcMap、ArcCatalog,以及 ArcToolbox。利用这三种应用的协同工作,能够实现一个由单纯到复杂性的 GIS 管理工作,包含绘图,数据分析,地域数据分析和空间管理等。还包含了与 Internet 地图和业务的集成,地理编码,高阶数据信息编排,高精度的绘图,动态投影,元数据处理,基于向导的截面以及对近四十种数据格式的直接使用。

ArcView 实现了最核心的地制图和 GIS 软件功能。它也沿袭了 ArcView GIS 的基本特性。另外,它还增加了和原有的资料分类工具之间的联系,如电子数据库和商业表格等,和地图组成了一个整合的、更全面的资料分类体系。同时 ArcView 软件功用也作出了明显的提升,例如:全新的 ArcGIS 桌面功能,包含能够使用 ArcCatalog 访问和管理工作资料数据,移动的投影转换,内嵌的 VBA 设计,以及全新的编写开发工具,支援静态注记等。ArcView 容许使用者建立和编制 shapefile 和个人化的空间数据库系统的最简化要素。

ArcEditor 涵盖了 ArcView 应用软件的全部主要功能,还提高了对空间数据库和 coverage 数据分析类的编写力量,新增的主要功能还有:支持多用户编译,版本管理,自定义数据信息类别,与要素相连的注记和丈量数据分析类,同时 ArcEditor 还增加了对 ESRI 所支援的各种矢量数据格式的创建和编译功能能力。

ArcInfo 操作系统除包括了 ArcView 和 ArcEditor 的所有主要功用之外,还添加了更先进的空间数据处理能力,ArcInfo 操作系统是一种完善的 GIS 数据分析信息建立、发布、检索、制图和数据分析的管理系统。

参 考 文 献

[1] 陈晓冬,张佳琛,庞伟凇,等.智能驾驶车载激光雷达关键技术与应用算法[J].光电工程,2019,46(7):13.

[2] 张海亮,彭树智.高速公路隧道交通运行状态全面感知技术与应用[J].中国交通信息化,2019(4):5.

[3] 王宏伟.高校创业教育体系建设与大学生就业研究探讨[C].天津市社会科学界学术年会.2008.

[4] 程帅朋,万明丽,韩鹏,等.某纯电动商用车总里程跳变分析[J].汽车电器,2021(2):3.

[5] 张洪宇.北斗卫星导航定位系统解算算法的研究[D].哈尔滨:哈尔滨理工大学,2015.

[6] 孔金凤,于德斌.浅析我国北斗导航系统的发展[J].中国西部科技,2014(1):1-2,17.

[7] 孙国林.TOA/TDOA蜂窝网络定位算法研究[D].成都:电子科技大学,2003.

[8] 杨财,周艳霞.方向盘转角传感器研究进展[J].传感器与微系统,2007(11):1-4.

[9] 刘玉新.常用车辆检测器性能比较与应用前景分析[C]//第二届全国高速公路机电养护管理理论坛论文集.[出版者不详],2013:5-9.

[10] 陶永峰.嘉绍大桥物联网技术应用与展望[J].交通科技,2014(S1):41-43.

[11] 王宝帅,兰竹,李正杰,等.毫米波雷达机场跑道异物分层检测算法[J].电子与信息学报,2018,40(11):2676-2683.

[12] 杜荣义.基于感应线圈道路交通流检测系统研究与设计[D].长沙:长沙理工大学,2009.

[13] 王洪伟,魏勇敢.智能交通技术在交通信息采集中的应用[J].公路交通科技(应用技术版),2014,10(4):309-312.

[14] 冀金科,白亚伟,彭邦河,等.DSRC检测器实际应用中的问题浅析[J].公路交通科技(应用技术版),2016,12(10):221-223.

[15] 杨小敏.基于LFMCW毫米波雷达的车辆检测技术研究[D].南京:南京理工大学,2007.

[16] 王加熙,杨明.基于各向异性磁阻效应的EPS角度传感器研究[J].中国高新技术企业,2014(7):14-17.

[17] 王润民,钱盛友,邹永星.基于SVM混合网络的车牌字符识别研究[J].微计算机信息,2007(34):222-223,259.

[18] 高兰达.车路协同路侧热点服务设备的布设优化研究[D].秦皇岛:燕山大学,2015.

[19] 刘倩.AT90CAN128的有轨电车检测器设计[J].单片机与嵌入式系统应用,2016,16(5):39-41,45.

[20] 彭春华,刘建业,刘岳峰,等.车辆检测传感器综述[J].传感器与微系统,2007(6):4-7,11.

[21] 姚殿梅,周彬.红外线在道路测试中的应用[J].交通科技与经济,2013,15(3):45-48.

[22] 周婷,商林.智能交通背景下交通信息采集技术介绍[J].四川水泥,2019(8):133-134.

[23] 宋颖华.交通检测技术及其发展[J].公路,2000(9):34-37.

[24] 周婷,商林.智能交通背景下交通信息采集技术介绍[J].四川水泥,2019(8):133-134.

[25] 白文江.基于图像处理的智能交通监控系统的研究与实现[D].上海:东华大学,2010.

[26] 尹湘源,刘伟铭,管丽萍.自动车型分类(AVC)系统的研究[J].广西交通科技,2002(4):68-70.

[27] 金庆江.智能交通雷达测速系统关键技术与应用研究[D].上海:上海大学,2017.

[28] 洪晓.基于车联网和实时交通信息的路径规划系统研究[D].广州:华南理工大学,2015.

[29] 陈明.大数据概论[M].北京:科学出版社,2015.

[30] 毕硕本.空间数据库教程[M].北京:科学出版社,2013.

[31] 江大伟,等.大数据管理系统[M].北京:化学工业出版社,2019.

[32] 熊赟,等.大数据挖掘[M].上海:上海科学技术出版社,2016.

[33] 王道平,陈华.大数据导论[M].北京:北京大学出版社,2019.

[34] 王道平,蒋中杨.大数据处理[M].北京:北京大学出版社,2020.

[35] 高劲松.空间数据的网格化存储技术[M].武汉:湖北科学技术出版社,2007.

[36] 刘鹏.大数据[M].北京:电子工业出版社,2017.

[37] 付雯.大数据导论[M].北京:清华大学出版社,2018.

[38] 余战秋.大数据导论[M].北京:电子工业出版社,2019.

[39] 何明,何红悦,禹明刚,等.大数据导论——大数据思维与创新应用[M].北京:电子工业出版社,2019.

[40] 曹杰,李树青.大数据管理与应用导论[M].北京:科学出版社,2018.

[41] 刘化君,吴海涛,毛其林,等.大数据技术[M].北京:电子工业出版社,2019.

[42] 娄岩.大数据技术与应用[M].北京:清华大学出版社,2016.

[43] 王振武.大数据挖掘与应用[M].北京:清华大学出版社,2017.

[44] 刘汝焯,戴佳筑,何玉洁.大数据应用分析技术与方法[M].北京:清华大学出版社,2018.

[45] 李桃迎.交通领域中的聚类分析方法研究[M].北京:科学出版社,2014.

[46] 喻梅,于健.数据分析与数据挖掘[M].北京:清华大学出版社,2018.

[47] 王朝霞.数据挖掘[M].北京:电子工业出版社,2018.

[48] 徐华.方法与应用[M].北京:清华大学出版社,2014.

[49] 赵卫东,董亮.数据挖掘实用案例分析[M].北京:清华大学出版社,2018.

[50] 牛琨.纵观大数据:建模、分析及应用[M].北京:北京邮电大学出版社,2017

[51] 蒋国银,雷俊丽,李明磊,等.数据挖掘原理、方法及python应用实践教程[M].北京:科学出版社,2020.

[52] 张友浩,赵鸣,徐梦瑶,等.时序数据挖掘的预处理研究综述[J].智能计算机与应用,2021,11(1):74-78.

[53] 赵一凡,卞良,丛昕.数据清洗方法研究综述[J].软件导刊,2017,16(12):222-224.

[54] 廖书妍.数据清洗研究综述[J].电脑知识与技术,2020,16(20):44-47.

[55] 刘莉,徐玉生,马志新.数据挖掘中数据预处理技术综述[J].甘肃科学学报,2003(1):117-119.

[56] 周党生.大数据背景下数据预处理方法研究[J].山东化工,2020,49(1):110-111,122.

[57] 陈为,张嵩,鲁爱东.数据可视化的基本原理与方法[M].北京:科学出版社,2013.

[58] 娄岩.大数据应用基础[M].北京:科学出版社,2020.

[59] 王宇新,齐恒,张霞.大数据分析技术与实践教程[M].北京:科学出版社,2019.

[60] 李凯,陈垦,范庸,等.交通数据可视化技术探析[J].中国交通信息化,2019(6):128-129,133.

[61] 刘芳芳,张锦涛,黄杰.基于大数据的城市交通可视化技术研究[J].数字技术与应用,2019,37(5):92,94.

[62] 刘文杰.城市交通大数据可视化框架及实现[J].科技创新导报,2017,14(36):121-122.

[63] 史国举.数据可视化技术在大数据分析领域的应用及发展研究[J].无线互联科技,2021,18(18):96-97.

[64] 车婉宁.多维数据可视化展示形式信息传递效率的比较研究[D].北京:北京邮电大学,2021.

[65] 葛宁玲.基于相关性分析的多维数据融合方法[D].北京:北京邮电大学,2020.

[66] 马露露.基于机器学习的数据索引技术研究[D].南京:东南大学,2020.

[67] 陈强华.基于多维时序数据的运维优化技术研究[D].济南:山东大学,2020.

[68] 罗文彬.栅格数据的异源数据转换及地图服务发布技术研究[D].杭州:浙江大学,2020.

[69] 马伯浩,布少聪,夏非凡,等.基于多维数据的常规公交时空客流分析[J].中国高新科技,2021(10):125-127.

[70] 李安波,闾国年,周卫编.GIS矢量数字产品版权认证技术[M].北京:科学出版社,2012.

[71] 林子雨.大数据技术原理与应用[M].北京:人民邮电出版社,2017.

[72] 吕晓玲,宋捷.大数据挖掘与统计机器学习[M].北京:中国人民大学出版社,2016.

[73] 陈明.大数据概论[M].北京:科学出版社,2015.